다시 피어나는
무궁화

다시 피어나는 **무궁화**

2024년 3월 13일 초판 1쇄 발행

지은이 이준성
펴낸이 양진화
펴낸곳 (주)교학도서
공급처 (주)교학사
디자인 편집 정종덕
홍보 권민준, 김태영, 박재영, 정지훈
온라인 홍보 이원섭, 이준수, 전준형
마케팅 김효숙, 서해영, 최우진

출판등록 2000년 10월 10일 제 2000-000173호
주　　소 서울 마포구 마포대로 14길 4
대표 전화 02-707-5100
편집 문의 02-707-5271
ISBN 979-11-89088-35-4　03810
값 20,000원

ⓒ이준성, 2024

* 이 책에 실린 글과 이미지의 무단 전재, 복제를 금합니다.
　이 책 내용의 전부 또는 일부를 재사용하려면 반드시 출판사의 동의를 받아야 합니다
　책값은 뒤표지에 있습니다. 파본은 구입처에서 교환해 드립니다.

다시 피어나는

무궁화

이준성 지음

프롤로그

지금 대한민국은 총체적인 위기를 맞고 있습니다. 필자는 총체적 위기를 극복하고 온 인류의 행복을 선도하는 위대한 비전을 공유하기 위해 '다시 피어나는 무궁화'라는 주제로 책을 쓰기로 하였습니다. '다시 피어나는 무궁화'는 정의와 진리를 바탕으로 '지속 가능한 대한민국', '지속 가능한 세계'를 위해 공헌하는 희망의 등불이 될 것입니다.

이제 필자는 '다시 피어나는 무궁화'를 통해서 우리 모두의 진정한 승리를 위한 3가지 비전을 공유하고자 합니다.

다시 피어나는 무궁화의 첫 번째 비전은 대국민 화합을 통한 '대한민국 국화에 관한 법률 제정'입니다. 무궁화의 위대한 진실을 온 국민에게 알려 무궁화에 대한 거짓 왜곡된 정보를 불식시켜야만 온 국민의 사랑 속에 다시 피어나는 무궁화가 될 것입니다.

세계적인 경영의 거장 피터 드러커의 집 앞마당에 무궁화 나무가 있었습니다. 프랑스의 르발루아 페레 시청사 앞에 무궁화가 만개하고 있습니다. 스페인 바르셀로나를 비롯한 유럽의 여러 도시에 가면 시민에게 사랑받는 무궁화를 볼 수 있습니다.

일제강점기 민족정신 말살 정책으로 뽑혀 불태워지고, 악의적인 거짓 누명을 쓴 대한민국 무궁화가 사회적 패러다임으로 형성되어 있고, 국민 의식 속에 여전히 남아 있습니다.

이제는 무궁화의 위대한 진실을 바로 알고 온 국민이 뜻을 모아 "대한민국 국화에 관한 법률 제정"을 선포해야 합니다. 세계적인 꽃, 지속 가능한 세상을 노래하는 무궁화가 국가의 법으로 제정된다면 국민의 자부심과 애국심이 '대한민국 지속 가능의 힘'이 될 것입니다. 위대한 진실을 초석으로 한 국민의 화합은 위대한 결과를 지속적으로 창출해 낼 것이며 글로벌 리더는 대한민국 국민이 될 것입니다.

다시 피어나는 무궁화의 두 번째 비전은 세계 평화와 온 인류의 행복을 위해 만들어진 '유엔 지속가능발전목표'의 모범국가가 되는 것입니다.

2015년 9월 25일, 반기문 UN 사무총장을 비롯한 193개 회원국가 정상들이 유엔 본부 총회의장으로 모였습니다. 2016년부터 2030년까지 앞으로 15년간 더 나은 지구 사회와 환경을 만들기 위한 70회 유엔 정상회의가 진행되었습니다. '단 한 사람도 소외되지 않는 것(Leave No one Behind)'이라는 새로운 정신의 17개의 목표와 169개의 세부 목표로 구성된 세계인의 '지속가능발전목표(Sustainable Development Goals, 이하 SDGs)'가 만장일치로 합의되었습니다

이날은 세계 평화와 온 인류의 행복을 위한 인류 최대의 비전 선포식이었던 것입니다.

반기문 사무총장 재직 시절, 유엔을 중심으로 수많은 석학들과 각 나라의 정부 대표, 비영리 단체, 시민사회, 전문가 집단들의 의견을 수렴하여 만든 가장 민주적이면서 모두가 찬성한 비전 선포식이었던 것입니다. 한국인으로서 참으로 자랑스러운 일이며 무궁화 정신의 승리였던 것

입니다.

다시 피어나는 무궁화의 세 번째 비전은

지속가능발전목표(SDGs)를 선도하는 모범국가로서 지속성을 추구하는 무궁화 리더십을 공유하는 것입니다.

매일 같이 수많은 책들이 쏟아져 나오고 있습니다. 빠른 시간 안에 부자가 될 수 있다는 이야기, 자신이 갖고 있는 삶의 문제를 금방 해결해 줄 것만 같은 자기 계발 이야기들은 우리의 희망을 빼앗고 비관적으로 만들 뿐입니다. 한순간에 이루어지는 것은 아무것도 없습니다. 모든 것에는 순리가 있으며 결과는 원칙이 지배하게 되어 있습니다.

좋은 감자를 얻기 위해서는 제대로 씨앗을 뿌리고 정성을 다해 관리해야 합니다. 우리의 삶도 이러한 자연법칙과 원칙이 지배합니다. 우리가 원하는 것을 지속적으로 얻기 위해서는 원칙을 중심으로 생각하고 행동해야 하는 것입니다.

무궁화 리더십은 세계적인 경영의 거장 '피터 드러커'와 '스티븐 코비' 박사가 멘토가 되어 줄 것입니다.

무궁화 리더십은 개인의 삶을 보다 효과적이고 지속적인 행복을 누릴 수 있도록 이끌어 줄 것입니다.

무궁화 리더십은 서로의 다양성을 존중하고 다양성을 시너지 창출의 기회로 삼아 위대한 결과를 만들어 내는 승리의 문화를 만들어 낼 것입니다.

무궁화 리더십으로 대한민국은 총체적 위기를 극복하고 '지속가능발전목표'를 주도하는 모범 국가가 될 것입니다.

'다시 피어나는 무궁화'는 온 인류의 공동 비전인 '지속가능발전'의 상징이 될 것입니다.

'다시 피어나는 무궁화'는 독자들에게 지속 가능한 지혜를 얻게 해 줄 것입니다.

'다시 피어나는 무궁화'는 독자들의 진정한 성공의 동반자가 되어 줄 것입니다.

대한민국의 현실은

경제 위기, 안보 위기, 청년 위기, 저출산 고령화 위기, 정치 위기, 사법 위기, 교육 위기 등 많은 분야가 위기에 놓여 있지만 우리가 무궁화 리더십으로 서로 협력한다면 우리 대한민국은 '지속가능발전목표' 모범

국가로 우뚝 서게 될 것입니다. 세계 평화와 온 인류의 행복을 위해 정진하는 글로벌 리더 국가가 될 것입니다.

'다시 피어나는 무궁화'처럼 다시 일어나라 대한민국! 영원토록 빛날 새로운 국민의 나라!!

'다시 피어나는 무궁화'는 총체적 위기를 새로운 기회로 전환하고, 세계 평화와 온 인류의 행복을 위한 최적의 해법이 되어 줄 것입니다.

2024년 2월
이준성

한여름의 무궁화 나무

추천의 글

2015년 9월, 유엔 정상 회의에서 193개 회원국가들의 만장일치로 채택된 '지속가능발전목표' 17가지는 사람, 환경, 평화, 번영, 협력의 가치로 만들어낸 인류 공동의 비전이다. 저자는 '다시 피어나는 무궁화'를 통해 알기 쉽게 체계적으로 온 인류가 바라는 위대한 비전을 우리의 국화인 무궁화의 고결한 가치에 담아냈다. '다시 피어나는 무궁화'에서 우리는 대한민국 지속가능 발전을 위한 수많은 아이디어와 지혜, 협력의 리더십과 새로운 미래를 만들어가는 해법을 찾을 수 있을 것이다.

'다시 피어나는 무궁화'는 역사와 사실을 근거로 하여 무궁화에 대한 진실을 이야기하고 있다. 수십 년간 사업을 해오면서 유럽에 출장 가는 일이 많이 있었는데 이탈리아, 프랑스 등 유명한 정원에 활짝 피어있는 무궁화와 무궁화를 사랑하는 유럽인들을 보며 감격했던 적이 많았다. 민족의 평화와 번영, 지속성을 상징하는 무궁화가 대한민국 국민 모두의 가슴에 다시 피어나, 온 국민이 화합하는 계기가 되고, 민족의 소원인 '평화통일' 또한 이루어져 영원무궁토록 지속되는 자유 대한민국을 미래 세대들에게 물려줄 수 있기를 희망한다.

-**홍재성** 민주평화통일자문회의 송파구 협의회 회장/그랜드하얏트 호텔 회장

영원히 피고 지고 또 피어나는 영원무궁한 나라 꽃, 무궁화를 통하여 인류의 공동 목표인 '지속가능발전목표'를 알리고자 하는 저자의 창의적 도전 정신에 감명을 받았다.

 다시 피어나는 무궁화는 대한민국의 도전이며 인류 모두의 도전이자 희망을 이야기하고 있다. 지속가능발전목표를 향한 도전에 한국인들이 적극적으로 참여한다면 대한민국을 넘어 세계의 무궁한 발전이 지속될 것이다.

- **조영관** (사)도전한국인본부 상임대표(숭실대학교경영대학 겸임교수)

 다시 피어나는 무궁화는 미래세대와 지속가능한 세상을 위해 희망찬 비전을 제시하고 있다. 다시 피어나는 무궁화는 새로운 시대의 새로운 패러다임으로 보다 멋진 미래를 만들어 갈 수 있는 지혜가 가득하다. 자녀를 둔 부모와 지식 사회를 살아가는 모든 리더들과 함께 나누고 싶다.

- **최우진** 린컴퍼니/성장지원실 실장

 역사적 사실을 기반으로 한 무궁화의 진실을 알 수 있다는 것도 감동이거니와 미래세대를 위한 지속가능발전목표는 모든 분야의 리더들에게 새로운 아이디어와 새로운 기회를 얻게 해 줄 것이다.

- **진준형** 변리사/ 엔와이즈특허법률사무소

···목차

프롤로그 · 004
추천의 글 · 010

Part 1 세계 평화와 번영을 노래하는 무궁화

Check Point 1. 무궁화의 위대한 가치 발견 · 016
대한민국의 꽃 무궁화 / 한반도에 피어 있던 무궁화 / 민족의 상징 무궁화
이름이 그 존재를 말한다 / 과학이 밝혀낸 꽃 중의 왕 무궁화
무궁화의 사명 곧 우리의 사명

Check Point 2. 무궁화를 지켜온 영웅들 · 030
무궁화 말살 정책의 아픔
꽃 중의 꽃은 '무궁화'요. 영웅 중의 영웅은 '남궁억' 이로다
무궁화 연구의 선구자 우호익 / 무궁화를 지켜온 영웅들

Check Point 3. 온 인류의 희망 지속가능의 상징 무궁화 · 043
국가마다 나라 꽃이 있다 / "평화와 번영"의 상징 무궁화를 통해
경영의 통찰을 얻는다 / 시대는 지금 가치를 필요로 한다
무궁화와 그 가치의 향기 / 송병락 교수가 본 '세계적인 꽃 무궁화'
유럽에서 만개하는 무궁화 / 대한민국 무궁화의 현주소
"국화에 관한 법률 제정"의 필요성
'지속가능발전'의 상징 무궁화! 인류의 희망을 노래하라!

Part 2 — 인류의 지속가능발전을 위해 다시 피어나는 무궁화

Check Point 1. 지속가능발전목표(SDGs) 알아보기 · 078

지속 가능 발전 목표(SDGs: Sustainable Development Goals)는 무엇일까?
SDGs는 어떻게 만들어졌을까? / SDGs의 17개 목표
SDGs의 구조 / UN SDGs 세부 목표

Check Point 2. 대한민국 지속가능발전목표(K-SDGs) · 138

K-SDGs 세부 목표 / 다시! 지속가능발전 기본법
지속가능발전 기본법의 개요와 주요 내용

Check Point 3. UN 공동의 비전과 다시 피어나는 무궁화 · 166

모두를 포용하는 지속 가능 국가 / 새로운 시대 새로운 패러다임으로 전환
온 국민이 함께 해야 할 지속가능발전목표 / 삼성의 더 나은 세계를 위한 움직임
세계를 위한 대한민국 / 다시 피어나는 무궁화. 대한민국 지속 가능 발전의 힘

Part 3 — 지속가능발전을 선도하는 무궁화 리더십

Check Point 1. 미래세대를 위한 위대한 유산 · 180

멘토 초대 '피터 드러커'
피터 드러커가 본 한국의 기업가 정신 / 한국에 대한 피터 드러커의 조언
피터 드러커 지속가능 대한민국을 위한 혁신을 주문하다
멘토 초대 '스티븐 코비' / 리더십에 대한 스티븐 코비의 생각

Check Point 2. 지속가능발전목표를 향한 무궁화 리더십(개인의 승리)
-사명의 힘   . 204

무궁화의 '사명'과 피터 드러커의 '공헌' / 어떠한 사람으로 기억되기를 바라는가?
무궁화 리더십 3대 요소 / 강점은 결과와 성과를 만든다.
피드백을 통해 강점을 강화하라 / 가치는 강점을 넘어선다 / 세상을 변화시키는 사명자들
총체적인 비전 안에서 교류하라 / 비전과 사명 그리고 목표

-**성실의 힘** . 229

진지함이 성실의 출발이다 / 기다림과 인내가 빚어낸 성실함
성실한 사람들은 '완벽함'을 추구한다 / 끊임없는 자기 계발로 성장과 변화를 추구하라
성장의 수준은 '탁월함'이다 / 성장하기 위해 넘어야 할 것 '변화'
성실한 인재는 스스로 질문하고 답한다
성과를 내는 능력 / 한 가지에 집중해야 성과를 만든다 / 우선순위, 무엇에 집중할 것인가
지금 손대지 않을 것을 결정하라 / 성실을 성과로 연결하는 시간관리
시간을 기록하고 관리하고 통합하라 / 무궁화는 성실하게 '혁신'을 준비한다

Check Point 3. 지속가능발전목표를 향한 무궁화리더십(우리의 승리)

-**혁신의 힘** . 269

무궁화는 혁신의 아이콘 / 조금 다른 것이 아니라 완전한 '새로움'
품어야 할 마음가짐과 버려야 할 금기 / 변화를 혁신으로 승화시키는 '기업가정신'
기업가정신을 실천한 기업가들 / 성장과 변화를 지속하는 무궁화의 자세
학습자의 자세로 혁신하라 / 혁신의 주인공, 지식근로자

-**협력의 힘** . 299

협력은 최고의 핵심가치 / 협력의 출발은 자신의 '역할'을 아는 것
해야 할 일, 할 수 있는 일, 그리고 하고 싶은 일 / 효율성과 효과성 구분으로 협력에 기여
협력하는 지식근로자의 생산성 향상 / 협력의 꽃은 조직에서 피어난다
협력의 독버섯, 비난과 이기주의
협력의 무대는 바로 대화의 장이다 / 시너지를 창출하는 대화

에필로그 . 322
참고문헌 . 332

Part 1

세계 평화와 번영을 노래하는 무궁화

Check Point 1.
무궁화의 위대한 가치 발견

🌺 대한민국의 꽃 무궁화

　우리나라 국가상징으로는 태극기, 애국가 그리고 나라꽃 무궁화, 국새, 나라문장이 있다. 태극기에 대해서는 제정과 채택, 공포 등에 대한 확실한 규정과 근거가 있으나 국화인 무궁화는 뚜렷한 법령 규정을 가지고 있지는 않다. 다만, 무궁화는 오래전부터 우리나라에 자생하고 있었으며 우리 겨레의 민족성을 나타내는 꽃으로 인식되면서 관습법적으로 국화로 인정하고 있다. 한국인이면 누구나 할 것 없이 나라꽃이 무궁화임을 알고, 또한 여러 문헌에도 무궁화가 우리의 꽃임을 명시하고 있다.

기록에 근거하면 무궁화는 고려 시대 때부터 우리나라를 대표하는 꽃이었다. 또한 조선시대 때도 여러 문헌과 작품에 다양하게 표현되어 있다.

"무궁화는 구 한국시대부터 우리나라 국화로 되었는데 국가나 일개인이 정한 것이 아니라, 국민 대 다수에 의하여 자연발생적으로 그렇게 된 것이다. 우리나라를 예부터 '근역' 또는 '무궁화 삼천리'라 한 것으로 보아 선인들도 무궁화를 몹시 사랑하였음을 짐작할 수 있다."

이홍직의 『국어대사전』 중에서

이러한 민족정신의 대표성을 가장 진지하게 고민한 사람들이 바로 민족운동가, 독립운동가들이었다. 그중 최남선은 1946년에 『조선상식문답』에서 무궁화에 대해 이렇게 표현하였다.

"조선에는 어디를 가든지 무궁화가 흔히 있으니 무궁화 나라라고 함 이 까닭 없다 할 수 없으며, 또 무궁화는 꽃으로 가장 좋은 것이 아닐지는 모르지마는 그 발그레한 고운 빛이 미인의 얼굴을 형용하는 데 쓰이는 터이며, 또 날마다 새 꽃이 피어가면서 봄, 여름, 가을을 지내는 긴 시간 동안에 줄기차고 씩씩하게 피기를 말지 아니하는 점이 왕성한 생명력을 나타내는 듯하여서, 나라를 대표하는 꽃으로 삼기에 부족할 것이 없다 할 만합니다."

이처럼 무궁화는 우리 민족의 정신적인 상징화처럼 여겨져 왔다. 이후 1940년에 애국가와 함께 임시정부의 공인을 거쳐, 1948년 정통성을 이어받은 대한민국 정부 수립과 동시에 정식으로 나라꽃이 되었다. 그렇다면 무궁화는 언제부터 우리나라를 대표하는 꽃이 되었을까? 언제부터 이 나라에 서식하기 시작하였을까?

한반도에 피어있던 무궁화

무궁화는 5천 년 우리 민족의 역사와 함께 자신의 역사를 이어왔다.

신시시대에는 환화로 불렸으며 단군 고조선 시대에 이르러서는 '한화', '천지화', '근수' 등의 이름으로 불렸고 하늘에 제사를 지내는 신단 둘레에 심어져 신성시되었다.

한반도에 무궁화가 많이 자라고 있었다는 가장 오래된 기록은 『산해경』에서 찾아볼 수 있다.

이 책은 기원전 8~3세기 춘추전국시대에 저술된 '지리서'라고 전하여 내려오는 문헌으로, 동진 때 곽박이 그때까지의 기록을 종합, 정리한 것이다. 이 책에 "군자의 나라에 훈화초가 있는데, 아침에 피었다가 저녁에 진다."라는 기록이 있다. 군자국은 우리나라를 가리키는 것이며, 훈화초는 무궁화의 옛 이름이다. 이로 미루어 아주 예로부터 무궁화가 우리나라에 있었다는 것을 알 수 있다.

또한, 신라 효공왕이 문장가 최치원에게 작성시켜 당나라에 보낸 국서 가운데 "근화향(槿花鄉 : 무궁화의 나라. 신라를 일컬음)은 겸양하고 자중하지만, 호시국(楛矢國)은 강폭함이 날로 더해간다."라고 한 것이 있다. 『구당서』 신라전 737년(성덕왕 36) 기사에도 "신라가 보낸 국서에 그 나라를 일컬어 근화향, 곧 무궁화의 나라라고 하였다."라고 한 것이 있다.
　이러한 기록들은 신라시대 때 이미 우리나라를 근화향, 곧 무궁화의 나라라고 불렀다는 사실을 말해주고 있다.

조선 세종 때 강희안이 저술한 한국 최고의 화목에 관한 책인 『양화소록』을 보면 "우리나라에는 단군이 개국할 때 무궁화가 비로소 나왔기 때문에 중국에서 우리나라를 일컫되 반드시 '무궁화의 나라'라 말하였으니, 무궁화는 예로부터 우리나라의 봄을 장식하였음이 분명함을 알 수 있다."라는 기록도 있다.
　일본의 『왜기』에는 "무궁화는 조선의 대표적 꽃으로서 무려 2,100여 년 전 지나(支那)에서도 인정된 문헌이 있다. 고려 시대에는 전 국민으로부터 열광적 사랑을 받았으며, 문학적·의학적으로 진중한 대우를 받았다. 20세기의 문명이 조선에 들어옴에 유지들은 민족사상의 고취와 국민정신의 통일 진작에 노력하여, 붓과 말로 천자만홍의 모든 꽃은 화무십일홍이로되 무궁화는 여름과 가을에 걸쳐 3, 4개월을 연속해 핀다고 하여, 그 고결함과 위인적 자용을 찬미하였다. 따라서 무궁화 강산 운운하는 것은 자존된 조선의 별칭인데……."라는 기록이 있다. 이는 우리 민족과 무궁화의 관계를 잘 나타내고 있는 것이다.

민족의 상징 무궁화

무궁화는 우리나라의 나라꽃으로서 꽃이 주는 이미지와 그 이미지에서 비롯된 상징성의 풍부함으로 명료하게 우리 민족을 상징한다. 무궁화는 미적 가치 이전에 민족의 역사와 전통과 성품에 어울리는 꽃이다.

우리나라는 예로부터 은자의 나라, 군자의 나라, 백의민족 등으로 불리어 왔으며, 무궁화는 이러한 우리 민족의 정서를 상징하여 줌으로써 오랜 역사 동안 민족의 사랑을 받아왔다. 우리 민족과 나라꽃 무궁화의 유사성을 크게 세 가지로 소개해 보고자 한다.

첫째, 무궁화는 사람들의 시선을 일순간에 끄는 현란함이 있거나 향기가 짙은 꽃이 아니다. 아담하고 은은한 향기를 지닌 순결한 꽃으로 무궁화는 은자의 꽃이라 할 수 있다. 은자 나라의 선인들은 흰빛을 숭상하며 수수하고 세속적인 탐욕이나 오만이 없고 점잖고, 은근하고, 겸허하며 너그러운 군자의 풍모를 지녔다. 이러한 군자, 은자의 덕을 무궁화는 지니고 있다.

둘째, 우리 민족은 '은근과 끈기'의 부지런한 민족이고 지조와 절개를 생명보다 귀히 여기는 단아한 민족이다. 무궁화는 이러한 민족성을 나타내는데 하루의 첫 시작인 새벽 4시경부터 피기 시작해서 질 때는 다섯 꽃잎이 하나가 되어 얌전히 오므라들어 꼭지째 떨어진다. 다음날 아침에 수없이 피어 있는 무궁화는 전날의 꽃이 아닌, 모두 새롭게 피어난 꽃들이다. 매일 아침마다 새로운 꽃을 100여 일 동안 끈질기게 이어 피우는 무궁화는 은근과 끈기, 부지런한 민족성을 말해 준다 하겠다.

셋째, 무궁화는 토지의 후박(厚薄)을 가리지 않고 아무 데서나 잘 자라고 정성 들여 가꾸지 않아도 벌레 때문에 마르는 법 없이 잘 번성한다. 이는 숱하게 외침을 당하는 수난의 긴 역사 속에서도 살아남은 우리 민족의 운명을 말해주고 있다.

🌺 이름이 그 존재를 말한다

모든 식물은 국제적으로 공통된 명칭인 학명을 갖고 있다. 무궁화의 학명은 'Hibiscus Syriacus Linnaeus'이다. 'Hibiscus(히비스커스)'는 고대 이집트의 아름다운 여신 'Hibis'와 유사하다는 뜻의 그리스어 'isco'의 합성어로 '아름다운 여신을 닮았다'는 뜻이다. 무궁화의 영어 이름은 'Rose of Sharon'이다. 'Sharon(샤론)'은 성경에 나오는 성스럽고 선택받은 곳(온전한 평화가 있는 곳)을 뜻한다. 또 'Rose'라는 표현은 '아름다운 꽃'을 의미한다. 즉, 무궁화는 '성스럽고 선택받은 곳에서 피어나는 아름다운 꽃'이란 의미를 갖고 있다.

'무궁'은 순우리말이다. 무궁화는 '영원히 피고 지지 않는 꽃', '영원무궁토록 빛나 겨레의 환한 등불이 될 꽃'이란 의미를 갖고 있다. 오늘날 우리가 사용하고 있는 '무궁화'라는 명칭은 '목근(木槿)'이라는 한자음이 변한 순우리말이다. 무궁화의 최초 한글표기는 한글창제 이후인 1517년 최세진 학자가 저술한 『사서 통해』라는 문헌에 처음 나온다. 무궁화라는 한글명은 16세기부터 나타나는데 한자로는 목근화로 표기하고 있다.

🌺 과학이 밝혀낸 꽃 중의 왕 무궁화

<앵커 멘트>

국내 연구진이 세계 최초로 무궁화의 유전정보를 밝혀냈습니다.

무궁화의 기원을 밝힐 수 있는 첫 단추를 낀 셈입니다.

임명규 기자가 보도합니다.

<리포트> 삼국시대부터 스스로를 '근화향'이라 일컬은 무궁화의 나라, 하지만, 일제 강점기를 거치며 무궁화는 한반도에서 말살되다시피 할 정도로 수난을 겪었습니다.

지금도 나라꽃이긴 하지만 법적인 지위는 확보하지 못하고 있고, 한 해 열리는 축제는 10여 개 정도로 50여 개인 벚꽃 축제보다 적습니다.

<인터뷰> 무궁화연구회 회장 : "장미가 영국의 국화입니다. 수많은 품종이 있고 수백 가지 책이 있을 정도인데 우리나라 무궁화에 대해서는 3백여 품종이 있긴 하지만 그렇게 길게 연구를 못했어요."

이런 가운데 무궁화의 기원을 밝힐 첫 단추가 끼워졌습니다.

산림과학원과 지앤시바이오 연구팀이 고유종에 가까울 것으로 보이는 수령 80년 이상의 무궁화나무만 골라 엽록체 게놈 염기서열 전체를 해독하는 데 성공했습니다.

무궁화 엽록체 게놈 해독은 세계 최초입니다.

이번 연구에서 무궁화 엽록체 게놈은 대략 16만 천 개의 염기로 이뤄져 있으며 105개 유전자가 포함돼 있다는 사실이 밝혀졌습니다.

특히, 주목할 부분은 이들의 염기 서열이 차이를 보여 유전적 다양성을 띠고 있다는 점입니다.

유전적 다양성은 오랜 진화의 증거로 우리나라가 원산지일 가능성도 의미하고 있습니다.

<인터뷰> 산림과학원 박사 : "무궁화의 유전적 다양성을 미뤄볼 때 우리나라가 무궁화 본래 원산지에 포함됐을 가능성을 상당히 높이는 결과."

산림과학원은 중국과 인도 북부에 분포한 무궁화도 분석하는 등 무궁화의 기원을 밝히는 연구를 계속할 계획입니다.

KBS 뉴스 임명규입니다.

KBS 무궁화 엽록체 게놈 염기서열 완전 해독

입력 2014.03.01. 오전 8:40

    무궁화의 원산지가 대한민국이라는 사실이 과학적으로 밝혀진 것이다. 온 인류의 지속 가능을 상징하는 '꽃 중의 왕 무궁화'의 원산지는 대한민국인 것이다.

우리가 곧 무궁화요 무궁화가 우리인 것이다. 대한민국 만세!!

무궁화의 사명 곧 우리의 사명

인류의 역사에 민족의 이름으로 특정 식물이 가혹한 수난을 겪은 일은 우리나라의 나라 꽃인 무궁화가 유일할 것이다. 무궁화는 민족의 역사와 함께 겨레의 맥락 속에 숨 쉬어 온 꽃이기에 일제 강점기 36년 동안 민족의 수난과 함께 참혹한 시련을 겪을 수밖에 없었다. 만주, 상해, 미국, 구라파로 떠난 독립지사들이 광복 구국정신의 상징으로 무궁화를 내세우자 일본은 여기에 당황한 나머지 무궁화를 보는 대로 불태워 버리고 뽑아 없애 버렸다. 일제는 나라꽃 무궁화를 '눈에 피꽃'이라 하여 보기만 해도 눈에 핏발이 선다고 거짓 선전하였으며, '부스럼 꽃'이라 하여 손에 닿기만 해도 부스럼이 생긴다고 하는 등 갖은 말로 우리 민족의 기개를 표현하는 무궁화 탄압에 앞장섰던 것이다. 그러나 나라 꽃 무궁화에 관한 수난이 가중되면 될수록 우리 민족은 더욱 우리의 정신을 대변하는 무궁화를 사랑하고 숨겨가면서까지 지켜왔다.

민족적인 어려움의 시기에 무궁화는 자신의 사명을 감당하였다. 무궁화는 어떤 사명을 가지고 존재하는가. 무궁화는 여러 특성을 통해 우리의 민족성을 대변해왔다. 무궁화의 특성을 우리의 민족성과 연결시킬 때, 그 민족성은 백성들의 마음을 하나로 결집시키고, 이러한 원동력이 일제강점기의 아픔을 넘어서는 힘이 되었다.

민족성을 살피기 위한 무궁화의 기본적인 특징을 연결 지어보자.
첫째, 무궁화는 색채와 향기가 단조롭다. 화려하지 않다. 이는 우리 선인들의 선비정신을 보여준다. 너그럽고 겸허한 군자의 마음을 보여준다.
둘째, 무궁화는 흰 꽃 바탕에 짙붉은 화심을 갖추고 있다. 이른 백의를 숭상하고 순결하고 진실한 민족성을 보여준다.
셋째, 무궁화의 꽃말은 '영원히 피는 꽃, 지지 않는 꽃'이다. 무궁화는 7월부터 피기 시작하여 10월 초순까지 꽃을 피운다. 반만년 역사의 숱한 국난에도 굴복하지 않고 전통과 문화를 이어온 우리의 극복정신을 의미로 담고 있다.
넷째, 무궁화는 토지가 좋고 나쁨을 가리지 않고 어디서든 자란다. 옮겨 심어도 뿌리를 잘 내린다. 무궁화는 오동나무, 미루나무, 자귀나무처럼 쑥쑥 자라지는 않지만 천천히 자라되 몇 년, 몇 십 년을 거치는 동안 거목으로 성장한다. 이렇게 오랜 시간 꾸준히 자라기 때문에 무궁화는

> 절제의 꽃 : 자신의 때를 알고 그 때를 위해 기다리고 인내하는 꽃
> 협력의 꽃 : 자신을 통해 사람들로 하여금 하나된 마음과 정신을 품게 만드는 연합의 꽃
> 희락의 꽃 : 사람에게 기쁨을 주고 웃음과 행복을 주는 꽃
> 자비의 꽃 : 울타리로 사용되며 어려운 이를 감싸주고, 포용하는 꽃
> 희망의 꽃 : 공기를 정화시키는 기능이 있고 벌레나 해충에 강하여 푸르름을 간직한 꽃
> 헌신의 꽃 : 잎은 나물로 쓰이고, 죽으로 끓여 먹기도 하며 전체가 약재로 쓰이는 꽃
> 성장의 꽃 : 단기간에 쑥쑥 자라지는 않지만 오랜 시간 자라며 단단하고 강한 꽃
> 군자의 꽃 : 향기가 없고, 화려하지 않지만 존재감이 선명한 꽃
> 평화의 꽃 : 피해를 주지 않으며 자신의 자리를 지키고 헌신하고 희생하는 꽃
> 열정의 꽃 : 100일 동안 쉼 없이 피고 지고 다시 피우며 10,000송이의 꽃을 피워내는 꽃
> 공헌의 꽃 : 자신의 장점을 통해 타인과 세상에 기여하는 꽃
> 성실한 꽃 : 자신의 사명을 다하기까지 맡겨진 역할을 수행하는 꽃
> 치료의 꽃 : 사람을 이롭게 하며 약재로 사용되어 사람을 치료해 주는 꽃
> 생명의 꽃 : 줄기를 잘라 어디에 심든, 옮겨 심어져도 꿋꿋하게 살아남아 번식하는 꽃

목질이 단단하고 강하다. 줄기 하나도 꺾이지 않는 끈질김은 바로 우리 민족의 은근과 끈기, 강인함을 의미한다.

다섯째, 무궁화는 태양이 있어야만 자라는 빛의 꽃이다. 뜨겁고 강렬한 태양이 떠오르면 그 햇살과 함께 자라는 게 무궁화 꽃이다. 무궁화를 울타리로만 알고 있는 경우가 많은데 사실은 그렇지 않다. 유럽에서는 가로수 무궁화를 많이 볼 수 있다. 무궁화는 독립수로서 5~7M까지 자란다. 그래서 무궁화는 3미터 이상 간격을 두고 심는 것이 중요하다. 이러한 무궁화는 공기 정화 능력이 뛰어나다. 잎을 따서 나물로 쓰기도 하고, 죽을 끓여 먹기도 한다.

공해나 해충에 강한 면역력이 있어 푸름을 간직하기에 무궁화야말로 가로수에 적합한 나무이다. 이러한 장점들 때문에 무궁화는 사람들의 사랑을 받는다. 무궁화는 세계적으로 가장 유명한 공원의 하나인 미국 California의 Disney land 곳곳 중요 지점에 심어져 관람객의 사랑을 받고 있다. 그리고 세계적으로 가장 큰 식물원의 하나인 미국 Washington 소재 U.S. National Arboretum의 전면에 무궁 화원이 있어 7~9월 꽃이 드문 여름 기간 장장 100여 일 이상을 무궁화로 장식하고 있으며, 무궁화 연구에도 심혈을 쏟고 있다고 한다. 세계 최대도시인 미국 New York Botanical Garden의 중심부에도 무궁화원이 있어 이 식물원의 자랑 중의 하나가 되고 있다.

또한, 미국 Washington 교의 주택 지대로 가면 주민들이 주택 정원에 무궁화 1~2그루씩을 심어 정성 들여 가꾸고 또 여름철 이들의 자랑거리임을 생각할 때 화목으로서의 무궁화의 위치를 가히 짐작할 수 있다. 이토록 많은 사람에게 사랑받는 무궁화가 한국에서는 사랑받지 못하고 일본의 무궁화 말살정책을 이어받아 울타리 나무로 만 치부되거나, 강전정 (무궁화 참수)의 수난을 통해 수많은 무궁화가 고사되었으니 누구를 탓해야 하는가. 종합해 보면, 무궁화는 그 존재 자체가 우리가 회복해야 할 민족성을 잘 보여주고 있는 것이다.

민족성을 통해 보여준 무궁화의 특징을 하나의 단어로 수렴해 본다면 '평화'라는 단어가 떠오른다. 피해를 주지 않고, 겸손하게 자신의 자리를 지키며 자신의 모든 것을 헌신하고 희생하여 사람을 지켜주는 꽃, **세계 평화와 온 인류의 행복이 되어줄 무궁화로다!**

Check Point 2.
무궁화를 지켜온 영웅들

🌸 무궁화 말살정책의 아픔

"나는 샤론의 수선화요, 골짜기의 백합화로다. (I am a rose of Sharon, A lily of the valleys.)" (아 2:1)

무궁화는 성서에 나오는 '샤론의 꽃'이다. 무궁화의 영어식 표현이 바로 'Rose of Sharon'으로 이는 기독교의 예수그리스도를 상징하고 있다. 예수가 보여준 희생과 헌신 그리고 사랑을 뜻하는데, 이 무궁화가 바로 우리 민족을 상징하고 있다. 우리 민족과 그 시작을 함께 하며 5천 년을 넘게 사랑을 받아온 무궁화! 그러나 나라를 일제에 강제로 빼앗기면서 무궁화의 수난도 함께 시작되었다. 우리나라를 상징하는 태극기를 전국적으로 압수하여 없애 버렸던 일본 제국주의는 국기 다음가는 민족적 상징인 나라꽃, 즉 무궁화를 없애는 작업에 착수하였다. 무궁화를 검색하면 무궁화의 학명은 Hibiscus Syriacus이며, 무궁화의 영명은 위의 성구대로 Rose of Sharon이다. 그런데 한글 성경에는 샤론의 수선화로 되어 있다. 무궁화가 수선화로 바뀐 것이다. 일본의 무궁화 말살정책은 성경에까지 뻗어 있으니 실로 치밀하다 하지 않을 수 없다.

대한민국 기독교인 중 이 사실을 아는 이가 몇이나 될까. 거짓된 것은 반드시 바로잡아야 진정으로 승리하는 것이다. 우리 민족은 무궁화를 나라꽃으로 굳게 믿어 왔다. 오랫동안 조상 대대로 사랑하고 지켜 온 무궁화를 잃어버린 조국을 사랑하듯 애지중지하며, 무궁화의 졌다가 다시 피어나는 굳센 의지를 배워 우리도 언젠가는 기어이 독립하리라 결심하고 뿔뿔이 흩어지는 겨레의 마음속에 무궁화를 가꾸면서 독립정신을 키워 나간 것이다.

이와 같은 우리의 민족성을 감지한 일제는 나라꽃에 대한 악선전에 혈안이 되어 있었다. 나라를 빼앗은 것도 모자라 정신까지 말살하려 했던 일제는 무궁화를 국민들과 멀어지게 하려고 무궁화에 온갖 박해를 가하였다. 무궁화가 우리에게 민족정신으로 여겨지고, 독립 운동가들이 무궁화를 표상으로 내세우자 일제는 전국에 있던 무궁화 나무를 뽑아버리고 불태워 버렸으며, 그곳에 대신 일본의 국화인 벚꽃을 심었다. 아마도 인류 역사에 민족의 이름으로 특정식물이 가혹한 수난을 겪은 일은 무궁화가 유일할 것이다.

 이렇듯 우리 민족과 운명을 함께 해온 무궁화는 우리 민족과 운명공동체라 할 수 있을 것이다. 무궁화는 우리 민족과 함께 해오며 국가의 어려운 시기에 우리의 정신을 대신하였고 희망이었다. 일제는 무궁화가 우리의 민족얼, 광복 구국정신의 표상으로 떠오르자 급기야 무궁화를 뽑아버리고 불태우는 것도 모자라 악의적인 소문을 퍼뜨리고 무궁화를 폄훼하기 위해 혈안이 되었다.
 '무궁화를 보기만 해도 눈에 핏발이 서 죽는다. 몸에 닿기만 해도 부스럼이 생긴다. 진딧물이 무성한 지저분한 꽃이다.' 등 무궁화에 악의적인 부정적 이미지를 덮어 씌워 우리 국민들과 멀어지게 하려고 온갖 만행을 저질렀다. 가장 사악한 것은 '무궁화는 가지자르기(무궁화 참수)를 해야 한다'는 ~ (중략)

 일제 강점기의 무궁화 말살정책으로 인한 그릇된 풍토는 여전히 남아 있어 무궁화는 아직까지도 수난을 겪고 있다. 무궁화 참수라고 할 수 있는 무궁화 몸통 베기, 담벼락 밑이나 음지에 심어 빛을 못 보게 하기 등 이러한 그릇된 풍토는 무궁화 나무에서 꽃이 피지 못하고, 진딧물의 제물이 되어 죽게 만드는 것이다. 독립한지 80년이 다 되어 가건만 아직도 무궁화는 독립을 보지 못하고 있는 것이다.

무궁화나무 자리에 벚꽃나무가 심어져 무궁화 삼천리 화려강산이라는 애국가가 무색하게 벚꽃 만발한 그릇된 풍토로 변모하고 있다. 하지만 옛 우리 민족은 무궁화에 대한 수난이 가중되면 될수록 우리의 민족정신을 대변하는 무궁화를 소중히 여겼다. 또 숨어가면서까지 무궁화를 심고 키웠다. 이렇듯 일제 강점기 때 무궁화는 우리 온 겨레의 희망이었다. 무궁화에 대한 민족과 민중의 사랑은 어려움 속에서 더욱 빛을 발하였다.

🌺 꽃 중의 꽃은 '무궁화'요, 영웅 중의 영웅은 '남궁억'이로다

'한서 남궁억'은 일제강점기 몸과 마음과 영혼을 바쳐 독립운동을 한 '영웅 중의 영웅'이지만 그의 위대한 이름에 비추어 볼 때 제대로 알려지지 않은 영웅이다. 한서 남궁억은 진정한 정치가, 진정한 언론인, 진정한 교육자, 진정한 신앙인, 진정한 독립운동가였다.

영웅의 위대함은 언행일치의 삶이 말해준다.

남궁억은 연희전문학교 졸업식 축사에서 "강자를 도와 부질없는 권세에 만족할 것이 아니라 약자를 살려 같이 강하게 되는 것이 우리의 할 일입니다."라는 말을 남겼다.

그의 삶은 그의 말과 일치했다. 그는 진정 자신의 강점으로 자신이 해야 할 일이 무엇인지를 정확히 알고 있었으며, 죽는 그날까지 온몸과 마음과 영혼을 불사른 영웅이다. 본서에서는 그의 업적 중 극히 일부만을 소개하기로 한다.

남궁억은 당시 뛰어난 학문과 영어실력을 갖춘 인물로서 보다 쉬운 길을 갈 수도 있었지만 그는 독립협회를 주도하였고, 황성신문 발행인이 되어 정론직필에 힘쓰다 사지를 찢는 아주 잔인한 고문을 겪어야만 했다. 그는 시대적 소명을 따른 것이다.

남궁억은 민족사 교육을 통해 조국애를 심어주는 것에 일생을 바쳤다. 특히 그의 교육철학에는 무궁화 교육이 자리를 잡고 있었다. 배화 학당에 재직하던 시절, 그는 꽃이 핀 무궁화 열세 송이로 조선 13도를 표현한 한반도 지도를 도안하여 여학생들로 하여금 이를 수놓게 함으로써 수실 한 올 한 올마다 애국심을 심게 하였다. 이 무궁화 지도는 배화학당뿐만 아니라 경향 각지의 여학교에서 수놓아졌고 가정주부들도 그것을 수놓아서 내실을 장식할 뿐 아니라 은연중에 애국정신을 가슴속에 수놓게 되었다. 무궁화를 수놓은 손수건을 애국지사들은 품속에 지니고 다녔다고 한다.

1918년 배화학당을 사임하고 남궁억은 선향인 홍천군 모곡 보리울로 낙향하였다. 남궁억은 작은 학교를 세우고 한글과 역사를 가르쳤으며 주일에는 예배를 드렸다. 남궁억은 제자들과 무궁화 묘포를 가꾸었다. 위축되어 가는 애국심을 격려하려는 일환으로 학교 경비 보충을 구실로 하여 무궁화 묘목을 해마다 수십만 그루씩 길러서 각 지방의 학교와 교회, 사회단체에 팔기도 하고 기증도 하였다. 묘목 작업은 학생들의 실습시간을 이용하고, 김매고 거름을 주게 하여 학생들의 무궁화에 대한 애착심과 애국정신을 심어 주었다. 일제가 무궁화 묘목을 심지 못하도록 억압하자, 어린 무궁화 묘목과 유사한 뽕나무 묘목을 함께 길러 보급함으로써 무궁화 삼천리 화려강산을 회복하고자 했다. 우리 애국가의 후렴 부분의 "무궁화 삼천리 화려강산'은 남궁억의 무궁화 정신이 닿은 결과 중 하나이다. 무궁화 묘목을 널리 보급하기에 혼신의 노력을 다했던 남궁억은 노래를 만드는 일에도 열심을 다했다. 무궁화 정신을 널리 전파하기 위해 노래보다 좋은 것은 없을 것이다. 대표적인 노래로 '무궁화 동산'이 있다.

"우리의 웃음은 따뜻한 봄바람 춘풍을 만난 무궁화 동산, 우리의 눈물이 떨어질 때마다 또다시 소생하는 우리 이천만 빛나거라. 삼천리 무궁화 동산 잘 살아라~ 이천만의 고려족"

얼마 전 동네 어린이집에서 "무궁화 꽃이 피었습니다." 놀이를 하는 것을 보았다.

이 놀이 역시 남궁억의 작품이다. 일제의 감시를 경계함과 동시에 자부심을 불러일으키는 "무궁화 꽃이 피었습니다."를 해석하면 "간악한 무리들아 너희들이 조국과 민족을 짓밟으려 발악을 하나, 강한 생명력을 지닌 무궁화처럼 우리 조국은 반드시 독립할 것이며, 세계 평화와 온 인류의 행복을 선도하는 '무궁화 삼천리 화려강산'이 될 것이다."라고 해석할 수 있다.

이처럼 '지속 가능 국가'를 위해 몸과 마음과 영혼을 바친 영웅 중의 영웅 남궁억은 '동아일보'에 크게 보도되었던 무궁화 동산 사건 곧 '십자가 당 사건'도 겪어야 했다. '십자가 당 사건'으로 인해 70,000주(株)나 되는 무궁화는 불살라 없어졌고, 남궁억은 심한 고문과 옥고를 치르고 1934년 여름 보석으로 석방되었다. 이제 보리울은 남궁억이 가꾸었던 '무궁화 화려강산'이 아니었다. 그의 앞에 펼쳐진 것은 적막강산이었다. 심한 고문과 옥고로 만신창이가 된 남궁억은 할 수 있는 게 많지 않았을 것이다. 그는 1939년 4월 5일 77세의 나이로 세상을 떠나게 될 때까지도 제자들에게 "나는 독립을 위하여 일하다가 가겠지마는, 너희는 반드시 독립을 볼 것이니 독립 후의 일을 위하여 준비해야만 한다네. 우리가 준비를 제대로 하지 않으면 설령 오늘 독립이 이루어진다고 해도 모든 문제가 해결되는 것이 아닐 것이네."라고 조국과 조국의 미래를 당부했다.
그는 또 날마다 무릎을 꿇고 기도하였다.

남궁억 선생은 "나의 민족과 조국이 무궁화 정신으로 화합하여 무궁화 삼천리 화려강산을 회복하고 세계 평화와 온 인류의 행복을 선도하는 대한민국이 되게 하여 주시옵소서"라고 기도했으리라.

영웅 중의 영웅 한서 남궁억의 마지막 소원은 '무궁화 삼천리 평화의 강산'이며, 세계 평화를 선도하는 대한민국, '지속 가능 대한민국'이다.

다시 피어나는 무궁화는 남궁억 선생의 마지막 소원을 이루어 줄 것이다.

무궁화 우리의 꽃! 삼천리 강산의 평화와 번영의 꽃!

무궁화 영웅이시여! 대한민국에 다시 "무궁화 꽃이 피었습니다."

온 국민의 가슴에 다시 피어나는 무궁화! 영원 무궁 삼천리 무궁화 평화의 강산!

무궁화 연구의 선구자 우호익

우리 겨레의 가슴 깊은 곳에 겨레의 꽃으로 자리 잡고 있는 무궁화가 단지 겨레를 상징하고 있는 꽃이라는 이유 하나만으로 일제의 무력 앞에 무참히도 짓밟히던 시절, 무궁화를 학문적 차원에서 깊이 있게 체계적으로 연구한 사람이 있었으니 바로 우호익이다.

1927년 조선사상통신사 간행의 『조선급 조선민족』에 실렸던 『무궁화고』는 숭실전문학교 교수로 재직하던 우호익의 진솔한 학술적 연구의 소산인 무궁화 관련 최초의 논문으로 세상의 많은 꽃 가운데서 무궁화가 어찌하여 우리들의 사랑을 받게 되었으며, 민중의 이상화(理想化)로 추대되었는지에 관하여 여러 문헌에 산재해 있는 글을 종합하여 무궁화의 사적 가치를 고찰하였고 조선의 국화로 숭배하게 된 유래를 논증하고 있다.

이 논문은 무궁화에 관한 최초의 논문이라는 점을 차치하고라도 무궁화 연구 자료로서의 가치가 높다. '무궁화고'는 무궁화에 관한 전반적인 내용을 다루고 있는 것으로 '무궁화의 이칭', '문학상에 나타난 무궁화', '식물상에 나타난 무궁화', '국화로서의 무궁화'를 문헌에 기초로 두고 아주 세밀하게 연구 검토하고 있다.

'무궁화의 이칭'에서는 여러 문헌 속에 나타난 무궁화의 여러 가지 명칭에 관하여 살펴보았는데 무궁화란 꽃의 속성에 따라 혹은 지방의 말에 따라 이름이 다르게 불려지게 된 것도 있다는 것을 뚜렷한 문헌적 사료를 통해 고찰하고 있다. '문학상의 무궁화'에서는 문헌에 기록된 일단을 들어 무궁화가 얼마나 문학상에 귀중한 지위를 점령하였으며 고결한 가치를 발휘하고 있는지를 예증을 들어 설명하고 있다. 예로부터 모든 시인·묵객들이 시를 지어 영탄하며 노래를 불러 찬미하였던 무궁화가 과연 얼마나 재자가인의 가슴을 태웠으며 문인들의 사랑을 받았는지는 문학상에 표현된 기록만으로도 우리는 충분히 감지할 수 있다. 무궁화는 예찬을 받은 동시에 우리들에게 교훈을 주고 있다. 우리는 문학을 통해서 무궁화에 대한 미인적 사랑과 귀여움을, 그리고 수명이 억만 세 무궁에 이르라는 축복을 받을 만큼 높이 평가되어 있는 무궁화의 지위와 가치를 짐작할 수 있겠다.

'의학상에 있어서의 무궁화'에서는 무궁화가 꽃·열매·껍질의 어느 것을 막론하고 모든 것을 약제로 쓰고 있음을 문헌적 고증을 통해 살펴보고 있다. 무궁화는 사람 몸에 대하여 내과·외과를 총망라하여 각종 질병에 유효한 것으로 소위 만병통치의 영약이다. 이처럼 무궁화는 의학상으로 보아도 우리 인간에게 절대 필요한 꽃이며 없어서는 안 될 의학계의 중진인 동시에 우리 인류에게 무한한 행복을 가져다주는 꽃임을 이 글을 통해 알 수 있다.

『무궁화고』의 전체 내용상의 풍부함과 다양하고 정확한 문헌적 고증은 논리 정연하게 전개되어 있어, 시대에 앞선 무궁화 연구 자료로서 많은 무궁화 연구가들이 전재하는 무궁화 필독서가 되었다. 나라와 말과 글, 이름 그리고 심지어 밥그릇까지 빼앗아 간 일제 강점기의 그 침울했던 시기, 일제의 가혹한 압제 밑에서도 나라꽃으로서의 무궁화 위상을 정립하고, 우리 민족에게 국화애를 심어주기 위해 혼신의 힘을 다해 학문적으로 깊이 있고 체계적인 문헌고증을 통해 무궁화를 연구한 우호익의 충정 어린 공로는 우리 문학상의 무궁화에 관한 가히 금자탑이라 해도 과언이 아닐 것이다.〈무궁화나라〉

무궁화를 지켜온 영웅들

내가 이토록 무궁화에 대해 애착을 갖게 된 것은 9년 전 무궁화 애호운동가인 김석겸 회장과의 만남이 그 시작이었다.

김석겸 회장의 『겨레얼 무궁화』를 시작으로 『무궁화 이야기』, 『보리울의 달』, 『무궁화 선비 남궁억』 그리고 인터넷 검색을 통해 자료를 분석하고 읽으며 무궁화에 대한 위대한 진실을 알게 되었다. 무궁화의 위대한 가치는 모든 위대한 인물들의 삶의 철학과 매우 맞닿아 있었다. 나는 같은 무렵 세계 경영의 거장 피터 드러커의 '인문예술경영'을 연구하고 있었다. 경영을 사람 중심으로 인류의 지속적인 발전을 위해 예술처럼 풀어 나가는 피터 드러커의 경영철학에서 '세계 평화와 온 인류의 행복'을 상징하는 무궁화를 볼 수 있었던 것이다.

지금 우리에게 가장 중요한 과업은 한민족 본래의 인성에 대한 회복이다. 그리고 대한민국 국민으로 사는 것에 대한 자부심의 회복이다. 견고한 원칙과 진리 위에 기초를 다시 세워야 한다. 무궁화는 우리와 함께 이러한 과업을 수행할 것이다.

이 나라에는 무궁화를 지키기 위해 힘써 온 영웅들이 많이 있다. 무궁화 화가, 무궁화 공예가, 무궁화 사진작가, 무궁화 가수, 무궁화 연구가,

무궁화 후원자, 무궁화 언론인, 무궁화 작가, 무궁화 국회의원, 무궁화 공무원, 무궁화 심기, 무궁화 선양운동에 인생을 바친 영웅들이 있다. 그 영웅들이 무궁화를 지켜온 것이다.

무궁화는 아직 피어나지 않았다. 무궁화에 대한 거짓 왜곡된 누명을 벗겨내고, 온 국민의 가슴에 무궁화의 위대한 진실이 심어질 때, 무궁화가 법적으로도 국화의 자격을 얻을 때 무궁화 삼천리 평화의 강산이 회복될 것이다. 다시 피어나는 무궁화는 온 국민의 가슴에 활짝 피어날 것이다.

〈청단심:블루버드/무궁화연대〉

Check Point 3.

온 인류의 희망, 지속가능의 상징 무궁화

🌸 국가마다 나라꽃이 있다

　가나의 국화는 대추야자, 가봉의 국화는 불꽃나무, 과테말라의 국화는 리카스테난, 그리스의 국화는 올리브이다. 네덜란드는 튤립, 덴마크는 붉은 클로버, 독일은 센토레아·········.
　國花는 한 국가를 상징하는 꽃.
　나라꽃을 가리킨다. 나라꽃은 법령으로 제정한 나라들도 있으나 그 나라의 자연·풍토·역사·문화와 관련이 깊은 식물이 자연스럽게 정해지는 경우가 많다.

중국은 모란이 국화였으나 1929년 법령으로 매화나무(Prunusmume)로 바꾸었다. 콜롬비아는 카틀레야(Cattleya)를 1937년에 대통령의 포고로 제정하였고, 베네수엘라는 1948년에 그 나라의 특산품인 카타세튬 필리아툼(Catasetum pileatum)을 국화로 정하였다.

영국은 잉글랜드를 대표하는 장미, 웨일스를 대표하는 부추, 스코틀랜드를 대표하는 엉겅퀴, 아일랜드를 대표하는 토끼풀 등 여러 종류의 식물로 되어 있으며, 어느 하나만을 대표적인 국화라고 할 수 없다. 일본의 국화는 벚나무이지만 황실의 문장(紋章)인 국화(菊花)도 국화로 쓰이고 있다.

미국은 주마다 주를 상징하는 주화(state flower)가 있으며 나라 전체를 대표하는 국화는 1986년 11월 20일 당시 미국 대통령 로널드 레이건이 연방법으로 지정했다. 국화는 이처럼 나라마다 다르기는 하지만 한 종류의 꽃이 몇 나라의 국화가 되기도 한다.

방울꽃은 스웨덴과 핀란드의 국화이며 에델바이스는 스위스와 오스트리아의 국화이다. 대체로 국화는 그 나라의 자생식물로 정해져 있지만 반드시 그런 것은 아니다. 네덜란드의 국화인 튤립은 세계적으로 유명한 꽃이지만, 16세기에 유럽으로 들어와 네덜란드에서 널리 재배되면서 나중에 국화로 되었다.

국가마다 국가의 표상으로 국기, 국가와 더불어 국화를 가지고 있다. 국가의 표상 물은 고대국가에서 부족이나 집단을 나타내고자 할 때 쓰여 오던 것이 근대국가로 접어들면서 국가에 대한 개념을 정립하는 과정에서 역사와 문화를 바탕으로 그 나라를 대표하는 상징물로 정하여 쓰이고 있다.

국화는 그 나라를 상징하는 꽃으로서 온 국민이 사랑하고 소중히 여긴다. 특정한 꽃이나 식물을 국화로 정하기 시작한 기원에 대해서는 분명한 것을 알 길이 없으나, 대체로 19세기 중엽에 들면서 꽃을 좋아하는 사람들이 왕실의 문장 또는 훈장이나 화폐 등에 표상으로 널리 쓰이게 된 꽃을 자연스럽게 국화로 생각하게 된 것으로 미루어 짐작한다.

구한말 한국에서 20년을 살다 간 영국인 신부 리처드 러트는 "프랑스, 영국, 중국 등 세계의 모든 나라꽃이 그들의 황실이나 귀족을 상징하는 것이 전체 국민의 꽃으로 만들어졌으나, 한국의 무궁화만은 유일하게도 황실의 이화가 아닌 민중의 꽃 무궁화가 국화로 정해졌다. 무궁화는 평민의 꽃이며 민주 전통의 부분"이라고 극찬하였다.

🌺 평화와 번영의 상징 무궁화를 통해
　경영의 통찰을 얻게 하다

　사회에 속한 모든 기관의 올바른 리더십과 경영을 위해 그 모든 통찰을 담을 수 있는 상징으로 무궁화보다 더 적격인 것은 없다. 무궁화가 그런 상징물로 적격인 이유 중의 하나는 바로 화무십일홍이 아닌 화무백일홍이기 때문이다. 이것은 정말 위대한 가치를 발견한 것이다.

　매일 피고 지고 또 피어나는 무궁화의 특성에서 피터 드러커의 어제의 것을 버리고 새로운 것을 채우라는 혁신 이론과 매일매일 반복하는 꾸준한 성실성을 생각할 수 있다. 무궁화의 개화 기간이 100일인 것은 깊은 의미를 보여준다.

　우리의 뇌가 100일 동안 반복되었을 때 그것은 잊혀지지 않는 교훈이 되고 습관이 되는 것이다. 추정해 보건대 나는 이런 무궁화를 통해 우리 민족의 기상과 정신이 만들어졌을 거라 생각한다. 그러한 정신과 기상이 수많은 고난과 위기를 극복하고 오늘 대한민국을 만들어 낸 것이라 생각한다.

　무궁화는 군자다운 기상을 가진 꽃 중의 꽃이요, 위대한 평화의 꽃이며, 위대한 사랑의 꽃이라 할 만한 기품을 지닌 꽃이다.

무궁화가 우리나라의 꽃이 된 데에는 일제 치하의 수난 속에 커다란 고통을 감내해 나가는 과정에서 우리 민족의 희망의 상징이 되었으며, 민족의 힘을 하나로 모으는 역할을 한 것에 있다 하겠다. 일본은 우리 민족을 짓밟듯 무궁화 말살정책을 펴 위대한 교육자이자 독립운동가였던 한서 남궁억 선생을 72세의 나이에 불구가 되게 하고, 그가 키운 무궁화 묘목 7만 그루를 모두 불살랐다. 그것도 모자라 어린 학생들에게 무궁화를 보면 눈에 피가 서린다는 등의 거짓 교육을 시켜가며 무궁화를 핍박했으니 일본은 우리 민족을 핍박하고 또 동서고금을 막론하고 극찬받는 세계평화의 꽃을 함께 핍박한 것이다. 그러하기에 무궁화는 우리 민족과 함께 가장 힘든 시기를 극복한 민족의 꽃이다. 무궁화는 6월 초여름을 시작으로 가장 뜨거운 여름인 8월에 가장 활짝 피어난다. 또한 무궁화는 아침에 피고 저녁에 졌다가 다시 아침에 피는 아침마다 새롭고 늘 새로운 꽃이다. 인내, 열정, 정의, 용기. 혁신, 평화와 번영을 상징하는 무궁화이다.

이러한 무궁화의 상징은 오늘날 모든 기업과 각 조직의 리더들이 마음속 깊이 새겨야 할 가치일 것이다. 나는 반복적 독서를 통해 세계적인 리더십과 경영의 거장들을 만났다. 나는 거장들이 남긴 위대한 교훈을 '다시 피어나는 무궁화'에 담아낼 것이니 여러분은 '다시 피어나는 무궁화'

를 통해 세계적인 거장들의 교훈을 얻게 될 것이다. 이제 다시 피어나는 무궁화는 우리들의 가슴에 먼저 피어오를 것이다. 위대한 진리와 함께~

일제강점기 살아 남은 무궁화 강릉 방동리 〈천연기념물 520호〉

시대는 지금 가치를 필요로 한다

무궁화에는 수많은 가치가 담겨 있다. 여기서 '가치'라는 영역에 대해 간단히 살펴볼 필요가 있다. 사전적 정의는 '사물이 지니고 있는 쓸모' 혹은 '인간의 욕구나 관심의 대상 또는 목표가 되는 진, 선, 미 따위를 통틀어 이르는 말' 정도로 풀이된다.

『아름다운 가치사전』이라는 책에는 가치의 종류가 제시되어 있다.

감사, 겸손, 공평, 관용, 마음 나누기, 믿음, 배려, 보람, 사랑, 성실, 신중, 약속, 양심, 예의, 용기, 유머, 이해심, 인내, 자신감, 정직, 존중, 책임, 친절, 행복 이런 가치가 좀 더 개인의 내면적 기준으로 들어가면 '성품'이라는 영역으로 들어선다. 성품의 사전적 정의는 '사람의 성질이나 됨됨이'로 풀이된다. '한국품성계발원'에서 보급한 품성 또는 성품의 종류는 다음과 같다.

공경, 환대, 겸손, 솔선, 기쁨, 정의, 충성, 온유, 순종, 정돈, 인내, 설득, 시간 엄수, 자원력, 책임감, 안정, 절제, 민감성, 성실성, 철저함, 검약, 포용력, 진실성, 덕성, 지혜, 경계심, 경청, 유용성, 자선, 담대함, 조심성, 자비, 만족, 창의성, 과단성, 경의심, 믿음직함, 결단력, 근면, 분별력, 신중함, 끈기, 열심, 믿음, 융통성, 용서, 후함, 온순, 감사

무엇인가 비슷한 느낌이 든다. 경계선이 명확하지는 않다. 하지만 그것이 우리를 불편하게 하지는 않는다. 너무나 중요한 내면의 기준을 다 모아 놓았고, 이 시대 우리가 정말 잃고 있는 것 그리고 잊고 있던 것 들이기 때문이다. 이러한 개인의 품성에서 출발한 내면의 힘이 관계와 사회구조로 진입하기 위한 가치기준으로 발전한 뒤, 기업이라는 조직 공동체로 접어들면 '역량'이라는 새로운 기준으로 재탄생된다. 역량의 사전적 정의는 '어떤 일을 해낼 수 있는 힘'으로 풀이된다. 'BoneHEART'에 특허권이 있는 '역량카드'에 등재된 역량의 목록은 좀 더 명확하게 역량의 어휘들을 이해하게 도와준다.

혁신, 협력, 갈등관리, 감수성, 결단력, 계획 수립, 고객지향, 공정성, 관계 구축, 권한 위임, 긍정적 사고, 사명, 대인 친밀성, 대인 이해, 도전정신, 독립성, 동기부여, 리더십, 목표관리, 문서작성, 문제 해결, 발표력, 타인 육성, 분석력, 비전 제시, 삶의 균형, 설득력, 성과지향, 성실성, 손익관리, 솔선수범, 스트레스 내성, 시간관리, 신속성, 업무조정, 위기 대처, 유연성, 의사결정, 의사소통, 자기 확신, 자기 주도, 자기 절제, 적응력, 전략적 사고, 전문가 의식, 정보관리, 정직성, 조직헌신, 창의력, 책임감, 철저한 확인, 추진력, 핵심 파악, 혁신 주도, 협동력, 협상력이 정도의 어휘들을 나열해 보니, 우리가 배울 수 있고 내면화할 수 있는 가치 기준이 얼마나 많은지 충분히 동의가 될 것이라는 생각이 든다. 피터 드러커는 이러한 수많은 가치기준 중에 기업, 사회부문의 조직 그리고 개인의 경영 차원에서 필요한 것을 꺼내 의미를 정의 내리고, 구체적으로 경영차원에서 이를 체계적으로 도와준다. 나는 한 걸음 더 나아가 무궁화라는 상징체계 안에서 이 시대 우리가 회복해야 할 가치를 모두 꺼내보았다. 무궁화는 우리에게 어떤 가치를 주는가? 무궁화의 역사적, 식물학적, 생태학적 특성은 어떤 가치를 만들어주는가?

🌸 무궁화와 그 가치의 향기

이런 방식으로 찾아낸 무궁화의 가치는 매우 광범위하고 다양하다. 일단 앞서 언급한 가치 목록, 성품 목록, 역량 목록 등을 기초 목록으로 하여 무궁화의 특징에서 찾아낼 수 있는 가치들을 연산법칙을 활용하여 광범위하게 찾아보면 다음과 같다.

감사, 겸손, 공평, 관용, 풍요, 믿음, 배려, 보람, 사랑, 성실, 신중, 약속, 양심, 예의, 용기, 융통성, 용서, 후함, 이해심, 인내, 자신감, 정직, 존중, 책임, 친절, 행복, 공경, 환대, 솔선, 기쁨, 정의, 충성, 온유, 순종,

헌신, 정돈, 설득, 시간 엄수, 자원력, 안정, 절제, 철저함, 포용력, 진실성, 덕성, 지혜, 경계심, 경청, 유용성, 담대함, 조심성, 자비, 만족, 주도성, 창의성, 과단성, 믿음직함, 결단력, 분별력, 혁신, 협력, 갈등관리, 감수성, 계획 수립, 고객지향, 공정성, 관계 구축, 권한 위임, 긍정적 사고, 사명, 친밀성, 이해력, 도전정신, 독립성, 동기부여, 리더십, 목표관리, 문제 해결, 발표력, 분석력, 비전 제시, 삶의 균형, 설득력, 성과지향, 솔선수범, 스트레스 내성, 위기 대처, 유연성, 의사결정, 의사소통, 자기주도, 적응력, 전략적 사고, 전문가 의식, 정보관리, 창의력, 추진력, 핵심 파악, 혁신 주도, 협동력, 협상력, 다양성, 시너지 등

과장된 의미 부여라고 말할 수도 있다. 그러나 실제 무궁화의 생태학적 특징 안에는 수많은 가치의 상징성을 가지고 있다. 어떻게 하나의 식물 안에서 이렇게 많은 가치를 만날 수 있을까. 그래서 무궁화가 나라꽃, 겨레 꽃, 민족의 대표성이 된 것이다. 이러한 가치를 품은 꽃이 백일동안 피고 지고 또 피기를 반복한다. 이 얼마나 축복받은 나라 인가? 위인의 풍모를 상징하는 무궁화를 통해 인성이 회복될 것이다. 우리는 세계를 선도하는 리더로서의 사명을 가진 민족이라는 자부심을 가져도 될 것이다. 우리는 다시 피어나는 무궁화를 먼저 마음에 심어 좋은 인성과 리더십을 길러야 한다. 성장과 변화는 중지해서는 안 된다.

무궁화의 원산지는 동아시아 지역으로 알려져 있으나 관상가치가 높기 때문에 열대 및 한 대를 제외한 전 세계에 심어지고 있다. 나무 높이가 5~7m까지 자라는 독립수 종이다. 어떤 이는 무궁화를 작은 꽃으로 여기나 실제로는 무궁화 나무이다. 추위를 이기는 힘 즉 내한성이 강한 종이며 햇빛을 좋아하는 양수(陽樹)이다. 많은 다른 꽃이 피고 지는 봄과 여름에 숨죽이며 기다리다가 6월 중순경 ~9월 하순경 사이에 홀로 꽃을 피운다. 꽃을 피우는 기간은 100일 정도에 이르고 그 절정은 가장 뜨거운 여름인 8월이다. 한 송이의 무궁화 꽃은 이른 아침 햇살과 함께 피었다가 저녁이 되면 꽃잎이 흐트러지지 않고 봉오리째로 오므라져 낙화한다.

이렇듯 아침에 피고 저녁에 짐을 100일 동안 반복하여 한 그루의 나무에서 10,000송이 이상의 꽃을 피우는 나무는 전 세계 모든 식물을 통틀어 무궁화가 유일하다. 무궁화의 꽃잎은 각각의 꽃잎이 있는 것으로 보이나 사실 그 근본은 하나의 통꽃이다. 그래서 함께 피었다가 함께 통으로 떨어진다. 특히 무궁화는 벌레나 균으로부터 저항력이 있는 생명력이 강한 나무이다. 한편 의학적으로도 효능이 검증되어 동의보감, 본초강목 등에 그 약효가 입증되어 있다.

무궁화는 우리 민족성을 반영하기에 전혀 부족함이 없다. 무궁화는 늘

부지런하면서도 항상 새로운 것을 추구한다. 이것은 우리 민족의 타고난 근면성과 진취적 정신을 표상한다. 무궁화는 청렴하고 결백한 민족정신을 보여준다. 순결한 단일 민족의 깨끗하고 진실성 있는 겨레의 품성을 표상한다. 무궁화는 강인하고 끈기 있는 민족정신을 보여준다. 한결 같고 강인한 끈기의 민족정신과 비슷하기 때문이다.

또한 무궁화는 이웃과 서로 돕는 겨레의 얼을 상징한다. 우리 민족은 어떤 고난이 있어도 한마음으로 뭉치는 정신을 가지고 있다는 점에서 비슷하다. 무궁화는 '자기완성'뿐 아니라 세계로 뻗어가는 '인류애'를 담고 있다. 인류의 평화와 행복을 지향하는 우리 민족의 박애 정신과 유사하다. 그렇기 때문에 무궁화는 우리 민족의 역사 속에서 그 흐름을 함께 해왔다.

🌸 송병락 교수가 본 '세계적인 꽃 무궁화'

저명한 경제학자이자 서울대 부총장을 지낸 송병락 교수의 저서 '싸우고 지는 사람 싸우지 않고 이기는 사람'에서 송병락 교수가 무궁화에 대해 쓴 글을 읽다가 피터 드러커박사의 정원에 무궁화가 심어져 있었다는 내용을 보았다. 무궁화에 피터 드러커의 경영철학을 담아내는 노력을 했던 나로서는 매우 큰 감동이 아닐 수가 없다. 여기에 송병락 교수의 글을 그대로 인용하여 소개하고자 한다.

하버드 대학에 머물렀을 때, 자주 찾던 서점의 매니저는 무궁화 관련 책을 찾고 있던 내게 "무궁화는 장미처럼 아름답기 때문에 샤론의 장미라고 한다. 화분에 심을 수도 있고, 울타리로 만들 수도 있고, 그리스에서처럼 가로수로 키울 수도 있다. 나는 무궁화가 좋아서 오랫동안 우리 집 화분에 키우고 있다."라며 무궁화가 얼마나 아름다운 꽃인지에 대해서 이야기했다. 또 일본에서 태어나 지금까지 일본을 100여 차례 이상 방문했다는 어느 한국 여성은 규슈 지방에서는 무궁화를 가로수로 쓰고 있다고 했다. 그리스, 터키를 비롯해 세계 여러 나라에서도 무궁화를 가로수로 쓰고 있다.

나 역시 세계 각국을 돌며 주요 인사를 만나거나 명소를 방문할 때마다 무궁화를 어렵지 않게 만날 수 있었다. 미국 보스턴 찰스 강변 근처의 하얏트 호텔의 회전 식당에서도 아름다운 경관을 만들어 내고 있던 것은 다름 아닌 무궁화였고, 이탈리아 피아트 사의 자동차 공장 정문 옆에서도 아름답게 서 있던 무궁화를 만날 수 있었다.

독일 개발 연구원장인 한스 타아케 박사의 독일 통일에 관한 연구 상담을 하기 위해 베를린에 있는 그의 사무실에 방문했을 때도 내 눈을 사로잡은 것은 활짝 핀 무궁화 화분이었다.

또 경영학의 시조인 피터 드러커 교수 댁을 방문했을 때도 그 집 정원에서 아름다운 자태를 뽐내고 있던 무궁화를 보며 놀란 적이 있었다.

우리나라에서는 그리 대접받지 못하는 무궁화가 하버드대학교 정문 앞에 있는 큰 꽃집에서 대표 꽃으로 전시하고 있을 정도로 외국에서는 관상용 화분으로, 정원수로, 울타리 나무로 그렇게 여러 곳에 뿌리 내리고 자태를 뽐내고 있었다.

무궁화 전문가인 서울대학교 농생대의 김기선 교수는 "무궁화의 종류는 무려 200가지가 넘는다. 정말로 아름다운 꽃도 많은데, 일본이 우리나라를 통치하면서 일본인들이 우리나라에서 아름다운 무궁화는 모두 뽑아 없애 버리고 벌레 먹고 제일 못생긴 것만 남겨 놓았다. 해방 이후 지금까지 한국의 무궁화 전문가들이 노력하여 이를 모두 복원하여서 현재는 한국 내 무궁화의 종류가 200여 가지가 넘는다"라고 말했다. 나 역시 못생기고 진딧물에 너무 약한 무궁화만 보다가 유달영 서울대 명예교수가 운영하고 있는 무궁화 농장에 가보고 무척 놀랐었다. 또 '안동'이라는 이름의 무궁화 신품종을 개발한 심경구 성균관대 교수가 운영하는 무궁화 시험장에 가서 무궁화가 얼마나 아름다운 꽃인가를 눈으로 확인하고 놀랐다.

내가 무궁화를 몰랐던 때는 나 역시 나라꽃에 대하여 많은 편견을 가지고 있었다. 그러나 지금은 아주 자랑스러운 생각이 들 때가 많다.

못생긴 무궁화만 보고 자라 무궁화에 대한 편견만 가득한 한국 젊은이들이여 무궁화 꽃을 많이 보고, 내가 그랬던 것처럼 무궁화의 아름다움을 바로 알고 외국 관광객들에게도 바로 알렸으면 한다.

-싸우고 지는 사람 싸우지 않고 이기는 사람 중에서-

🌺 유럽에서 만개하는 무궁화

송병락 교수의 글을 증명하듯 KBS 뉴스 2017년. 10.10 '우리 국화 무궁화, 유럽 특히 프랑스에서 만개하다'라는 제목으로 방영되었다.

〈앵커 멘트〉

나라꽃인 무궁화는 진딧물이 많아서 키우기 힘들다는 잘못된 인식 때문에 우리나라에서는 오히려 푸대접을 받고 있는 실정이죠?

하지만 유럽에서 특히 프랑스에서는 무궁화는 여름철 정원수로 각광 받고 있다고 합니다.

파리 박진현 특파원의 보도입니다.

〈리포트〉

스페인 바르셀로나의 한 거리에 심어져 있는 백여 그루의 가로수는 다름 아닌 무궁화입니다.

에펠탑을 배경으로 하늘하늘 흔들리는 꽃나무도 역시 무궁화입니다.

7월부터 10월 초순까지 개화하는 무궁화는 유럽, 특히 프랑스에서 정원수로 큰 인기를 끌고 있습니다.

실제로 주택가 정원에서 무궁화는 어렵지 않게 발견됩니다.

진딧물이 많아 키우기 어렵다는 것은 편견이라는 겁니다.

〈인터뷰〉 미셸 그레질(프랑스국립원예협회 이사) : "작은 진딧물에 불과합니다. 그리고 그것은 어린 새싹이 자라기 시작할 때 일어납니다."

파리 북쪽에 위치한 르발루아 페레 시청.

이곳 정원의 대표적인 나무가 바로 무궁화입니다.

시청사가 세워진 1898년부터 백 년 넘게 이곳을 지켜오고 있습니다.

시민들에게 인기를 끌면서 80여 그루로 늘어났습니다

〈인터뷰〉 도미니크 포틀루앙(도시 녹지국장) : "시민들은 무궁화에 큰 애착을 가지고 있습니다. 무궁화를 보러 시청에 모여듭니다. 꽃이 예쁘니까요. 여름 내내 핍니다."

높은 인기 덕분에 원예 전문 매장에는 무궁화 코너가 늘 단독으로 마련돼 있을 정도입니다.

우리나라에서 국화라 하기 무색할 정도로 대접받고 있는 무궁화가 유럽에서, 그것도 프랑스에서 만개하고 있는 것입니다.

파리에서 KBS 뉴스 박진현입니다.

🌺 대한민국 무궁화의 현주소

   지금까지 살펴본 바와 같이 우리는 무궁화에 대해 제대로 알지 못하고 있었다.

   또 무궁화에 대한 제대로 된 정보 역시 관심 갖고 찾아보지 않는 한 접하기 힘든 실정이다. 한국의 무궁화는 유럽에 비해 푸대접을 넘어 수난을 겪고 있다. 바로 올바른 무궁화 관리가 이루어지지 않고 있다. 게다가 잘못된 관리로 무궁화를 죽여도 처벌할 법이 없다.

〈무궁화 동산〉 왜 무궁화를 이렇게 잘라 놓았을까?

〈국회의사당 무궁화〉

무궁화는 독립 수이다. 이렇게 군집 식재 하는 것과 잘못된 전정은 참으로 무지에서 오는 비극이라고 해도 과언이 아닐 것이다. 어찌 나라꽃 무궁화가 대한민국 국회의사당에 이토록 처참하게 늘어져 있을 수 있단 말인가?

〈부산유엔기념공원〉

〈공중화장실에 방치된 무궁화〉

〈서울시 공원〉

가장 최근에 시민에 의해 촬영된 서울시 한 공원의 무궁화이다. 참으로 제정신인가?

고의적으로 무궁화를 말살시키려는 세력이 아직도 있다는 것인가? 의심이 들지 않을 수 없다. 이 정도면 국화에 대한 학대인 것이다. 이 무궁화는 오래가지 못해 고사할 것이다. 이 사진을 본 담당 공무원은 책임을 회피하기에 급급했다고 한다.

국민에 의해 국화가 된 무궁화가 광복 80주년이 다 되었는데도 이런 수난을 당하고 있다.

그러면서 국회의원들은 무궁화에 관한 정확한 지식도 갖추지 못하고 여러 의원에 의해 발의(15대~21대까지 9차례) 되었던 국화에 관한 법률 제정을 반대하여 보류시켰으며 발의되었던 법률은 임기 만료로 폐기되었다.

"국화에 관한 법률 제정"의 필요성

9차례에 걸쳐 발의되었던 "국화에 관한 법률 제정"이 어떠한 이유로 반대에 부딪혔는지 살펴보고 거기에 대한 답변을 통해 다시 한번 무궁화의 위대한 진실을 정리해 보고자 한다.

★무궁화가 나라꽃으로 적격 한가에 대한 답변

대한민국 국화(國花)인 무궁화는 왕실 제정이 아닌 나라를 지켜낸 독립운동가들과 백성들에 의해 국화가 되었다. 무궁화는 우리나라와 역사를 함께 해온 꽃이다. 조선 세종 때 강희안의 양화소록을 보면 "우리나라에는 단군이 개국할 때부터 무궁화가 많았으므로 중국에서 우리나라를 일컫되 반드시 '무궁화의 나라'라고 말하였으니 무궁화는 예로부터 우리 민족과 함께 해왔음이 분명하다고 기록되어 있으며 다른 역사자료에서도 무궁화는 우리 민족에게 많은 사랑을 받아 왔으며 우리나라를 가리켜 근화향 (무궁화 나라=무궁화 삼천리 화려강산)이라고 칭하였음을 알 수 있다.

하지만 오늘날 많은 국민들이 무궁화의 위대한 진실과 반대로 알고 있으며 세계적으로 사랑받는 무궁화가 대한민국에서는 천대받고 외면당하고 있다. 이러한 원인은 일제강점기 시절 일제가 우리 민족의 정신을 말살하기 위하여 무궁화 말살정책을 시행했기 때문이다.

"일제는 천자만홍의 모든 꽃은 화무십일홍으로 그 수명이 잠깐이지만 무궁화만은 여름에서 가을에 거쳐 3~4개월을 연속으로 필뿐 아니라, 그 고결함은 위인의 풍모라고 찬미하고 있으니 '무궁화 강산' 운운하는 것은 자존된 조선의 별칭으로 불온의 뜻이 들어있다."라고 하여 무궁화 말살정책을 펼친 것이다.

하지만 이러한 무궁화 말살정책에도 굴하지 않았던 당시 우리나라의 최고의 지성인으로서 진정한 정치가이며 교육자이셨던 한서 남궁억 선생(한서 남궁억 기념관 홍천군 서면 모곡리)이 계셨다. 일제의 억압과 회유에도 굴복하지 않고 홍천군 보리울로 낙향하셔서 무궁화 묘목을 가꿈과 동시에 백성들과 아이들에게 무궁화 정신을 심어주었고 일제의 감시를 피해 뽕나무와 함께 무궁화를 전국적으로 보급하여 왔으나 결국 일제의 앞잡이 노릇을 한 신현규에 의해 남궁억 선생과 학교 선생들이 모두 투옥되었고 일제는 아이들을 동원해 7만 주에 이르는 무궁화 묘목을 모두 뽑아내고 불살라 없애버렸으며(1933년 동아일보 십자가 당 사건) 전국적으로 무궁화 말살정책을 시행하여 대한민국의 토종 무궁화를 모두 뽑고 불태웠을 뿐아니라 그 자리에 벚꽃을 심었고 우리 백성들에게는 벚꽃을 심도록 장려하여 오늘날 사꾸라 삼천리 화려강산을 만들어 낸 것이다.

일제의 무궁화 말살정책은 여기에서 멈추지 않았고 무궁화에 대해 거짓으로 온갖 악선전과 세뇌교육을 하였으니 무궁화를 쳐다만 봐도 눈에 핏발이 서린다. 꽃을 만지면 부스럼 병이 옮는다. 무궁화는 벌레가 많이 생기고 지저분한 꽃이므로 몸통을 잘라 후미진 곳이나 냄새나는 뒷간에 심으라고 했던 것이 오늘날까지 대한민국에 잔재로 남아 무궁화가 고통을 받고 있다.

무궁화는 진딧물이나 해충에도 잘 견뎌내는 강한 꽃이므로 장미 가꾸기의 10분의 1만 무궁화를 가꾸어도 건강하고 아름답게 성장할 것이다. 우리 자신도 몸과 마음을 가꾸어야 아름답듯이 우리의 꽃 무궁화도 사랑하는 마음으로 가꾸어야 하지 않을까?

또한 무궁화는 본초강목, 동의보감에도 나와 있듯이 냉대하, 빈혈, 치매 예방 등 질병 치료에도 매우 효과적이며 잎부터 뿌리까지 사람이 먹을 수 있는 매우 유익한 나무이다.

한서 남궁억 선생은 무궁화와 하나가 되어 독립운동을 하신 분이다. 매일 아침마다 새롭게 피어나는 성실한 무궁화의 혁신정신으로 나라와 민족의 혁신을 위해 자신의 강점으로 최선을 다하셨다.

다섯 개의 꽃잎이 하나의 통꽃으로 되어 있는 무궁화의 협력정신으로 각자가 서로 개성은 다르지만 나라를 위한 마음과 뜻을 하나로 통합하여 독립운동을 전개해 나가도록 솔선수범하셨다.

이러한 한서 남궁억 선생의 무궁화 정신은 오늘날 우리에게 절실히 필요한 시대정신이다.

하루속히 일제의 잔재를 뿌리 뽑고 정상적인 한일 관계를 위해서도 무궁화 법제화는 반드시 이루어져야 한다. 또한 세계적으로 사랑을 받는 무궁화가 우리나라의 국화임을 알려 국민에게 자부심과 긍지를 심어주고 온 국민이 나라를 사랑하는 마음으로 하나가 될 수 있도록 해야 할 것이다.

무궁화는 역사적인 관점에서 또 시대정신적 관점이나 교육적인 측면에서 보더라도 적격한 나라꽃임을 알 수 있다.

★"국화를 법제화 한 다른 나라의 사례가 있는가?"에 대한 답변

미국, 아르헨티나 등을 제외한 나라들이 대부분 관습에 의해 나라꽃을 사랑해 오고 있다. 하지만 다른 나라들의 국화를 법률로 제정했느냐의 여부는 중요하지 않다. 나라마다 사정이 다르기 때문이다.

82년도 정부가 주도하여 1,000만 그루 심기 운동을 펼쳤다. 하지만 상당히 많은 무궁화 나무가 무분별한 가지치기로 모두 죽거나 공중화장실 주변으로 이식되어 방치되고 있는 실정이다. 무궁화가 자라지 못하도록 몸통 째 쳐버리는 것도 상당수다. 이것은 우리 민족성을 베어버리고자 한 일제의 간악한 음모인 것인데 아직까지도 간악한 음모대로 무궁화의 몸통을 치는 곳이 많은 게 현실이다. 무궁화를 법제화하여 보호하지 않는 한 무궁화는 앞으로도 일제의 각본대로 자국민의 손에 죽고 말 것이다.

우리는 일제가 만들어 놓은 민족정신 말살정책의 잔재를 완전히 뿌리 뽑아야 한다. 무궁화를 법제화하여 우리는 일제의 각본대로 춤을 추고 있는 현실을 극복해야만 한다. 후세들에게 벚꽃 삼천리 화려강산을 물려 줄 것인가? 후세들에게 어떠한 조상으로 기억될 것인가? 반드시 생각해 보아야 할 일이다.

★ "무궁화의 품종이 200여 가지가 넘어 규정하기 힘들다."에 대한 답변

미국이 법률로 제정한 미국의 국화인 장미의 품종은 몇 개인가? 빨간 장미만 있는가?

200여 가지가 훨씬 넘을 것이다. 다양한 품종이 오히려 아름다움을 더하고 국민들로부터 사랑받게 되는 것이다.

무궁화는 식물로서의 가치도 크지만 무궁화만이 가지고 있는 특성(무궁화의 꽃잎이 하나의 통으로 되어있는 것은 화합과 상생을 상징한다.)이 더욱 크다 할 것이다. 한 종의 무궁화를 선택하기보다 우리나라에 오랫동안 자생해 왔던 5~6종의 무궁화를 선택하는 것이 바람직하다고 생각한다. 배달계, 홍단심계, 백단심계, 청단심계, 자단심계, 아사달계 등에서 우수한 품종 하나씩을 대표 꽃으로 선정하면 된다. 지역별 특징을 살려 어느 지역은 홍단심계를 많이 심고 어느 지역은 청단심계를 많이 심고 어느 지역은 배달계를 많이 심는다면 지역별로 여름철 무궁화 축제를 개성 있게 홍보

하고 개최할 수 있지 않겠는가? 우리는 다양성을 인정할 줄 알아야 한다. 무궁화는 우리의 민족성을 대변하는 꽃이며 우리 민족이 닮기 위해 노력해야 할 군자다운 기상을 지녔다.

  무궁화의 다양성은 참으로 상호의존적인 현실을 나타내고 있다.
  무궁화는 통꽃으로 화합의 가치를 나타내기도 한다. 다양성과 화합을 하나의 단어로 표현하면 바로 상호의존성을 말한다. 상호의존성은 매일 새롭게 시너지를 만들어 낸다. 다양성은 반대의 이유가 될 수 없다. 오히려 무궁화의 장점인 것이다.

★"봄에 피지 아니하고 여름철에 핀다는 무궁화의 특성에 관해 국화로서 부적격하다."라고 하는 이에게 답변

  아마도 그의 눈에는 장점도 부정적으로 보이는 모양이다. 대한민국의 수많은 꽃들이 봄철에 피고 이어서 뜨거운 여름철(7~10월) 내내 매일 새롭게 피어나는 빛과 평화의 꽃 무궁화가 있기에 대한민국은 영원히 빛나는 위대한 평화민족인 것이다. 이렇듯 영원한 평화와 번영을 상징하는 무궁화는 대한민국의 국화로서 적격하다 할 것이다.

(이 또한 헌법 전문과 뜻을 같이한다.)

★"무궁화가 대한민국 땅 일부에서만 피는 꽃이니 진달래꽃을 국화로 해야 한다."라고 주장한 식물학자에게 답변

진달래는 음지에서 피는 꽃이며 무궁화는 양수로서 양지에서 자라 꽃을 피운다. 무궁화는 양지라면 대한민국 백두에서 한라까지 어디에서든 잘 자라는 나무요! 잘 피는 꽃이다. 이러한 무궁화의 특성은 우리 민족이 빛의 민족임을 상징하는 것이다. 이 얼마나 위대한 꽃이란 말인가?

★"무궁화는 진딧물이 많이 꼬여 지저분하고 병충해에 약하다."라는 주장에 대한 답변

그것은 무궁화는 그만큼 영양이 풍부한 꽃(뿌리부터 꽃잎까지 식용가능한 꽃)이라는 증거이며 무궁화가 진딧물이나 병충해에 약하다는 것은 잘못된 지식(이 또한 일제의 잔재)이다. 한국의 토종 무궁화는 그 어느 꽃보다 진딧물이나 병충해에 강하다. 다만 잘못된 가지치기(일명 무궁화 참수)로 수액이 흘러나오고 잔가지가 나와 그늘지게 되므로 빛의 꽃인 무궁화가 빛을 보지 못하기 때문에 제대로 꽃도 피우지 못하고 수명대로 못 살고 단명하게 되는 것이다.

★대한민국이 무궁화 원산지가 아니라는 것을 문제 삼는 이에게 답변

조선 세종 때 강희안의 양화소록을 보면 "우리나라에는 단군이 개국할

때부터 무궁화가 많았으므로 중국에서 우리나라를 일컫되 반드시 '무궁화의 나라'라고 한 것으로 보아 무궁화는 예로부터 우리 민족과 함께 해 왔음이 분명하다고 기록되어 있으며 최근에는 국립산림과학원과 지엔시바이오 연구팀에서 우리나라에서 가장 오래된 3그루의 무궁화인 강릉 방동리「천연기념물 520호」, 백령도 연화리「천연기념물 521호」, 홍천 고양산 무궁화에서 세포 내 엽록체 게놈을 분석해 전체 염기서열 16만 1천 개와 유전자 105개를 샅샅이 다 찾아내어 유전정보로 무궁화가 세상에 처음 등장한 시점을 역 추적한 결과 무려 1억 5천만 년 전에 탄생한 것으로 조사됐다. (2014년 2월 KBS, MBC 참고)

무궁화는 우리 민족과 역사를 함께 해왔으며 오늘날 과학적으로도 밝혀 지고 있는 것이다. 무궁화의 원산지는 대한민국이라고 과학이 말을 하고 있는 것이다.

★ 나라꽃 무궁화가 국민에게서 멀어져 가고 있다.

현재 나라꽃 무궁화가 어디에 있는지 쉽게 볼 수 없다. 몇몇 지자체 이외에는 무궁화에 관심조차 없는 실정이다.

세종시의 경우 2015년 3월 19일 간담회에서 무궁화에 대한 예산이 전혀 없어 심을 수 없다고 이야기했다. 대한민국 행정복합도시 세종시 산림계 공무원이 한 말이다. 방문 당시 무궁화는 전혀 보이지 않았고 벚꽃은

행정복합도시 곳곳마다 심어져 있었다. 이 나라 공무원들은 도대체 대한민국 공무원이 맞는가라는 생각이 들었으며 어찌 나라꽃이 이토록 설움을 받아야 하는지 미안한 마음이 가득하였다. (이후 세종시와 LH 공사가 업무협약을 체결하고 무궁화 동산을 만들고 무궁화 도시 세종이라는 표현까지 쓰기도 했는데 최근에는 소식이 뜸한듯하다.)

아주 소수의 단체들이 제대로 무궁화를 알리고 무궁화를 심기 위해 노력하고 있다. 좀 더 나아진 것은 산림자원법의 개정안을 들 수 있다. 그러나 그것만으로는 역부족이다.

이제 무궁화를 법제화하여 온 국민에게 무궁화의 위대한 진실을 제대로 알리어 일제가 심어놓은 무궁화 말살정책의 잔재를 뿌리 뽑고 국민의 자긍심과 애국심을 고양하고 위대한 대한민국으로 성장해야 할 시기이다. 정부와 민간이 하나가 되어 '무궁화 삼천리 화려 강산'을 회복하지 않는다면 나라 꽃 무궁화는 점점 더 국민들로부터 멀어질 것이다.

위대한 무궁화 정신으로 함양된 국민의 자부심은 위대한 국가의 핵심 요소이자 원동력이 될 것이다.

(무궁화 법제화를 위해 앞장서 줄 대한민국의 국회의원은 누구일까?)

지속가능발전의 상징 무궁화
온 인류의 희망을 노래하라

2012년 Rio+20에서 2015년 이후 전 지구적 지속가능발전을 위한 SDGs(Sustainable Development Goals) 수립을 합의한 이후 2015년 9월 UN 특별 정상 회의에서 193개 회원국이 만장일치로 SDGs를 채택하였다.

세계 평화와 온 인류의 지속적인 행복을 위한 온 인류의 공동 비전을 UN(국제연합)에서 지속가능한 발전 17개의 목표와 169개의 세부 목표, 232개의 지표를 채택한 것이다.

SDGs는 '어느 누구도 소외되지 않는 것'이라는 포용적 성장을 추구하면서 국제 사회가 공동으로 추구할 지구촌의 비전을 제시하였다.

본 회의에서 프란치스코 교황은 "당파적, 이념적 이해관계를 내려놓고, 모두의 이익을 위해 진심으로 노력하자고 호소하며, 지구를 보호하고 가난한 사람들의 삶을 보호하며, 미래세대를 지키는 것이 우리의 도덕적 의무"라고 연설하였다.

인류의 지속가능발전을 위한 주요 원칙은 People(사람 중심), Planet (지구환경보호), Prosperity(경제적 번영), Peace(평화와 인권) Partnership

(파트너십)의 5P를 중심으로 한다.

나는 지속가능발전목표를 살펴보면서 이것은 온 인류 희망의 지표라는 생각을 하게 되었다. 이것은 어느 누구도 소외되지 않는 구체적인 목표인 것이다. 이것은 모든 나라와 국민이 함께 노력해야 하는 것이며, 리더십을 필요로 한다. 지속가능한 발전을 위해 우리 모두가 추구해야 할 올바른 방향이다.

나는 평화와 번영의 상징이며, 지속성의 의미를 갖고 있는 무궁화를 지속가능발전의 상징물로 승격시킬 것이다.

세계 인류의 공동 비전을 지속성의 상징(영원히 피고 지고 또 피어 다함이 없는) 무궁화와 함께 알려 나갈 것이다.

무궁화는 충분한 자격을 가진 상징물이며 무궁화를 통해 세계 인류의 공동 비전이 빠른 속도로 온 지구촌에 전파될 것이다.

지속가능발전을 위한 무궁화 희망콘서트를 진행할 것이다.

지속가능발전의 상징 무궁화는 온 인류의 희망을 노래하게 될 것이다.

우리 대한민국이 지속가능발전목표를 선도하고 지속가능발전목표 모범국가가 될 것이다.

지속가능발전은 우리의 헌법 전문과도 그 뜻을 같이하고 있다.

헌 법 전 문

　유구한 역사와 전통에 빛나는 우리 대한국민은 3·1 운동으로 건립된 대한민국임시정부의 법통과 불의에 항거한 4·19 민주이념을 계승하고, 조국의 민주개혁과 평화적 통일의 사명에 입각하여 정의·인도와 동포애로써 민족의 단결을 공고히 하고, 모든 사회적 폐습과 불의를 타파하며, 자율과 조화를 바탕으로 자유민주적 기본질서를 더욱 확고히 하여 정치·경제·사회·문화의 모든 영역에 있어서 각인의 기회를 균등히 하고, 능력을 최고도로 발휘하게 하며, 자유와 권리에 따르는 책임과 의무를 완수하게 하여, 안으로는 국민생활의 균등한 향상을 기하고 밖으로는 항구적인 세계평화와 인류공영에 이바지함으로써 우리들과 우리들의 자손의 안전과 자유와 행복을 영원히 확보할 것을 다짐하면서 1948년 7월 12일에 제정되고 8차에 걸쳐 개정된 헌법을 이제 국회의 의결을 거쳐 국민투표에 의하여 개정한다.

Part 2

인류의 지속가능 발전을 위해 다시 피어나는 무궁화

Check Point 1.
지속가능발전목표(SDGs) 알아보기

🌸 지속가능발전목표

(SDGs: Sustainable Development Goals)는 무엇일까?

지속가능발전목표는 '지속 가능한 발전'을 위한 국제적인 약속입니다. 지속 가능한 발전이란 '미래 세대의 필요를 충족시킬 수 있으면서 오늘날의 필요도 충족시키는' 개념으로 사회와 경제 발전에 더불어 환경 보호를 함께 이루는 미래지향적인 발전을 의미합니다. 이를 달성하기 위해서 전 세계의 국가들은 함께 어떤 노력을 어느 정도로 해야 할지 약속하기로 결정하였습니다. 그래서 2015년 9월 전 세계 유엔회원국가들이 모여 합의한 것이 바로 '지속가능발전목표(SDGs: Sustainable Development Goals)'입니다. 2030 년까지 모든 국가들이 이 약속을 지키기 위해 함께 노력한다면 우리 지구는 '지속 가능한 발전'을 달성할 수 있을 것입니다. 지속가능발전목표를 만드는 과정은 새천년개발목표를 만드는 과정과는 달랐습니다. 이 과정에는 개별 국가들의 시민사회, 기업, 연구소 등 다양한 집단의 사람들이 과정에 참여할 수 있었습니다. 많은 사람들의 참여와 그들이 제시한 의견들은 실제로 지속가능발전목표의 내용과 형식을 구성하는데 영향을 주었습니다. 그런 **'지속가능발전목표'의 새로운 정신은 '단 한 사람도 소외되지 않는 것(Leave No one Behind)'**이라는 슬로건에 잘 드러나 있습니다.

지속가능발전목표는 새천년개발목표와 비교하여 내용면에서도 상당히 발전되었습니다. 우선, 새천년 개발목표는 가난한 국가들이 겪는 문제 중 기초적인 빈곤 및 보건의 문제를 중심으로 목표를 설정했습니다. 따라서 빈곤이라는 것을 소득이 적은 국가의 문제라고만 한정하였습니다. 하지만 최빈국과 개발도상국 외에도 빈곤한 사람들은 있습니다. 예를 들어 미국과 같은 선진국에서 나타나는 부의 불평등이나 빈곤의 구조적인 원인은 새천년개발목표에서 제외되었습니다. 그렇기 때문에 새천년개발목표는 전 세계 모든 국가들이 '자신의 문제'라고 인식하고 책임감을 갖게 하기에는 한계가 있었습니다. 지속가능발전목 표는 선진국의 역할과 책임을 구체적으로 포함하여 개발도상국과 선진국들이 함께 공동의 책임감을 가질 수 있도록 하였습니다.

🌸 SDGs는 어떻게 만들어졌을까?

2015년 9월 25일 뉴욕에서는 제70회 유엔 개발 정상 회의가 열렸습니다. 그리고 이 회의에서 전 세계 유엔 회원국의 만장일치로 지속가능발전목표가 채택되었습니다. 17개 목표와 169개 세부 목표로 구성된 이 문서가 채택되기까지 193개 유엔 가입국 모두가 합의하는 내용 담기 위해 수많은 회의가 열렸고 목표의 개수와 내용에도 여러 변화가 있었습니다.

빈곤 퇴치와 경제 개발을 넘어 국제사회가 직면한 복잡하고 다양한 문제를 해결하기 위한 공동의 목표 수립은 유엔에게 주어진 쉽지 않은 과제였습니다. 지속가능발전목표는 전 세계 국가가 동의하는 공동의 약속이기 때문에 수립과정에서 각 국가 간의 이해관계에 따른 대립을 피할 수 없습니다. 그럼에도 불구하고, 유엔을 중심으로 정부대표, 시민 사회와

학자 등 여러 사람들은 실현 가능하면서도 이전보다 향상된 목표를 만들기 위해 계속 노력하였습니다.

2012년 6월 '유엔 시스템 작업반'은 '우리가 원하는 모두를 위한 미래의 실현(Realizing the Future We Want for all)'이라는 제목의 보고서를 통해 새로운 개발협력 목표의 기본적 틀로 3개 기본 원칙(인권, 평등, 지속가능성)과 4대 핵심 방향(평화와 안보, 포괄적 사회개발, 포괄적 경제개발, 환경적 지속가능성)을 제시했습니다.

이를 바탕으로 유엔사무총장 고위급패널, 유엔사무총장실, 지속가능발전목표 공개 작업반이라는 유엔 내의 세 가지 기관은 각각의 보고서를 발간하여 새로운 개발협력의 잠정 목표를 제시하였습니다. 현재 전 세계가 겪고 있는 고통과 위기에 대해서 저마다 조금씩은 주장하는 바가 달랐지만, 빈곤 퇴치, 성 평등, 양질의 교육, 보편적인 보건 및 의료, 식량과 영양, 식수, 공평한 경제성장과 양질의 일자리, 거버넌스[1] 등이 공통의 문제라는 데에서는 인식을 같이 하였습니다. 이 중 2013년 7월에 발간된 유엔사무총장 보고서는 조금 특별한 의미를 지닙니다. 이 보고서에서는 선진국들도 겪고 있는 '불평등'이라는 주제를 별도의 목표로 설정해야 한다는 국제 시민사회의 주장이 수용되었기 때문입니다.

---

1) 거버넌스란(Governance)?
일방적인 정부(Government)의 통치가 아닌, 모든 시민과 이해관계자들이 참여할 수 있는 의사결정 구조를 뜻합니다.

2014년 2월부터 시작된 지속가능발전목표 공개 작업반은 앞서 나온 다른 유엔 기관의 아이디어들을 포함하여, 새로운 개발협력 목표를 만들었습니다. 총 13차례의 회의 끝에 공개 작업반은 2014년 8월 17개 목표를 담은 문서를 유엔에 제출하게 됩니다. 이후 유엔 내부에서 정부 간 협상을 진행하여 최종적으로 합의된 내용이 바로 SDGs의 17개 목표를 담고 있는 '우리가 사는 세상의 전환: 2030년까지의 지속가능한 발전 의제 (Transforming Our World: The 2030 Agenda for Sustainable Develop- ment)' 라는 제목의 문서입니다.

SDGsd의 17개 목표

지속가능발진목표 SOGs
Sustainable Development Goals

목표 1. 모든 곳에서 모든 형태의 빈곤을 종식시킨다.
SDGs의 첫 번째 목표는 모든 곳에서 모든 빈곤을 끝내는 것입니다 이 목표에는 절대빈곤의 퇴치와 모든 사람을 위한 사회보장제도를 확립하는 내용이 포함 됩니다.

목표 2. 기아를 종식하고, 식량 안보를 달성하며, 개선된 영양상태를 달성하고, 지속가능한 농업을 강화한다.
두 번째 목표는 기아를 종식하는 것입니다 이를 달성하기 위해서는 빈곤층과 영유아등 취약계층에게 충분한 영양을 공급하며, 지속 가능한 식량생산 시스템을 통하여 식량안보를 달성해야 합니다.

목표 3. 모두를 위한 전 연령층의 건강한 삶을 보장하고 웰빙(well-being)을 증진한다.
세 번째 목표는 건강에 관련된 목표입니다. 예방 가능한 질병으로 사망하는 어린이의 수를 줄이는 것을 포함하여, 필수적인 보건서비스를 모두에게 공급하는 것, 그리고 보편적인 의료보장 시스템을 만드는 내용이 포함되어 있습니다.

목표 4. 모두를 위한 포용적이고 공평한 양질의 교육 보장 및 평생교육 기회를 증진한다.
네 번째 목표는 양질의 교육에 관련된 목표입니다. 남녀 및 장애인, 선주민 등 모든 사람이 보편적인 교육을 받고 대학, 기술훈련, 직업훈련 등 자신에게 필요한 교육을 받을 수 있도록 하는 것이 목표입니다.

목표 5. 성 평등 달성 및 모든 여성과 여아들이 자신의 능력을 발휘할 수 있도록 한다.
다섯 번째 목표는 인류의 절반인 여성에 관한 목표입니다. 이는 여성에 대한 차별을 철폐하고 정치, 경제, 공공 등 모든 부분에서 여성의 동등한 참여를 보장하는 것입니다. 또한 조혼, 강제 결혼, 인신매매 등 여성에 대한 폭력과 나쁜 관행을 근절하는 것도 포함합니다.

목표 6. 모두가 물과 위생설비를 사용할 수 있도록 하고 지속 가능한 유지관리를 보장한다.
여섯 번째 목표는 깨끗한 물과 위생에 관련된 목표입니다. 모든 사람들이 안전한 식수와 위생시설을 보장받는 것을 포함하여, 수질 오염 감소, 수자원 관리 등의 세부 목표가 포함되어 있습니다.

목표 7. 모두를 위한 적당한 가격이며 신뢰할 수 있고 지속 가능한 현대적인 에너지에의 접근을 보장한다.
일곱 번째 목표는 모두를 위한 지속 가능한 에너지를 공급하는 것입니다. 이 지속 가능성을 위해 적당한 가격의, 신뢰할 수 있으며, 현대적인 에너지를 보편적으로 보급해야 합니다.

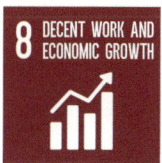
목표 8. 모두를 위한 지속적, 포용적, 지속 가능한 경제성장을 촉진하며 생산적인 완전고용과 모두를 위한 양질의 일자리를 증진한다.
여덟 번째 목표는 일자리와 경제성장입니다. 모든 사람들에게 양질의 일자리를 제공하기 위해서는 소규모 창업 지원, 노동자 권리 보호, 지속 가능한 관광 등의 세부 목표를 달성해야 합니다.

목표 9. 복원력이 높은 사회기반시설을 구축하고, 포용적이고 지속 가능한 산업화를 증진시키며 혁신을 장려한다.

아홉 번째 목표는 사회기반시설과 산업화에 관련된 내용입니다. 이는 안전한 사회기반시설 구축, 환경 친화적 공정을 적용한 산업의 확대, 과학기술 연구 강화 및 투자 등을 통해 달성할 수 있습니다.

목표 10. 국가 내, 국가 간 불평등을 감소시킨다.

열 번째 목표는 국가 내, 국가 간 불평등을 줄인다는 목표입니다. 이를 위해서는 모든 사람에 대한 차별을 철폐하고 기회를 평등하게 재공하며, 결과의 불평등을 완화해야 합니다. 또한 국제사회에서도 개발도상국의 영향력이 확대될 수 있도록 배려해야 할 것입니다.

목표 11. 도시와 주거지를 포용적이며 안전하고 복원력 있고 지속 가능하게 보장한다.

열한 번째 목표는 지속 가능한 도시와 공동체를 구축하는 것입니다. 이 목표에는 충분하고 적당한 가격의 주택 공급, 취약계층에게 편리한 대중교통의 확산, 세계 문화와 자연 유산에 대한 보존 등의 세부 목표가 포함되어 있습니다.

목표 12. 지속 가능한 소비 및 생산 양식을 보장한다.

열두 번째 목표는 지속 가능한 소비와 생산을 달성한다는 목표입니다. 여기에는 선진국이 우선적으로 지속 가능 생산과 소비가 가능하도록 음식 쓰레기를 절반으로 줄이고 폐기물 발생을 대폭 줄여야 한다는 내용이 포함됩니다.

목표 13. 기후변화와 그로 인한 영향에 맞서기 위한 긴급 대응을 시행한다.

열세 번째 목표는 기후변화에 대응하자는 목표입니다. 이를 위해서는 기후변화로 인한 자연재해, 특히 개발도상국에서 자연재해의 피해를 입은 후 복원할 수 있는 능력을 강화하여야 합니다.

목표 14. 지속 가능한 발전을 위한 대양, 바다, 해양자원을 보존하고 지속 가능하게 사용한다.

열네 번째 목표는 해양생태계 보존입니다. 해양오염을 막고, 지나치게 많은 양의 어류 수확을 근절하며, 지속 가능한 어업 및 양식업 등이 가능하도록 하는 목표입니다.

목표 15. 지속 가능한 육상 생태계 이용을 보호·복원·증진하고, 삼림을 지속 가능하게 관리하며, 사막화를 방지하고, 토지 황폐화를 중지하고, 생물 다양성 손실을 중단한다.

열다섯 번째 목표는 육상 생태계 보호를 위한 목표입니다. 이 목표에는 산림, 습지, 산악지역 등 모든 육상 생태계를 보호하고 생물 다양성을 보존하며, 사막화를 방지해야 하는 내용이 포함됩니다.

목표 16. 지속가능발전을 위해 평화롭고 포용적인 사회를 증진하고, 모두가 정의에 접근할 수 있도록 하고, 모든 수준에서 효과적이고 책임성 있고 포용적인 제도를 구축한다.

열여섯 번째 목표는 정의, 평화, 효과적인 제도를 구축한다는 목표입니다. 부정부패가 없으며, 폭력과 차별이 사라진 사회, 그리고 깨끗하고 투명한 정부를 구축하기 위한 내용이 담겨 있습니다.

목표 17. 이행 수단을 강화하고 지속가능발전을 위한 글로벌 파트너십을 활성화한다.

마지막 열일곱 번째 목표는 지구촌 협력을 위한 것입니다. SDGs의 달성을 위한 재원마련, 선진국과 개발도상국의 기술협력, 평등한 무역, 시민사회를 포함한 다양한 파트너십과 데이터를 통한 모니터링의 중요성을 강조하고 있습니다.

 SDGs의 구조

지속가능발전목표의 17개 목표는 '사회 발전', '경제성장', '환경 보존' 세 가지 축을 기반으로 하고 있습니다. 17개 목표 중 목표 1부터 목표 6은 사회 발전 영역의 목표로, 이 목표의 달성을 통해 빈곤퇴치 및 불평등을 해소하고 인간의 존엄성을 회복하고자 합니다.

목표 8부터 목표 11은 경제성장을 달성하기 위한 목표입니다. 무분별한 개발을 통한 경제규모의 성장을 의미하는 것이 아니라 모든 사람들이 양질의 일자리를 통해 적절한 수준의 생계를 유지할 수 있도록 포용적인 경제 환경을 구축하고 지속 가능한 성장 동력을 만드는 것을 목표로 하고 있습니다.

마지막으로 목표 7, 12, 13, 14, 15는 생태계를 보호하기 위한 목표입니다. 현재 지구는 극심한 기후변화와 그로 인한 자연재해로 몸살을 앓고 있습니다. 또한 선진국에서의 대량 생산과 대량 소비는 환경을 오염시키며 지구의 자원을 고갈시키고 있습니다. 그래서 환경을 보호하고 지속 가능한 지구를 만들기 위한 목표가 여기에 포함되어 있습니다.

그렇다면 목표 16과 17은 어디에 해당할까요? 1번부터 15번까지의 목표가 지속가능한 발전을 위해 달성해야 하는 목표라면 16번과 17번은 이 목표들을 달성하기 위한 조건 및 방법을 담은 목표라고 할 수 있습니다. 16번은 정의롭고, 평화로우며 효과적인 제도를 구축하는 것이며, 17번 목표는 이 모든 목표를 달성하기 위하여 전 지구적인 협력이 필요하다는 내용입니다.

SDGs는 5P 개념으로 각 목표들을 구조화할 수도 있습니다. 5P는 사람(People), 번영(Prosperity), 지구환경(Planet), 평화(Peace), 파트너십

(Partnership)의 첫 번째 글자인 다섯 개의 P를 의미합니다. 이 5P는 새로운 개발 의제의 기본정신이자 키워드라고 할 수 있습니다.

 UN SDGs의 세부 목표

UN SDGs
UN 지속가능발전목표(세부 목표)

Goal 1. End poverty in all its forms everywhere
모든 곳에서 모든 형태의 빈곤 종식

세계가 직면하고 있는 주된 과제·문제

- 심각한 빈곤 상태에 있는 세계 인구의 비율은 2015년 10.1%에서 2018년 8.6%로 감소하는 등 역사적인 감소를 계속했으나, 코로나19로 인해 2019년 8.3%에서 2020년 9.2%로 급격히 증가하여 1990년 이후 최대 증가를 나타냈고 빈곤 감소를 약 3년 뒤로 되돌렸습니다.
- 코로나19의 영향은 지난 25년간 지속적인 빈곤 감소를 역전시켰습니다. 이러한 전례 없는 반전은 인플레이션 상승과 우크라이나 전쟁의 영향으로 더욱 악화되고 있습니다. 이러한 복합적인 위기는 2022년에 7,500만~9,500만 명의 사람들이 극심한 빈곤 속에서 살게 될 것으로 추정되며, 이는 팬데믹 이전의 예측과 비교됩니다.

세부 목표

1.1 2030년까지 현재 기준으로 하루에 $1.25 미만으로 살아가는 절대 빈곤인구를 모든 곳에서 근절한다.

1.2 2030년까지, 국가별 정의에 따라 모든 측면에서 전 연령층의 남녀 및 아동의 빈곤 인구 비율을 최소한 절반으로 줄인다.

1.3 국가별로 최저 생계 보장 등을 포함하여 모두를 위한 적절한 사회보

장 시스템 및 조치를 이행하고, 2030년까지 빈곤층과 취약계층에 대한 실질적 보장을 달성한다.

1.4 2030년까지 모든 남성과 여성, 특히 빈곤층과 취약계층이 경제적 자원에 대한 권리와 더불어 기초 공공 서비스, 토지 및 기타 유형의 자산 · 유산 · 천연자원 · 적정 신기술, 소액금융을 포함한 금융 서비스에 대한 오너십과 통제권에 대한 접근에 동등한 권리를 가질 것을 보장한다.

1.5 2030년까지 빈곤층 및 취약계층의 복원력을 구축하고 기후 관련 재해와 경제적, 사회적, 환경적 충격 및 재난에 대한 노출과 취약성을 경감한다.

1.a 개발도상국, 특히 최빈국이 모든 형태의 빈곤을 근절하기 위한 프로그램과 정책을 이행할 수 있도록 적절하고 예측 가능한 수단을 제공하기 위해, 개발협력 확대를 포함한 다양한 재원의 실제적 동원을 보장한다.

1.b 빈곤 퇴치 활동에 대한 투자 증대가 이루어지도록 빈곤층 친화적이고 성(性) 인지적 개발 전략을 기반으로, 국가별 대륙별 국제적 차원에서의 견고한 정책 프레임워크를 형성한다.

목표를 달성해야 하는 이유

2020년에도 7억 명이 넘는 사람이 하루 1.90달러(약 2,000원) 미만으로 생활해야 하는 심각한 빈곤 상태에 있었습니다. 불평등이 퍼지면 경제 성장에 악영향을 미칠 뿐 아니라 사회의 결속력도 무너집니다. 게다가 사람들 사이에 긴장감이 높아져 사회가 불안해지며 분쟁의 원인이 될 수도 있어요.

> **Goal 2.** End hunger, achieve food security and improved nutrition and promote sustainable agriculture
> 기아 종식, 식량 안보 달성, 개선된 영양상태의 달성, 지속 가능한 농업 강화

세계가 직면하고 있는 주된 과제·문제

- 2020년 기준 전 세계적으로 7억 2,000만~8억 1,100만 명의 사람들이 기아로 고통받고 있으며, 이는 2019년보다 약 1억 6,100만 명 더 많은 수입니다.
- 2020년에는 세계 인구의 30% 이상인 24억 명의 사람들이 식량 불안정 상태에 있었고, 적절한 식량에 대한 정기적인 접근이 부족했습니다. 그 수는 1년 만에 거의 3억 2,000만 명이 증가했습니다. 코로나 19 이후

식량 불안으로 고통받는 사람들의 수는 더 많아졌고, 우크라이나에서의 전쟁은 세계 식량 공급망을 더욱 혼란스럽게 하고 있으며 2차 세계 대전 이후 가장 큰 세계 식량 위기를 일으키고 있습니다.

● 발육 부진으로 고통받는 6세 미만 어린이 비율은 2000년 32%였지만 2019년 21%까지 떨어졌습니다. 하지만 여전히 1억 4,400만 명에 이르고 있습니다. 지역별로 보면 남아시아(39%)와 사하라 이남 아프리카(36%)가 어려운 상황에 처해 있습니다.

세부 목표

2.1 2030년까지 기아를 근절하고, 영유아를 포함한 모든 사람, 특히 빈곤층과 취약한 상황에 처한 사람에게 일 년 내내 안전하고 영양가 있고 충분한 식량에 대한 접근을 보장한다.

2.2 2025년까지 5세 미만 아동의 발육 부진 및 체력 저하에 관해 국제적으로 합의된 세부 목표를 달성하는 것을 포함하여, 2030년까지 모든 형태의 영양 결핍을 없애고 청소년기 소녀, 임산부, 모유 수유 여성 및 노년층의 영양상 필요에 대응한다.

보조금 및 그에 상응하는 효력을 발생시키는 모든 수출요건의 철폐를 포함하여, 세계농업시장에서의 무역규제와 왜곡 현상을 바로잡고 방지한다.

2.3 2030년까지 토지, 기타 생산 자원 및 투입 요소, 지식, 금융 서비스, 시장과 부가가치 및 비농업 부문 고용의 기회 등에 대한 접근을 안정적이고 동등하게 보장함으로써, 소규모 식량생산자, 특히 여성, 선주민, 가족 농목축민, 어민의 생산력과 소득을 두 배로 늘린다.

2.4 2030년까지 식량 생산성과 생산을 향상시키고 생태계 유지에 도움이 되며 기후변화 기상이변 가뭄, 홍수 및 기타 자연재해에 대한 적응력을 강화하고 토양과 토질을 점진적으로 향상시키는, 지속 가능한 식량생산 시스템을 보장하고 복원력 있는 농산물 관리를 실행한다.

2.5 2020년까지 국가별, 대륙별, 국제적 차원에서 건전하게 관리되고 다양화된 식물 및 종자은행을 통한 씨앗, 농작물, 가축 및 관련 야생종의 유전적 다양성을 유지하고, 국제적으로 합의된 대로, 유전자 자원과 전통 지식 활용에 대한 접근을 촉진하고, 그로 인한 이익을 공평하고 공정하게 공유하도록 보장한다.

2.a 개발도상국, 특히 최빈국의 농업 분야의 생산 역량을 강화하기 위하여, 국제협력의 증진을 통해 농촌 사회기반시설, 농업 연구 및 지원 서비스, 기술 개발, 식물·가축 유전자은행 설립에 대한 투자를 확대한다.

2.b 도하개발라운드(DDR)의 의무조항에 따라, 모든 형태의 농업 수출 보조금 및 세계농업시장의 불공정한 왜곡 현상을 바로 잡는다.

2.c 식료품 시장 및 파생상품 시장의 적절한 기능을 보장할 수 있는 방안을 채택하고, 과도한 식량가격의 변동성을 제한할 수 있도록 식량 저장과 같은 시장 정보에의 적시 접근을 원활하게 하기 위한 기준을 마련한다.

목표를 달성해야 하는 이유

누구나 먹을 것이 충분하기를 바랄 겁니다. 배가 고프면 의욕도 생기지 않고, 힘도 없어지니 SDGs도 달성할 수 없습니다. 지구에서 기아를 없앨 수 있다면 경제와 건강, 교육, 평등, 그리고 사회 발전에 좋은 영향을 미칠 수 있습니다.

Goal 3. Ensure healthy lives and promote well-being for all at all ages
모두를 위한 전 연령층의 건강한 삶 보장과 웰빙 증진

세계가 직면하고 있는 주된 과제·문제

- 세계의 신생아 사망률은 2000년 출생아 1,000명당 31명에서 20018년만 해도 6세 생일을 맞이하지 못하고 죽은 어린이가 530만 명이나 됩니다. 특히 사하라 이남 아프리카에서는 2018년 13명 중 1명의 어린이

가 6세가 되기 전에 죽었습니다.

● 2021년 말 조사 대상 129개국 중 92%에서 필수 의료 서비스가 중단되었을 정도로 코로나19는 필수적인 의료 서비스를 마비시켰고, 불안과 우울증의 만연을 촉발했으며, 세계 기대 수명을 낮추었으며, HIV, 결핵(TB) 및 말라리아를 종식시키기 위한 진전을 방해했으며, 건강 보장을 보편화하기 위한 20년의 작업을 중단시켰습니다.

세부 목표

3.1 2030년까지 전 세계 산모 사망률을 100,000명 당 70명 미만 수준으로 낮춘다.

3.2 2030년까지 모든 국가들이 출생 인구 1,000명 당 적어도 신생아 사망률을 12명, 5세 미만 사망률을 25명까지 낮추는 것을 목표로 하여, 신생아, 영유아, 5세 미만 아동의 예방 가능한 사망을 근절한다.

3.3 2030년까지 AIDS, 결핵, 말라리아, 소외열대질환(NTD)과 같은 전염병을 근절하며, 간염, 수인성 질환, 기타 감염성 질환을 퇴치한다.

3.4 2030년까지 예방과 치료를 통해 비감염성 질환으로 인한 조산으로 인한 사망을 1/3 수준으로 줄이고, 정신건강과 웰빙을 증진한다.

3.5 마약류, 알코올을 포함한 약물 오남용의 예방과 치료를 강화한다.

3.6 2020년까지 세계적으로 도로교통사고로 인한 사망 및 상해를 절반으로 줄인다.

3.7 2030년까지 가족계획, 정보와 교육, 생식보건을 국가 전략 및 계획에 통합하는 것을 포함하여 성 및 생식 보건 서비스에 대한 보편적인 접근을 보장한다.

3.8 재무 위험관리, 양질의 필수 보건서비스에 대한 접근, 양질의 안전하고 효과적이며 적정가격의 필수약품 및 백신에 대한 접근을 보장함으로써, 모두를 위한 보편적 의료보장(UHC)을 달성한다.

3.9 2030년까지 유해한 화학물질이나 공기, 수질, 토지 오염으로 인한 사망 및 질병을 대폭 줄인다.

3.a 모든 국가에서 적절하게 세계 건강기구 담배규제기본협약(World Health Organization Framework Convention on Tobacco Control)의 이행을 강화한다.

3.b 개발도상국에 주로 영향을 미치는 전염성 및 비전염성 질병에 대한 백신 및 의약품의 연구개발을 지원하고, 공중보건을 보호하고, 특히 모든 사람에게 의약품에 대한 접근을 보장하기 위해, 무역 관련 지적 재산권 협정의 모든 조항을 활용할 수 있는 개발도상국의 권리를 확인하는 TRIPS 협정과 공중 보건에 관한 도하 선언(Doha Declaration on the TRIPS Agreement and Public Health)에 따라, 적정가격의 필수

의약품과 백신에 대한 접근을 제공한다.

3.c 개발도상국 특히 최빈국과 군소 도서 개도국에서의 보건 재원과 보건 인력의 채용, 개발, 훈련, 확보를 대폭 확대한다.

3.d 모든 국가, 특히 개발도상국에서 국내 및 국제적 건강 위험에 대한 조기 경보, 위험 경감과 관리를 위한 역량을 강화한다.

목표를 달성해야 하는 이유

건강하게 살며 복지를 누리는 것도 인권에 속합니다. 사람이 건강해야 경제도 튼튼하게 받쳐줄 수 있습니다. 모든 사람이 건강한 생활을 누리려면 많은 돈이 필요하겠지만 효과는 들인 비용을 훨씬 뛰어넘을 것이다.

Goal 4. Ensure inclusive and equitable quality education and promote lifelong learning opportunities for all
모두를 위한 포용적이고 공평한 양질의 교육 보장 및 평생학습 기회 증진

세계가 직면하고 있는 주된 과제·문제

- 초등학교를 졸업할 수 있는 사람은 2000년 70%에서 2019년 85%로 늘어났습니다. 하지만 저소득국가 안에서도 가장 가난한 20%에 속하는

가정의 어린이들은 34%만 졸업할 수 있었습니다.

- 코로나19로 인한 전 세계적 교육 중단으로 인해 교육 시스템이 전례 없는 어려움에 직면했습니다. 2년 동안 1억 4,700만 명의 어린이들이 수업 시간의 절반 이상을 놓친 것으로 추정됩니다. 이 세대의 아이들은 현재 가치로 총 17조 달러의 평생 소득을 잃을 수 있습니다.
- 기본적인 손 씻기 설비가 갖춰진 학교는 전 세계 초등학교의 65%뿐 입니다. 특히 사하라 이남 아프리카에서는 38%에 불과하고, 고등학교도 43%에 머무는 수준입니다.

세부 목표

4.1 2030년까지 모든 여아와 남아가 양질의 초등 및 중등교육을 무료로 동등하게 이수할 수 있도록 하여 유의미하고 효과적인 학습 성과 달성으로 이어지도록 한다.

4.2 2030년까지 모든 여아와 남아가 초등교육을 받을 준비가 되도록 양질의 영유아 발달과 보호, 취학 전 교육에의 접근을 보장한다.

4.3 2030년까지 모든 여성과 남성이 동등하게 양질의 지불 가능한 기술훈련, 직업훈련, 대학을 포함한 3차 교육에 접근할 수 있도록 한다.

4.4 2030년까지 취업, 양질의 일자리, 기업 활동을 위해 필요한 전문기술 및 직업기술을 포함한 관련한 기술을 보유한 청소년과 성인 수를 대폭 늘린다.

4.5 2030년까지 교육에 대한 성별 격차를 해소하고 장애인, 선주민, 취약한 상황에 처한 아동을 포함한 취약한 사람들이 모든 수준에서의 교육 및 직업훈련에 평등하게 접근하도록 보장한다.

4.6 2030년까지 남녀 불문 모든 청소년과 상당한 비율의 성인이 문해 및 산술 능력을 갖추도록 한다.

4.7 2030년까지 지속가능발전, 지속 가능한 생활양식, 인권, 성 평등, 평화와 비폭력 문화 확산, 세계시민의식, 문화 다양성 존중과 지속 가능 발전을 위한 문화의 기여 등에 대한 교육을 통해 모든 학습자들이 지속가능 발전을 증진하기 위한 지식과 기술을 습득할 수 있도록 한다.

4.a 모두를 위해 아동, 장애, 성별을 배려한 교육 시설을 건축하고 개선하며 안전하고 비폭력적이며, 포용적이고 효과적인 학습 환경을 제공한다.

4.b 선진국 및 기타 개발도상국에서 직업훈련, 정보통신기술, 기술·공학·과학 프로그램을 포함한 고등교육을 받을 수 있도록, 2020년까지 개발도상국, 특히 최빈국, 군소 도서 개도국, 아프리카 국가에 전달되는 장학금의 수를 전 세계적으로 대폭 늘린다.

4.c 2030년까지 개발도상국, 특히 최빈국 및 군소 도서 개도국의 교원 훈련을 위한 국제협력 등을 통해 우수한 교원 공급을 대폭 확대한다.

목표를 달성해야 하는 이유

질 높은 교육은 건강하고 지속 가능한 생활을 할 수 있는 능력의 발판이 됩니다. 그뿐 아니라 가난의 대물림을 끊을 수 있는 힘을 주고, 불평등을 해소해 성 평등으로 가는 길을 여는 데도 도움이 됩니다. 교육은 SDGs 달성의 중요 열쇠라고 할 수 있습니다.

Goal 5. Achieve gender equality and empower all women and girls
성평등 달성과 모든 여성 및 여아의 자력화

세계가 직면하고 있는 주된 과제·문제

- 전 세계적으로, 15세 이상의 여성 중 26%(6억 4,100만 명)가 평생에 적어도 한 번은 남편이나 연인으로부터 육체적·성적 폭행을 당한 적이 있습니다. 13개국의 2021년 조사에서는 여성의 45%가 코로나19 이후 어떤 형태로든 폭력을 경험했다고 보고했습니다.
- 2022년 1월 1일 기준 전 세계 여성 국회의원의 비율은 26.2%로 2015년의 22.4%보다 늘어났지만 여전히 남녀 차가 벌어져 있습니다.

여성은 노인 간병이나 어린이 돌봄, 집안일처럼 급여를 받지 못하는 일에 남성의 약 3배에 달하는 시간을 쓰고 있습니다.

2018~2021년 26%의 국가만이 양성평등을 위한 공공 할당을 추적하기 위한 포괄적인 시스템을 갖추고 있으며, 59%는 시스템의 일부 특징을 가지고 있으며, 15%는 시스템의 최소 요소조차 가지고 있지 않습니다.

세부 목표

5.1 모든 곳에서 여성 및 여아를 대상으로 하는 모든 형태의 차별을 없앤다.

5.2 인신매매와 성 착취 및 기타 유형의 착취를 포함하여, 공적 및 사적인 영역에서 여성 및 여아를 대상으로 하는 모든 형태의 폭력을 없앤다.

5.3 조혼, 강제 결혼, 여성 할례 등 모든 유해한 관행을 없앤다.

5.4 국가별 상황에 맞춰 공공서비스, 사회기반시설, 사회 보호 정책, 가정 내 책임 공유 촉진을 통하여 무급 돌봄 노동 및 가사노동에 가치를 부여하고 중요성을 인식한다.

5.5 정치, 경제, 공공부문 등 모든 차원의 의사결정 과정에 여성의 완전하고 효과적인 참여와 리더십에 대한 공평한 기회를 보장한다.

5.6 세계인구개발회의 행동 계획(Programme of Action of the International Conference on Population and Development)과 베이징 행동 강령(Beijing Platform for Action) 및 검토회의의 결과문서에 따라 합의된 대로 성 및 생식보건, 재생산권에 대한 보편적 접근을 보장한다.

5.a 여성에게 경제적 자원에 대한 권리와 더불어 토지 및 기타 유형의 자산·금융 서비스·유산·천연자원에 대한 오너십과 통제권 접근에 대한 평등한 권리가 부여될 수 있도록 국내법에 따라 개혁을 시행한다.

5.b 여성의 자력화를 증진시키는 구현 기술, 특히 정보통신기술(ICT)의 활용을 확대한다.

5.c 모든 수준에서 성 평등과 여성 및 여아의 자력화가 이루어지도록 견고한 정책과 시행 가능한 법안을 채택하고 강화한다.

목표를 달성해야 하는 이유

빈곤을 없애고 어린이의 건강을 지키며 복지를 달성하는 등 모든 면에서 건전한 사회를 이룩하기 위해 성 평등을 빼놓을 수 없습니다. 여자어린이를 위한 교육에 투자하고 결혼 연령을 올리면 1달러를 투자했을 때 5달러의 효과를 거둘 수 있다는 계산도 있습니다.

Goal 6. Ensure availability and sustainable management of water and sanitation for all
모두를 위한 물과 위생설비에 대해 가용성과 지속가능한 유지관리 보장

세계가 직면하고 있는 주된 과제·문제

- 안전하게 관리된 식수를 쓸 수 있는 세계 인구의 비율은 2015년 70%에서 2020년 74%로 증가했습니다. 하지만 2020년에도 여전히 12억 명이나 되는 사람들이 기본적인 식수 서비스를 이용하지 못했습니다. 이들을 포함한 20억 명이 안전하게 관리되는 식수 서비스 없이 살고 있습니다.

- 2015년과 2020년 사이에 안전하게 위생을 관리하는 인구는 47%에서 54% 증가했고, 가정에서 비누와 물로 손 씻기 시설을 이용하는 인구는 67%에서 71%로 증가했습니다.

- 2015년부터 2020년까지 야외에서 용변을 해결하는 인구는 7억 3,900만 명에서 4억 9,400만 명으로 3분의 1 감소했습니다.

- 전 세계 의료 시설 4곳 중 1곳에는 기본적인 식수 서비스가 없고, 5분의 2에는 비누가 없습니다. 20억 명 이상이 전염병에 걸릴 위험에 처해 있습니다.

세부 목표

6.1 2030년까지 모두를 위한 적정가격의 안전한 식수에의 보편적이고 공평한 접근을 달성한다.

6.2 2030년까지, 특히 여성과 여아 및 취약한 상황에 처한 사람의 필요에 주목하면서, 모두를 위한 충분하고 공평한 위생설비에의 접근을 달성하고 야외 배변을 근절한다.

6.3 2030년까지 오염 감소, 쓰레기 무단투기 근절, 유해화학물질 및 위험물질 방류 최소화, 미처리 하수 비율 절반으로 감축, 전 세계적인 재활용과 안전한 재사용 대폭 확대를 통해 수질을 개선한다.

6.4 2030년까지 모든 부문에서의 용수 효율을 대폭 증대하고, 물 부족을 해결하기 위해 담수의 추출과 공급이 지속 가능하도록 보장하며 물 부족으로 고통을 겪는 인구의 수를 대폭 감소시킨다.

6.5 2030년까지 적절한 초 국경 협력을 포함하여 모든 수준에서 통합적 수자원 관리를 이행한다.

6.6 2020년까지 산, 숲, 습지, 강, 지하수 층, 호수를 포함한 물과 관련한 생태계를 보호하고 복원한다.

6.a 2030년까지 집수, 담수화, 용수효율, 폐수 처리, 재활용 및 재사용 기술을 포함하여 개발도상국의 물 및 위생 관련 활동과 프로그램에 대한 국제협력과 역량 강화 지원을 확대한다.

6.b 물과 위생 관리를 개선하기 위해 지역사회의 참여를 지원하고 강화한다.

목표를 달성해야 하는 이유

수자원을 지속 가능한 형태로 관리하면 식량과 에너지 생산 관리도 쉬워지고, 좋은 일자리(국제노동기구(ILO)가 정한 개념으로 일하는 보람이 있는 인간다운 일자리, 영어로 '디센트 워크(decent work)'라고 함- 역주) 창출과 경제 성장으로도 이어집니다. 수자원을 보전할 수 있다면 기후 변화 대책도 세울 수 있습니다.

출처:월간 노동법률

Goal 7. Ensure access to affordable, reliable, sustainable and modern energy for all
모두를 위한 적정가격의 신뢰할 수 있고 지속 가능하며 현대적인 에너지에의 접근 보장

세계가 직면하고 있는 주된 과제·문제

- 전 세계에서 전력 서비스를 이용할 수 있는 사람은 2010년 83%에서 2020년에는 91%로 늘었습니다. 하지만 여전히 7억 3,300만 명이 전력

을 이용할 수 없습니다. 코로나19로 인한 경제적 압박으로 아프리카와 아시아의 개발도상국에서 최대 9,000만 명이 전기에 연결된 서비스를 이용할 수 없었습니다.

● 2020년에도 40억 명의 사람들이 여전히 비효율적이고 오염된 요리 시스템에 의존했습니다.

● 에너지 총 소비량에서 재생에너지가 차지하는 비율은 2019에는 17.7%에 달했는데, 이는 2010년보다 1.6% 포인트 높은 수치입니다.

출처:두산백과

세부 목표

7.1 2030년까지 적정가격의 신뢰할 수 있고 현대적인 에너지 서비스에 대한 보편적 접근을 보장한다.

7.2 2030년까지 전 세계 에너지믹스에서 신재생 에너지가 차지하는 비중을 대폭 늘린다.

7.3 2030년까지 전 세계 에너지 효율성 개선율을 두 배로 늘린다.

7.a 2030년까지 재생에너지, 에너지 효율, 선진화되고 보다 청정한 화석 연료 기술 등을 포함하여 청정에너지 연구와 기술 개발에 대한 접근을 촉진할 수 있는 국제협력을 강화하고, 에너지 기반 시설과 청정에너지 기술에 대한 투자를 증진한다.

7.b 2030년까지 개발도상국 특히 최빈국, 군소 도서 개도국 및 내륙 개도국에서 모두를 위해 각국의 지원 프로그램에 따라 현대적이고 지속 가능한 에너지 서비스를 공급할 수 있는 기술을 발전시키고 사회기반 시설을 확대한다.

목표를 달성해야 하는 이유

에너지 시스템이 튼튼하면 비즈니스, 의료, 교육에서 농업, 생산 기반, 통신, 첨단 기술에 이르는 모든 부문까지 뒷받침할 수 있습니다. 반대로 에너지 시스템을 이용할 수 없으면 인력 개발과 경제 발전이 어려워 집니다.

Goal 8. Promote sustained, inclusive and sustainable economic growth, full and productive employment and decent work for all
모두를 위한 지속적 · 포용적 · 지속 가능한 경제성장, 생산적인 완전고용과 양질의 일자리 증진

세계가 직면하고 있는 주된 과제·문제

- 개발도상국 중에서도 특히 개발이 뒤처진 최빈개도국의 실질 경제 성장률(GDP)은 2022년 4.0%로, 2023년에는 5.7%까지 증가할 것으로 예상되지만 목표인 7%에는 한참 모자랍니다.
- 2019년 세계의 실업률은 5.4%였지만 북아프리카와 서아시아에서는 10.7%라는 높은 수치를 보였습니다. 또, 여성의 실업률이 남성보다 9%나 높아 성별에서 오는 격차도 있습니다. 한편 청년층의 실업률은 13.6%여서 4%인 성인보다 9.6%나 높았습니다.
- 2020년 초 전 세계적으로 1억 6,000만 명의 어린이가 아동 노동에 종사했습니다. 코로나19로 인한 빈곤 증가로 2020년과 비교할 때 2022년 말까지 900만 명의 어린이가 더 노동 현장에 내몰릴 위험에 처해 있습니다.

세부 목표

8.1 국가 상황에 따라 1인당 소득 증가를 유지하며 특히 최빈국의 경우 연간 국내총생산(GDP) 성장률을 최소 7%로 유지한다.

8.2 고부가가치 산업 및 노동집약적 산업에 중점을 두는 것을 포함하여 산업다각화, 기술 발전, 혁신을 통해 경제 생산성 향상을 달성한다.

8.3 생산 활동, 양질의 일자리 창출, 기업가정신, 창의성과 혁신을 지원하고, 금융 서비스에 대한 접근 확대를 포함하여 소규모 비즈니스 및

중소기업의 형성과 성장을 촉진하는 개발 지향 정책을 증진시킨다.

8.4 2030년 내 전 세계 소비와 생산에서의 자원 효율성을 점진적으로 개선하고, 선진국이 주도하여 지속 가능한 소비와 생산에 대한 10년 계획 프레임워크(10-Year Framework of Programmes on Sustainable Consumption and Production)에 따라 경제성장이 환경 악화로 연결되지 않도록 노력한다.

8.5 2030년까지 장애인 및 청년을 포함하여 모든 여성, 남성을 위한 생산적 완전고용과 양질의 일자리 창출 및 동일가치노동에 대한 동일임금을 달성한다.

8.6 2020년까지 교육 및 훈련에 참여하고 있지 않거나 실업 상태인 청년의 비율을 대폭 줄인다.

8.7 강제노동과 현대판 노예제, 인신매매를 근절하고, 소년병 징집 및 동원을 포함해 가장 가혹한 형태의 아동 노동의 금지 및 종식을 보장하기 위해 즉각적이고 효과적인 조치를 취하고, 2025년까지 모든 형태의 아동노동을 없앤다.

8.8 이주노동자, 특히 여성 이주자와 불안정한 고용상태에 있는 노동자를 포함한 모든 노동자의 권리를 보호하고, 안전하고 안정적인 노동환경 조성을 확대한다.

8.9 2030년까지 지역의 고유문화와 특산품을 알리고 일자리 창출에 기

여하는 지속 가능한 관광을 진흥하는 정책을 개발하고 이행한다.

8.10 모두를 위한 은행, 보험, 금융 서비스 접근을 장려하고 확대될 수 있도록 국가별 금융기관의 역량을 강화한다.

8.a 최빈국 무역 관련 기술 지원을 위한 강화된 통합 프레임워크(Enhanced Integrated Framework for Trade- Related Technical Assistance to Least Developed Countries) 등을 통하여 개발도상국, 특히 최빈국에 대한 무역을 위한 원조(Aid for Trade) 지원을 확대한다.

8.b 2020년까지 청년 고용을 위한 글로벌 전략을 개발하고 운용하며 국제노동기구(International Labour Organization) 세계고용협약(Global Jobs Pact)을 이행한다.

목표를 달성해야 하는 이유

사람들의 생산성이 올라 자기 나라의 성장에 공헌할 수 있다면 사회 전체에 이익이 커질 것입니다. 생산적인 고용과 '좋은 일자리'는 공정한 세계화를 이루고 빈곤을 없앨 중요한 요소입니다.

Goal 9. Build resilient infrastructure, promote inclusive and sustainable industrialization and foster innovation
복원력 높은 사회기반시설을 구축하고, 포용적이고 지속 가능한 산업화 증진 및 혁신 장려

세계가 직면하고 있는 주된 과제·문제

- 2021년 전 세계 제조업 생산은 7.2% 증가하여 코로나19 이전 수준을 넘어섰습니다.

- 코로나19는 항공 산업에 큰 타격을 주었습니다. 국제선 승객의 수는 2021년 총 23억 명으로 2019년의 45억 명에서 급격히 감소했고 3,240억 달러의 재정적 손실을 초래했습니다. 2021년 국내 항공 교통량은 2019년 수준의 68%에 달한 반면, 국제 항공 교통량은 28%로 약한 상태를 유지했습니다. 대부분 코로나19 변종의 산발적인 발생과 여행 제한 때문입니다.

- 2021년을 기준으로 세계 인구의 95%가 모바일 브로드밴드를 이용할 수 있는 지역에서 생활하고 있습니다. 그러나 2019년 기준 최빈개도국에서도 인터넷을 쓸 수 있는 지역이 79%에 이르지만 경제적인 이유 때문에 쓰지 못하는 사람이 많아 실제로 이용하는 사람은 19%에 불과합

니다.

> **세부 목표**

9.1 모두를 위한 적정가격의 공평한 접근에 중점을 두고, 경제발전과 인류의 웰빙을 지원하기 위해 대륙 차원 및 초 국경 사회기반시설을 포함하여 양질의 신뢰할 수 있고 지속 가능하며 복원력 있는 사회기반 시설을 구축한다.

9.2 포용적이고 지속 가능한 산업화를 증진하고, 2030년까지 국가 상황에 맞게 고용과 국내총생산(GDP)에서 산업 비중을 대폭 늘리되, 특히 최빈국에서 두 배 증대한다.

9.3 특히 개발도상국에서 신용 우대 및 가치사슬과 시장에의 통합을 포함하여, 소규모 산업체와 기타 기업의 금융 서비스 접근을 향상한다.

9.4 2030년까지 높은 자원 사용 효율과 청정 기술 및 환경친화적 공정을 산업에 적용하며 국가별 역량에 따라 각국별 조치를 취함으로써 기존의 사회기반시설과 산업을 지속 가능하게 개선한다.

9.5 2030년까지 인구 100만 명 당 연구개발(R&D) 인력의 비율 및 공공·민간부문의 연구개발 투자를 대폭 확대하고 혁신을 장려하는 것을 포함하여 모든 국가, 특히 개발도상국에서 과학기술 연구를 강화하고 산업 부문의 기술적 역량을 향상한다.

9.a 아프리카 국가, 최빈국, 내륙 개도국 및 군소 도서 개도국에 대한 재정,

기술, 전문적인 지원을 확대하여, 지속 가능하고 복원력 있는 사회기반 시설 구축을 촉진한다.

9.b 최적의 정책 환경, 특히 산업 다양화와 상품의 가치부가를 보장할 수 있도록 개발도상국에서의 국내 기술 개발, 연구, 혁신 확대를 지원한다.

9.c 최빈국의 정보통신기술(Information and Communications Technology)에 대한 접근을 현저히 증가시키고 2020년까지 적정가격의 보편적인 인터넷에 대한 접근을 제공할 수 있도록 노력한다.

목표를 달성해야 하는 이유

빈곤을 없애고 지속가능한 개발을 위해 노력할 때 산업이 아무것도 하지 않으면 문제를 완전히 해결하기 어려워요. 또 생산 기반 정비와 기술 혁신을 게을리하면 의료는 뒤처지고 위생 시설이 부족해지며 교육에 접근할 기회가 줄어드는 결과로 이어질 것입니다.

Goal 10. Reduce inequality within and among countries
국내 및 국가 간 불평등 감소

세계가 직면하고 있는 주된 과제·문제

- 2014년에서 2019년에 걸쳐 수집한 31개 나라의 데이터를 보면 10명 중 약 2명이 차별을 경험했다고 합니다. 장애가 있는 사람은 10명 중 3명이 차별을 경험했는데, 그중에서도 여성은 성별, 민족, 종교 같은 원인으로 다양한 차별을 동시에 받는 경우가 늘고 있습니다.
- 2022년 5월 기준 우크라이나에서는 600만 명 이상의 사람들이 분쟁을 피해 다른 나라로 이주했으며, 최소 800만 명의 사람들이 우크라이나 내에서 난민이 되었습니다. 2021년에는 5,895명이 자국을 탈출하여 사망했으며, 이는 코로나19 이전보다 많으며, 2017년 이후 이민자들에게 가장 치명적인 해가 되었습니다.

세부 목표

10.1 2030년까지 전체 인구의 소득 수준 하위 40%의 소득 증가율을 국가 전체 평균 이상까지 점진적으로 달성하고 유지하도록 한다.

10.2 2030년까지 연령, 성별, 장애 여부, 인종, 민족, 출신, 종교, 경제 및 기타 지위와 관계없이 모든 사람의 사회적·경제적·정치적 포용을 증진하고 확대한다.

10.3 차별적인 법규, 정책, 관례를 철폐하고 이와 관련한 적절한 법, 정책, 활동을 증진하는 등의 노력을 포함하여 평등한 기회를 보장하고 결과의 불평등을 감소한다.

10.4 재정정책, 임금정책, 사회 보호 정책과 같은 정책을 도입하고 점진적으로 더 높은 수준의 평등을 달성한다.

10.5 전 세계 금융시장과 기구들의 규제와 모니터링을 개선하고 그러한 규제들의 이행을 강화한다.

10.6 경제 및 금융 관련 국제기구에서의 의사결정 과정에서 효과성, 신뢰성, 책무성 및 적법성이 보장되는 제도가 운용되도록 하기 위해, 개발도상국의 대의권과 발언권 확보를 보장한다.

10.7 계획적이고 잘 관리된 이주정책의 이행 등을 통해 체계적이고 안전하며 정규적이고 책임 있는 인구의 이주와 이동을 위한 편의를 제공한다.

10.a 세계무역기구(WTO) 협정에 따라서 개발도상국, 특히 최빈국에 대한 특별우대 조치에 대한 규정을 이행한다.

10.b 외국인 직접투자(FDI)를 포함한 공적개발원조(ODA)와 기타 재원의 필요가 가장 많은 국가, 즉 최빈국, 아프리카 국가, 군소 도서 개도국 및 내륙 개도국에 지원될 수 있도록 장려하고, 이러한 재원의 흐름이 이들 국가의 국가 계획과 프로그램에 부합하도록 한다.

10.c 2030년까지 이주자 송금 수수료를 3% 미만으로 줄이며 5% 이상의 비용이 발생하는 송금 경로를 제거한다.

> 목표를 달성해야 하는 이유

세계에는 여전히 불합리한 차별이 다양한 모습으로 뿌리 깊게 남아 있습니다. 사회적 약자와 사회에서 소외된 공동체 사람들에게 기회와 서비스를 제공해 생활의 질을 높일 가능성을 주지 못한다면 지구는 모든 사람에게 더 좋은 장소가 될 수 없을 것입니다.

Goal 11. Make cities and human settlements inclusive, safe, resilient and sustainable
도시와 주거지를 포용적이며 안전하고 복원력 있고 지속 가능하게 보장

> 세계가 직면하고 있는 주된 과제·문제

- 2020년, 10억 명 이상의 사람들이 빈민가나 비공식적인 정착지에서 살고 있습니다.
- 전 세계 1,510개 도시의 2020년 데이터에 따르면, 도시 지역의 약 37%만이 대중교통을 이용하고 있습니다.
- 2021년, 세계 도시 인구의 99%가 세계보건기구(WHO)가 정한 새로운 대기질 기준을 초과하는 지역에 살고 있습니다. 2019년에는 교통, 산업, 발전, 폐기물 연소 및 주거용 연료 연소로 인한 대기 오염으로 420만 명

이 사망했습니다.

> **세부 목표**

11.1 2030년까지 모두를 위한 충분하고 안전하며 적정가격의 주택과 기본 공공서비스에 대한 접근을 보장하고 빈민가의 환경을 개선한다.

11.2 2030년까지 모두를 위한 안전하고 적정가격의, 접근이 용이하고 지속 가능한 교통 시스템을 제공하고, 특히 여성, 아동, 장애인, 노인 등 취약계층의 필요를 특별히 고려하여 대중교통을 확대함으로써 도로 안전을 향상한다.

11.3 2030년까지 포용적이고 지속 가능한 도시화를 확대하며 주거지에 대한 참여적, 통합적, 지속 가능한 계획과 관리 역량을 강화한다.

11.4 세계의 문화·자연유산을 보호하고 보존하기 위한 노력을 강화한다.

11.5 2030년까지 빈곤층과 취약한 상황에 처한 사람에 대한 보호에 초점을 맞추며 물로 인한 재난을 포함, 재난으로 인한 사망과 피해자 수를 현저히 줄이고, 국내총생산(GDP)에 영향을 미치는 직접적인 경제적 손실을 대폭 감소한다.

11.6 2030년까지 공기의 질과 도시 및 기타 폐기물 관리에 특별한 주의를 기울여, 도시 인구 1인당 부정적 환경 영향을 감축한다.

11.7 2030년까지 특히 여성과 아동, 노인 및 장애인을 위해 안전하고

포용적이며 접근이 용이한 공공녹지 공간에 대한 보편적 접근을 보장한다.

11.a 국가 및 대륙별 발전 계획을 강화하여 도시 및 도시 근교, 외곽지역 간 긍정적인 경제·사회·환경적 연계성을 지원한다.

11.b 2020년까지 포용, 자원 효율성, 기후변화 완화와 적응, 자연재해에 대한 복원력을 위해 통합된 정책과 계획을 채택하고 이행하는 도시와 주거지의 수를 대폭 늘리고, 재난위험경감을 위한 센다이 프레임워크 2015-2030(Sendai Framework for Disaster Risk Reduction 2015-2030)에 따라 모든 수준에서의 통합 재난위험관리를 개발하고 이행한다.

11.c 최빈국이 현지 자재를 활용하여 지속 가능하고 복원력이 뛰어난 건물을 건축할 수 있도록 재정적·기술적으로 지원한다.

목표를 달성해야 하는 이유

이미 10억 명에 이르는 빈민가의 주민은 지금도 계속 늘고 있으며 한편 육지 면적의 고작 3%를 차지하는 도시가 에너지의 60~80%를 소비하고, 탄소 배출량의 75%를 차지하고 있습니다. 사회적, 경제적 손실을 줄이기 위해 도시의 현재 모습을 바꿔야 할 필요가 있습니다.

Goal 12. Ensure sustainable consumption and production patterns
지속 가능한 소비와 생산 양식

세계가 직면하고 있는 주된 과제·문제

- 2010년에서 2019년 사이 한 사람이 1년 동안 배출하는 전자 폐기물은 5.3kg에서 7.3kg으로 계속 증가했지만 재활용되는 전자 폐기물의 양은 1인당 0.8kg에서 1.3kg으로 약간 늘어났을 뿐입니다.

- 수확 〉수송 〉저장 〉가공의 단계를 거치며 식품의 13.8%가 손실됩니다. 돈으로 따지면 4,000억 달러(약 494조 원)나 되며 지역별로 보면 중앙아시아와 남아시아가 20.7%로 가장 높고, 호주와 뉴질랜드가 5.8%로 가장 낮습니다.

세부 목표

12.1 개발도상국의 발전 상황과 역량을 고려하면서, 선진국 주도로 지속 가능한 소비와 생산 양식에 대한 10년 계획 프레임워크 프로그램 (10-Year Framework of Programmes on Sustainable Consumption and Production Patterns)을 모든 국가가 이행한다.

12.2 2030년까지 천연자원의 지속 가능한 관리와 효율적 사용을 달성한다.

12.3 2030년까지 유통 및 소비자 수준에서의 전 세계 인구 1인당 음식물 쓰레기 발생량을 절반으로 줄이고, 출하 후 손실을 포함한 식품의 생산 및 공급망에서 발생하는 식품 손실을 감소한다.

12.4 2020년까지 국제사회에서 합의된 프레임워크에 근거하여 화학물질 및 유해 폐기물을 모든 주기에서 친환경적으로 관리하며, 인간의 건강과 환경에 대한 부정적인 영향을 최소화하기 위해 대기, 물, 토양으로의 유출을 현저하게 줄인다.

12.5 2030년까지 예방, 감축, 재활용 및 재사용을 통해 쓰레기 발생을 대폭 줄인다.

12.6 기업, 특히 대기업 및 다국적기업이 지속 가능한 실천 계획을 그들의 보고 체계에 채택하고 지속 가능성에 대한 정보를 통합하도록 장려한다.

12.7 2030년까지 국가의 정책과 전략에 따라 지속 가능한 공공조달 시행을 확대한다.

12.8 2030년까지 모든 사람이 지속 가능한 발전과 자연과의 조화를 이루는 생활양식에 대해 인지하고 필요한 정보를 가질 수 있도록 보장한다.

12.a 지속 가능한 소비 및 생산 패턴 구축을 위한 개발도상국의 과학기술 역량 강화를 지원한다.

12.b 일자리를 창출하고 지역의 고유문화와 특산품을 알리는 지속 가능한 관광이, 지속 가능발전에 미치는 영향을 모니터링할 수 있는 수단을 개발하고 이행한다.

12.c 개발도상국의 특수한 필요와 여건을 충분히 고려하고 빈곤층과 영향을 받는 지역 공동체를 보호하는 방식으로 개발도상국의 발전에 미칠 악영향을 최소화하면서 조세 제도를 개혁하고, 해로운 보조금이 존재하는 경우 그에 따른 환경 영향을 반영하기 위해 이를 단계적으로 폐지하는 등의 방법으로 국가별 상황에 따라 시장 왜곡을 제거함으로써, 낭비를 조장하는 비효율적인 화석연료 보조금 제도를 합리적으로 개선한다.

목표를 달성해야 하는 이유

앞으로 전 세계에서 더 많은 사람들이 중산층에 속하게 될 것이며 그에 따라 천연자원 수요도 늘어날 것입니다. 소비와 생산 방식을 바꾸기 위해 행동하지 않으면 환경은 돌이킬 수 없는 피해를 입게 될 것입니다. 그런 일이 벌어져서는 안 됩니다.

Goal 13. Take urgent action to combat climate change and its impacts*
기후변화와 그로 인한 영향에 맞서기 위한 긴급 대응

세계가 직면하고 있는 주된 과제·문제

- 2019년 지구의 평균 기온은 기록을 시작하고 나서 두 번째로 높았습니다. 이대로 라면 2100년까지 3.2도 상승할 가능성도 있습니다.
- 파리기후변화협약(2015년 12월 12일 파리에서 열린 21차 유엔 기후 변화 협약 당사국총회 본회의에서 195개 당사국이 채택한 협정으로 온실가스 배출량을 단계적으로 감축하는 내용을 담고 있음-역주)이 목표로 정한 기온 상승폭 1.5도로 억제하려면 온실가스 배출량을 매년 7.6%씩 줄여야 합니다.

출처:한경 경제용어사전

세부 목표

13.1 모든 국가에서 기후와 관련한 위험 및 자연재해에 대한 복원력과 적응 능력을 강화한다.

13.2 기후변화에 대한 조치를 국가 정책, 전략, 계획에 통합한다.

13.3 기후변화 완화, 적응, 영향 감소, 조기 경보 등에 관한, 교육, 인식 제고, 인적 · 제도적 역량을 강화한다.

13.a 기후변화 완화 조치와 이행의 투명성에 관한 개도국의 요구에 따라 유엔 기후변화협약(UNFCCC: United Nations Framework Convention on Climate Change) 선진 당사국이 공동으로 매년 1,000억 달러를 동원하겠다는 목표를 2020년까지 완전히 이행하며, 가능한 빠른 시일 내에 출자를 통해 녹색기후기금 (GCF)의 완전한 운용을 시작한다.

13.b 여성, 청년, 지역 공동체 및 소외된 공동체에 초점을 맞추는 것을 포함해 최빈국과 군소 도서 개도국에서의 기후변화와 관련한 효과적인 계획과 관리 역량 계발을 위한 메커니즘을 증진한다.

목표를 달성해야 하는 이유

인간의 활동이 불러온 기후 변화는 폭풍우와 같은 재해를 불러옵니다. 나아가 분쟁의 원인이 되는 식량 부족, 물 부족 같은 위협을 더욱 악화시키기도 하며 아무 대책도 세우지 않아 향후 지구의 평균 기온이 3도 이상 상승하면 모든 생태계에 악영향을 미칠 것입니다.

Goal 14. Conserve and sustainably use the oceans, seas and marine resources for sustainable development
지속가능발전을 위한 대양, 바다, 해양자원의 보존과 지속 가능한 사용

세계가 직면하고 있는 주된 과제·문제

- 바다는 이산화탄소를 흡수해 대기 중 이산화탄소 농도 상승을 막지만 바다에도 이산화탄소는 쌓입니다. 해양 산성화(해수에 녹은 이산화탄소량이 증가하면서 수소 이온 농도가 높아져 해수의 pH 값이 8 이하로 떨어지는 현상. 대부분의 어류와 동물성 플랑크톤은 산성화된 해수에서 생식 및 생장 능력이 저하되어서 먹이사슬에도 문제가 생김 - 역주)가 진행되면 바다 생태계에 악영향을 미칩니다.

- 이산화탄소 배출량이 지금과 같다면 2100년에는 해양 산성도가 100~150% 나 높아져 바다에 사는 생물들 절반이 나쁜 영향을 받게 될 것입니다.

2021년, 1,700만 톤 이상의 플라스틱이 세계 바다로 유입되어 해양 쓰레기의 85%를 차지했습니다. 매년 바다로 유입되는 플라스틱 오염의 양은 2040년까지 두 배 또는 세 배가 될 것으로 예상됩니다.

출처:두산백과

세부 목표

14.1 2025년까지 모든 형태의 해양오염, 특히 해양폐기물, 영양분 오염 등 육상 활동으로 인한 오염을 예방하고 현저히 감소한다.

14.2 2020년까지 심각한 악영향을 피하기 위해 복원력 강화를 포함하여 해양 및 연안 생태계를 지속 가능하게 관리하고 보호하며, 건강하고 생산적인 바다를 만들기 위해 복원 조치를 취한다.

14.3 모든 수준에서의 과학기술 협력 강화 등을 통해 해양 산성화의 영향을 다루고 최소화한다.

14.4 2020년까지 효과적으로 어류 포획을 규제하고, 남획, 불법·미신고·비 규제 어업(Illegal, Unreported, Unregulated) 및 파괴적 어업관행을 근절하며, 가능한 빠른 시일 내로 어류자원이 생물학적인 특성에 따라 지속 가능한 최대 산출량 수준으로 복원되도록 과학에 기반한 관리 계획을 이행한다.

14.5 2020년까지 최신 과학정보를 기반으로 관련 국내법 및 국제법에 따라 최소 10%의 해안 및 해양 영역을 보존한다.

14.6 2020년까지 생산과잉 및 남획에 영향을 주는 특정 형태의 어업 보조금을 금지하고, 불법·미신고·비규제 어업을 조장하는 보조금을 제거하며, 그러한 형태의 보조금의 신설을 제한하는 동시에 개발도상국과 최빈국에 대한 적절하고 효과적인 특별우대조치가 세계무

역기구(WTO) 어업 보조금 협상에 포함되어야 한다는 사실을 인지한다.

14.7 2030년까지 어업, 양식업, 관광업의 지속 가능한 관리를 통해 해양자원을 지속 가능한 수준에서 사용함으로써 군소 도서 개도국 및 최빈국의 경제적 이익을 확대한다.

14.a 군소 도서 개도국 및 최빈국을 포함한 개발도상국의 발전에 해양 생물 다양성이 미치는 영향을 강화하고 해양 건강을 증진할 수 있도록, 과학적 지식수준을 높이고 연구 역량을 개발하며 정부 간 해양학위원회(IOC: Intergovernmental Oceanographic Commission)의 기준과 해양기술이전에 대한 가이드라인에 따라 해양기술을 이전한다.

14.b 소규모 영세 어업 종사자가 해양자원과 시장에 접근할 수 있도록 한다.

14.c "우리가 원하는 미래" 158항에서 환기한 바와 같이, 해양과 그 자원에 대한 보존과 지속 가능한 사용의 법률적 프레임워크를 제공하는 유엔해양법협약(UNCLOS: the United Nations Convention on the Law of the Sea)과 같은 국제법을 이행함으로써 해양과 그 자원에 대한 보존과 지속 가능한 사용을 강화한다.

목표를 달성해야 하는 이유

전 세계의 바다로 흘러들어 온 쓰레기양이 증가하며 환경과 경제에 큰 악영향을 미치고 있습니다. 이대로라면 생물 다양성을 지키기 어려울 뿐더러 허술한 해양 관리에서 오는 마구잡이 어업으로 경제적 손실액은 연간 500억 달러(약 61조 원)에 달하게 된다.

> **Goal 15.** Protect, restore and promote sustainable use of terrestrial ecosystems, sustainably manage forests, combat desertification, and halt and reverse land degradation and halt biodiversity loss
> 지속 가능한 육상생태계 이용을 보호·복원·증진, 삼림을 지속 가능하게 관리, 사막화 방지, 토지황폐화 중지 및 복구, 생물 다양성 손실 중단

세계가 직면하고 있는 주된 과제·문제

- 인간 활동 때문에 자연의 균형이 무너지고 있어 멸종 위험은 지난 30년 동안 약 10% 악화됨. 멸종 위기에 놓인 종은 3만 5,000종을 넘어섰으며 적색목록 지수는 1990년 0.82에서 2020년에는 0.73으로 낮아짐.

- 2010년에서 2015년에 걸쳐 매년 1,200만 ha씩 삼림이 사라져 2015년에서 2020년 사이에는 그 속도가 1,000만 ha로 줄었지만 숲은 엄청난 속도로 감소됨.
- 지구의 육지 중 5분의 1이 황폐화됨. 토지황폐화는 약 32억 명의 행복을 앗아가고, 생물을 멸종으로 몰아넣어 심각한 기후 변화도 불러옵니다.

세부 목표

15.1 2020년까지 국제 협약상 의무에 따라 숲, 습지, 산악지역, 건조지 등을 포함한 육지와 내수면 생태계 서비스의 보존, 복원, 지속 가능한 사용을 보장한다.

15.2 2020년까지 전 세계적으로 모든 유형의 숲에 대한 지속 가능한 관리를 이행하고, 삼림 파괴를 중지하며 황폐화된 숲을 복원하고 조림과 재 식림을 대폭 확대한다.

15.3 2030년까지 사막화를 방지하고, 사막화나 가뭄, 홍수로 영향을 받는 토지를 포함한 모든 황폐화된 토지를 복원하며, 토지 황폐화가 없는 세계를 만들기 위해 노력한다.

15.4 2030년까지 지속 가능한 발전에 필수적인 이익을 주는 산림 생태계의 수용력을 증진하기 위해, 생물 다양성을 포함한 산림 생태계 보존을 보장한다.

15.5 자연 서식지 황폐화를 줄일 수 있도록 긴급하고 의미 있는 조치를

취하고, 생물 다양성 손실을 중단하며, 2020년까지 멸종 위기 종을 보호하고 멸종을 예방한다.

15.6 국제적 합의에 따라, 유전자원 활용에 따른 이익이 공평하고 동등하게 공유되도록 하며, 유전 자원에 대한 적절한 접근을 확대한다.

15.7 동식물 보호종의 포획과 밀거래를 종식하기 위해 조속한 행동을 취하고, 불법 야생동물 상품의 수요 및 공급 측면의 문제를 동시에 다룬다.

15.8 2020년까지 육상 및 수중 생태계를 교란하는 외래종의 유입을 방지하고, 그로 인한 영향을 현저히 감소시키는 방안을 도입하며, 우선대응 대상종을 통제 및 박멸한다.

15.9 2020년까지 국가 및 지역별 계획, 발전과정, 빈곤 감소 전략, 회계에 생태계와 생물 다양성의 가치를 통합하고 반영한다.

15.a 생물 다양성과 생태계의 보존 및 지속 가능한 사용을 위해 모든 재원을 동원하고 대폭 확대한다.

15.b 지속 가능한 삼림 관리에 대한 재원 마련을 위해, 모든 수준에서 주요한 자원을 모두 동원하고 개발도상국이 보존 및 재 식림 등을 위한 삼림 관리를 증진할 수 있도록 충분한 인센티브를 제공한다.

15.c 지역 공동체가 지속 가능한 생계유지 기회를 추구할 수 있도록 역량을 강화하는 등의 방법을 통해, 보호종의 포획과 밀거래를 근

절하기 위한 국제적 지원을 강화한다.

> **목표를 달성해야 하는 이유**

인간 활동과 기후 변화가 불러온 생태계 혼란으로 인한 자연재해는 이미 전 세계에 매년 3,000억 달러(약 348조 원)를 넘는 피해를 주고 있습니다. 지속 가능한 형태로 숲을 관리하고, 사막화에 대처하며, 토지 황폐화를 막아야 하며, 그렇지 않으면 더 많은 문제가 일어날 것입니다.

Goal 16. Promote peaceful and inclusive societies for sustainable development, provide access to justice for all and build effective, accountable and inclusive institutions at all levels

지속가능발전을 위한 평화롭고 포용적인 사회 증진, 모두를 위한 정의에의 접근제공, 모든 수준에서 효과적이고 책임성 있고 포용적인 제도 구축

> **세계가 직면하고 있는 주된 과제·문제**

- 전 세계 살인 피해자 수는 2015년 인구 10만 명당 5.9명이었지만 2020년에는 5.6명으로 천천히 줄어들고 있음. 기록된 살인 피해자 10명 중 8명

은 남성이며, 친밀한 파트너나 가족에 의해 살해된 살인 피해자들의 약 60%가 여성과 여자 어린이들입니다.

- 2016년 전 세계에서 파악된 인신매매 피해자 중 30%가 어린이며, 인신매매는 대부분 성적 착취와 강제 노동과 관계가 있습니다.
- 2022년 5월 현재, 분쟁, 폭력, 인권 침해, 박해로 인해 강제로 탈출한 사람들의 수는 1억 명을 넘어섰습니다.
- 2030년까지 전 세계 살인율은 2015년보다 19% 감소하여 인구 10만 명당 약 4.8명으로 예상되지만, 여전히 목표한 '상당한 감소'에는 미치지 못합니다.

세부 목표

16.1 모든 곳에서 모든 형태의 폭력과 그로 인한 사망률을 대폭 감소 시킨다.

16.2 아동을 대상으로 하는 학대, 착취, 인신매매와 모든 형태의 폭력 및 고문을 종식한다.

16.3 국내·국제적 수준에서 법치를 증진하며 모두를 위한 정의에의 평등한 접근을 보장한다.

16.4 2030년까지 불법 자금 및 무기 거래를 대폭 감소시키고, 불법취득 자산의 환수와 반환 조치를 강화하며, 모든 형태의 조직범죄를 퇴치한다.

16.5 모든 형태의 부정부패와 뇌물수수를 대폭 감소시킨다.

16.6 모든 수준에서 효과적이고 투명하며 책무성 있는 제도를 개발한다.

16.7 모든 수준에서의 의사결정이 대응적, 포용적, 참여적, 대의적이 될 수 있도록 보장한다.

16.8 글로벌 거버넌스 제도에서 개발도상국의 참여를 확대하고 강화한다.

16.9 2030년까지 출생 등록을 포함하여 모든 사람에게 법적 지위를 부여한다.

16.10 국내법 및 국제적 합의에 따라, 정보에 대한 대중의 접근을 보장하고 기본적인 자유를 보호한다.

16.a 폭력 예방 및 테러와 범죄 퇴치를 위한 모든 수준, 특히 개발도상국에서의 역량 강화를 위해 국제협력 등을 통해 관련 국내 제도를 강화한다.

16.b 지속 가능 발전을 위한 비차별적 법규와 정책을 증진하고 강화한다.

목표를 달성해야 하는 이유

SDGs를 달성하기 위해서는 모든 사람들이 어떠한 폭력도 당하지 않고, 민족이나 신념, 성적 지향성에 관계없이 안심하고 생활해야 합니다. 각 나라의 정부와 시민 사회, 공동체가 힘을 합쳐 폭력을 줄이고 정의를 실현하여 부패와 싸워야 합니다.

> **Goal 17.** Strengthen the means of implementation and revitalize the Global Partnership for Sustainable Development
> 이행수단 강화, 지속가능발전을 위한 글로벌 파트너십 활성화

세계가 직면하고 있는 주된 과제·문제

- 2021년 공적개발원조(ODA) 총액은 1,776억 달러(약 182조 원)로 2020년보다 3.3% 증가했음. 데이터 및 통계에 대한 공적개발원조는 2020년 6억 5,000만 달러(약 8,716억 원)로 2019년의 6억 6,200만 달러(약 8,877억 원)에 비해 약간 감소했습니다.
- 저소득 국가에서 수출 대비 공공 및 공공 보증 총부채 서비스 비율은 2011년 3.1%에서 2020년 8.8%로 증가했습니다.
- 인터넷 사용자의 수는 7억 8,200만 명이 증가하여 2021년 전 세계 인구의 약 63%인 49억 명에 도달했습니다.
- 해외 송금은 저중소득국의 가난한 가정에게는 매우 중요한 수입원입니다. 2021년 저소득 및 중산층 국가로의 송금 흐름은 2020년보다 8.6%

증가한 6,050억 달러(약 811조 원)에 달했습니다.

세부 목표

Finance 재원

17.1 세금 및 기타 공공 수익 징수 역량 강화를 위해 개발도상국에 대한 국제사회 지원 등을 통해, 국내 재원 동원을 강화한다.

17.2 선진국은 개발도상국에 대한 공적개발원조(ODA) 규모를 국민총소득(GNI) 대비 0.7%까지 확대하고, 최빈국에 대한 공적개발원조를 국민 총소득 대비 0.15-0.20%까지 제공하겠다는 공약 달성을 포함하여 공적개발원조에 대한 약속을 완전히 이행해야 한다. ODA 공여국에게는 최빈국에 대한 공적개발원조 규모를 국민총소득 대비 최소 0.2%를 목표로 설정하도록 고려할 것을 권장한다.

17.3 개발도상국을 위해 다양한 출처로부터 재원을 추가적으로 동원한다.

17.4 적절한 경우 부채조달, 부채탕감, 부채조정을 위한 정책 조율을 통하여 개발도상국이 장기적인 부채 상환 능력(debt sustainability)을 갖출 수 있도록 지원하며, 고채무 빈곤국(HIPC)의 채무 부담을 완화하기 위해 외채 문제에 대응한다.

17.5 최빈국을 위한 투자 증진계획을 채택하고 이행한다.

Technology 기술

17.6 과학, 기술 및 혁신에 대한 남북·남남·삼각협력 등의 대륙 및 국가간 협력과 접근을 강화하고, 글로벌 기술 촉진 메커니즘 활용 및 특히 UN 차원에서 마련된 기존 메커니즘 간의 조정을 개선하여 상호 합의된 조건에 따른 지식공유를 확대한다.

17.7 상호 합의에 의한 양허 및 특혜 조건을 포함하여 개발도상국에게 유리한 조건으로 청정 기술 및 친환경 기술의 개발, 이전, 보급, 활용을 증진한다.

17.8 2017년까지 최빈국을 위한 기술은행과 과학, 기술 및 혁신 역량 강화 메커니즘을 완전히 운용하고, 특히 정보통신기술(ICT)과 같은 구현 기술의 활용을 강화한다.

Capacity-building 역량강화

17.9 모든 지속가능발전목표 이행을 위해 수립된 개발도상국의 국가계획을 지원할 수 있도록 효과적이고 목표 지향적인 역량 강화를 이행하며, 이를 위해 국제사회 지원(남북·남남·삼각 협력 포함)을 강화한다.

Trade 무역

17.10 도하개발 의제의 최종 협상 결과를 포함하여, 보편적이고, 규칙에 기반하며, 개방적이고, 비차별적이며, 공평한 세계무역기구(WTO) 산하 다자무역 체제를 증진한다.

17.11 2020년까지 특히 전 세계 수출량에서 최빈국이 차지하는 비중을 두 배로 늘리기 위해 개발도상국의 수출을 대폭 늘린다.

17.12 최빈국 수입품에 대한 특혜원산지규정이 투명하고 단순하며 시장접근 촉진에 기여하도록 보장함으로써, 세계무역기구(WTO) 원칙에 따라 모든 최빈국에 대해 영구적인 무관세 · 무쿼터 시장접근을 적시에 이행하도록 한다.

Systemic issues 시스템 이슈 / Policy and institutional coherence 정책 및 제도 일관성

17.13 정책 조정과 정책 일관성 등을 통해 글로벌 거시경제의 안정성을 강화한다.

17.14 지속가능발전을 위한 정책 일관성을 강화한다.

17.15 빈곤 퇴치와 지속가능발전을 위한 정책을 수립하고 이행하는데 있어 각국의 정책적 재량과 리더십을 존중한다.

Multi-stakeholder partnerships 다양한 이해관계자 간 파트너십

17.16 모든 국가, 특히 개발도상국의 지속가능발전목표 달성을 지원하기 위해 지속가능발전을 위한 글로벌 파트너십을 강화하며, 지식, 전문성, 기술, 재원을 동원하고 공유하는 다양한 이해관계자 간 파트너십으로 글로벌 파트너십을 보완한다.

17.17 파트너십의 경험과 재원조달 전략을 바탕으로, 효과적인 공공 · 공공–민간 · 시민사회 파트너십을 장려하고 증진한다.

Data, monitoring and accountability 데이터, 모니터링 및 책무성

17.18 2020년까지 최빈국, 군소 도서 개도국을 포함한 개발도상국에 양질의, 시의적절하고, 신뢰 가능하며, 세분화된(소득, 성별, 연령, 인종, 민족, 이주 상태, 장애 여부, 지리적 위치 및 기타 국별 맥락에 따라) 데이터의 가용성을 대폭 향상하기 위해 역량 강화 지원을 확대한다.

17.19 2030년까지 국내총생산(GDP)을 보완해 지속가능발전 정도 측정 방법을 개발하기 위해 기존의 이니셔티브를 기반으로 하며, 개발도상국의 통계역량 강화를 지원한다.

목표를 달성해야 하는 이유

SDGs는 모든 국가에 '단 한 사람도 소외되지 않기' 위한 행동을 요구합니다. 선진국과 개발도상국 모두가 참여해야 하며 SDGs를 달성하기 위해서는 각 나라와 정부와 시민 사회, 과학자, 학계, 민간 부문이 모두 힘을 합쳐야 합니다.

Check Point 2.
K-SDGs 세부 목표

1-1 남녀노소, 장애 여부 등과 관계없이 빈곤인구 비율을 OECD 평균 이하 수준으로 줄인다.
1-2 사회보장제도의 사각지대를 최소화하고, 빈곤층과 취약계층에 대한 실질적 보장을 달성한다.
1-3 빈곤층과 취약계층에 사회서비스 제공을 강화한다.
1-4 빈곤층과 취약계층의 경제·사회·환경적 충격 및 재난에 대한 노출을 감소하고, 회복력을 강화한다.

2-1 취약계층에 대한 식량 접근성을 안정적으로 보장한다.
2-2 농가 소득원을 다각화하고, 경영 안전망을 확충하여 농가 소득 증대를 도모한다.
2-3 지속 가능한 식량생산체계를 구축한다.
2-4 종자, 작물, 가축과, 그와 관련된 재래종과 야생종의 유전적 다양성을 유지한다.
2-5 식량작물의 가격, 변동성을 줄여 식료품 시장 안정화를 도모한다.

목표 3. 건강하고 행복한 삶 보장

3-1 (신규) 만성질환의 위험요인 관리와 건강보장을 확대한다.
3-2 정신건강을 증진하고 약물 오남용을 예방한다.
3-3 교통사고 등 각종 인명사고로 인한 사망과 신체 손상을 예방한다.
3-4 감염병의 예방과 관리를 위해 노력한다.
3-5 모성의 건강을 보호하고 증진한다.
3-6 아동의 건강을 보호하고 증진한다.
3-7 유해화학물질, 대기, 물, 토양오염으로 인한 사망과 질병을 줄인다.
3-8 (신규) 대한민국의 저출생 극복과 인구 고령화를 대비한다.
3-9 (신규) 공공보건 의료 서비스를 확대하여 보편적 의료보장을 달성한다.

목표 4. 모두를 위한 양질의 교육

4-1 모든 아동이 성별과 장애 유무에 관계없이 적절하고 효과적인 학습 성과를 거둘 수 있도록 양질의 무상 초등·중등교육의 평등한 이수를 보장한다.
4-2 모든 아동에게 양질의 영유아 보육 및 교육 서비스의 이용 기회를 보장하여 초등교육에 대비한다.
4-3 모든 학습자들에게 성별과 장애 유무에 관계없이 적정, 비용으로 가능한 양질의 기술교육, 직업교육 및 대학교육을 포함한 고등교육에 대해 평등한 접근을 보장한다.

4-4 취업, 양질의 일자리, 창업 활동에 필요한 전문 기술 및 직업기술 등 적절한 기술을 가진 청소년 및 성인의 수를 실질적으로 증대한다.
4-5 교육에서의 성 불평등을 해소하고, 장애인, 이주민, 취약 상황에 처한 아동 등 취약계층이 모든 수준의 교육과 직업훈련에 평등하게 접근할 수 있도록 한다.
4-6 모든 청소년과 다수의 성인이 문해 및 산술 능력을 갖추도록 한다.
4-7 지속가능발전, 인권, 성 평등, 평화와 비폭력 문화 확산, 세계시민의식, 문화 다양성 존중과 지속가능발전을 위한 문화의 기여 등에 대한 교육을 통해 모든 학습자들이 지속가능발전을 증진하기 위한 지식과 기술을 습득할 수 있도록 한다.
4-8 아동, 장애인, 성별을 고려한 교육 시설을 건립·개선하고, 안전하고 비폭력적이며, 포용적이고 효과적인 학습환경을 제공한다.
4-9 포용적이고 양질의 교육을 위해 모든 교육 단계에서의 충분한 교육 재정을 확보한다.
4-10 모든 교육 단계에서 양질의 교육을 제공하기 위한 교사를 충분히 확보한다.

목표 5. 성평등 보장

5-1 여성과 소녀를 대상으로 하는 모든 형태의 차별을 철폐한다.
5-2 모든 여성과 소녀에 대해 모든 영역에서의 인신매매, 성적 착취 등의 폭력을 철폐한다.
5-3 무보수 돌봄과 가사노동에 대해 인정하고 가치를 부여한다.
5-4 정치·경제 공적 생활의 모든 의사결정 수준에서 여성의 완전하고

효과적인 참여와 리더십을 위해 평등한 기회를 보장한다.
5-5 모두가 출생 관련 건강 및 권리에 보편적으로 접근할 수 있도록 보장한다.
5-6 여성 권한 강화를 위해 핵심기술, 특히 정보통신기술에 대한 접근을 확대한다.
5-7 모든 수준에서 성 평등 및 모든 여성과 소녀의 권한 강화를 위한 견실한 정책과 법을 채택하고 증진한다.

 ## 목표 6. 건강하고 안전한 물관리

6-1 모두를 위한 안전한 식수를 공평하게 공급한다.
6-2 (신규) 물공급 취약지역을 포함한 거주 지역에 관계없이 충분하고 공평한 하수도 서비스를 제공한다.
6-3 (신규) 물 순환 개선, 물 재이용 활성화, 수질오염 감소, 유해 화학물질 및 위험 물질 방류 최소화를 통해 수질개선과 수생태계 건강성을 제고한다.
6-4 물 부족 걱정이 없도록 물공급을 안정화하고, 누수 없는 수돗물 공급으로 수자원의 효율화를 추구한다.
6-5 (신규) 수질오염 총량제를 통한 통합적 수질관리를 이행한다.
6-6 수생태계(습지, 강, 대수층, 호수)를 보호하고 복원한다.
6-7 건강하고 안전한 물관리를 위해 지역공동체 참여를 지원하고 강화한다.

목표 7. 에너지의 친환경적 생산과 소비

7-1 에너지 서비스에 대해 안정적이고 적정한 접근을 보장한다.
7-2 국가 에너지원에서 청정에너지 발전을 증대한다.
7-3 에너지를 절약하고 에너지 효율을 향상시킨다.
7-4 (신규) 운송 분야의 에너지 소비로 인한 대기오염을 최소화한다.

목표 8. 좋은 일자리 확대와 경제성장

8-1 모두가 행복해지는 경제성장을 한다.
8-2 좋은 일자리 창출을 위한 정책을 강화한다.
8-3 자원을 효율적으로 활용하여 경제성장으로 인한 환경훼손을 억제한다.
8-5 동일한 가치노동에 대해 동일한 임금을 지급한다.
8-6 청년 고용률을 증가시킨다.
8-7 모든 근로자의 권리를 보호하고 안전하고 건강한 근로 환경을 조성한다.
8-8 지속 가능한 관광진흥 정책의 개발과 이행을 통해 일자리 창출에 기여한다.

 ## 목표 9. 산업의 성장과 혁신 활성화 및 사회기반 시설 구축

9-1 대다수 국민에게 복지 서비스 와 정보 접근이 안정적으로 제공될 수 있도록 노력한다.

9-2 산업의 다양성을 추구하고 지속 가능한 기업 활동의 기반 마련을 통해 산업 경쟁력을 확보한다.

9-3 (신규) 기술 역량을 구축하고 고도화된 기술 상용화를 촉진하여 국제 경쟁력을 강화한다.

9-4 국가 연구인력과 자본을 확충하고 적절한 연구의 기획과 실행을 통해 국가 경제성장에 기여한다.

9-5 환경친화적인 산업 활동과 기술 혁신을 통해 자원 효율성이 높은 산업화를 추구한다.

 ## 목표 10. 모든 종류의 불평등 해소

10-1 하위 40% 인구의 가처분소득 증가율을 국가 평균보다 높은 수준으로 달성하고 유지한다.

10-2 나이, 성별, 장애 여부, 지위 등과 관계없이 모든 사람에 대한 사회·경제·정치적 포용성을 확대한다.

10-3 나이, 성별, 장애 여부에 따른 차별적 대우를 철폐하여 공정한 기회를 제공한다.

10-4 재정정책, 임금정책, 사회 보호 정책을 강화하여 더 높은 수준의

평등을 달성한다.

10-5 이주민들에 대한 이주정책 이행 등을 통해 안정적이고 질서가 확립된 이주와 이동을 제공한다.

 ## 목표 11. 포용적이며 안전하며 회복력 있는 도시와 주거지 조성

11-1 적절하고 부담 가능한 가격의 주택과 기본 서비스에 대한 접근을 보장하고, 노후 주거지의 환경을 개선한다.

11-2 안전하고 부담 가능한 가격의 교통 시스템을 제공하고, 특히 여성, 아동, 장애인, 노인 등 취약계층을 고려한 대중교통을 확대한다.

11-3 도시의 포용성과 지속가능성을 제고하며, 주거지에 대한 참여적, 통합적 계획 및 관리 역량을 강화한다.

11-4 세계 유산을 보호하고 보존하기 위한 노력을 강화한다.

11-5 재난으로 인한 인명피해와 경제적 손실을 현저히 감소시키며 통합적 도시재난 위기관리를 개발, 이행한다.

11-6 대기질 및 폐기물 관리 등 도시가 가지는 부정적인 환경영향을 감소시킨다.

11-7 여성, 아동, 장애인, 고령자를 포함한 모든 이에게 공공녹지공간으로의 안전하고 용이한 접근을 보장한다.

11-8 도시, 도시근교 및 농촌지역 간 경제, 사회, 환경적 연계를 지원하기 위하여 국토 및 도시계획을 강화한다.

목표 12. 지속 가능한 생산과 소비

12-1 (신규) 지속 가능한 소비와 생산에 관한 통합적인 국가정책을 수립하고 이행한다.
12-2 모든 자원을 지속 가능하게 관리하고 효율적으로 사용한다.
12-3 식품의 생산과 유통, 폐기 과정에서 발생하는 식품 손실을 감소시킨다.
12-4 화학물질과 유해 폐기물의 친환경적 관리를 통해 인간의 건강을 보호하고 환경오염을 예방한다.
12-5 폐기물의 원천 예방과 감량, 재사용과 재활용을 통해 폐기물 발생을 감소한다.
12-6 기업의 지속 가능 경영활동을 관리하고 지원을 확대한다.
12-7 녹색 제품 인증 및 녹색 구매의 확대를 통해 지속 가능한 녹색소비를 촉진한다.
12-8 (신규) 모든 국민이 지속 가능발전에 대한 의식을 갖도록 환경교육 참여 기회를 확대한다.
12-9 (신규) 플라스틱이 선순환하도록 재생 플라스틱의 활용을 증가시키고, 친환경 재료 개발을 통해 플라스틱의 환경 유출을 방지한다.
12-10 지속 가능한 관광 측정지표 개발을 통해 환경보전에 기여한다.
12-11 화석연료 보조금을 단계적으로 철폐한다.

목표 13. 기후변화와 대응

13-1 기후변화로 인해 예상되는 위험을 감소시키고, 자연재해에 대한 회복 및 적응 능력을 강화한다.

13-2 기후변화에 대한 조치계획을 국가 및 지방정책 등에 반영하도록 노력한다.

13-3 기후변화 완화, 적응, 영향 감소, 조기 경보 등에 관한 교육, 인식 제고, 인적·제도적 역량을 강화한다.

13-4 (신규) 지구의 온도 상승을 산업화 이전 수준에 비하여 2℃ 보다 아래로 유지하고 더 나아가 온도 상승을 1.5℃까지 제한하도록 노력한다.

목표 14. 해양생태계 보전

14-1 육상과 해상의 오염물질로부터 해양 환경 보전을 위한 관리체계를 확립한다.

14-2 바다의 생태환경과 수산자원의 서식처를 적극적으로 관리한다.

14-3 과학기술 협력 강화 등을 통한 해양 산성화에 의한 영향을 최소화한다.

14-4 수산자원을 지속 가능하게 관리하고 과도한 어업을 지양한다.

14-5 해양생태계의 체계적인 보전과 현명한 이용을 위해 해양보호구역

지정 면적을 확대한다.
14-6 해양자원의 지속 가능한 이용을 통해 경제적 이익을 확보한다.
14-7 해양과학 연구역량 제고와 해양과학기술 이전을 확대한다.
14-8 소규모 영세어업인의 안정적 어업행위를 지원한다.

목표 15. 육상생태계 보전

15-1 육상과 내륙 담수의 생태계 다양화를 위해 보전과 복원 활동을 활성화한다.
15-2 산림파괴 중단, 황폐화된 산림복원 등 지속 가능한 산림경영을 강화한다.
15-3 가뭄·홍수·개발 등으로 황폐화된 토지를 복원하기 위해 노력한다.
15-4 생물 다양성 손실을 예방하기 위해 멸종 위기종을 보호한다.
15-5 국제적 합의에 따라 유전자원 활용에 따른 이익이 공평하고 동등하게 공유되도록 노력한다.
15-6 동식물 보호종의 포획과 밀거래를 없애도록 노력한다.
15-7 침입 외래종의 유입을 예방하고 이들이 육지 및 수중 생태계에 미치는 영향을 줄이기 위한 조치를 취한다.
15-8 (신규) 개발사업 등 인간활동으로 단절된 생태축의 복원과 생태네트워크유지·관리를 위해 노력한다.

 ## 목표 16. 평화 · 정의 · 포용

16-1 모든 형태의 폭력 및 폭력으로 인한 사망률을 대폭 감소시킨다.
16-2 아동에 대한 학대, 착취, 매매 및 모든 형태의 폭력과 고문을 종식한다.
16-3 국내 · 국제적 차원에서 법치를 증진하며 정의에 대한 평등한 접근을 모두에게 보장한다.
16-4 불법 자금 및 무기 거래를 감소시키고, 불법 취득 자산의 환수와 반환조치를 강화하며, 모든 형태의 조직범죄를 퇴치한다.
16-5 부정부패와 뇌물수수를 감소시킨다.
16-6 효과적이고 책임감 있는 정부 정책과 제도를 수립 · 이행한다.
16-7 포용적이며 사회 각계각층의 시민참여도가 높은 의사결정을 보장하고 정보에 대한 대중의 접근을 향상시킨다.
16-8 모든 사람에게 출생등록을 포함하여 법적 지위를 부여한다.
16-9 국내법과 국제협정에 따라 정보에 대한 대중의 접근을 보장하고, 기본적 자유를 보호한다.
16-10 개도국 내 폭력, 테러 및 범죄 퇴치를 위한 공공기관의 역량 강화를 위해 국제협력을 강화한다.
16-11 차별을 지양하기 위한 법과 정책을 수립하고 시행한다.
16-12 디지털 인권의 보호를 강화한다.
16-13 (신규) 평화와 번영을 위한 남북한 협력을 증진한다.

목표 17. 지구촌 협력 강화

17-1 개도국의 SDGs 이행지원에 필요한 재원을 확대한다.
17-2 다자무역 체제를 촉진하고 개도국의 교역 및 투자 증대를 지원한다.
17-3 개도국의 과학기술혁신 시스템 강화를 지원한다.
17-4 개발도상국의 SDGs 이행 국가계획 역량과 국제사회 지원을 강화한다.
17-5 지속가능발전을 위한 정책일관성을 강화한다.
17-6 개도국의 지속가능발전을 위한 다양한 글로벌 파트너십을 강화한다.
17-7 효과적인 공공, 공공-민간 및 시민사회 간 파트너십을 권장하고 촉진한다.

『무궁화는 통꽃으로 평화와 번영, 포용과 협력을 상징한다.』

🌺 다시! 지속가능발전 기본법

2021년 12월 9일, 국회는 지속가능발전 기본법을 찬성 190, 반대 1, 기권 10으로 의결하였다. 만장일치에 가까운 합의였다.

지속가능발전 기본법은 2010년 1월 일반법으로 격하된 후 12년 만에 다시 기본법으로 상향 조정된 것이다.

2015년 9.25일 유엔 정상 회의에서 반기문 UN 사무총장을 비롯한 193개 회원 국가 정상들의 만장일치로, 2016년부터 2030년까지 앞으로 15년간 더 나은 지구 사회와 환경을 만드는 지속가능발전목표가 선정되었다.

21015년 70차 유엔정상회의 사진출처: UN Photo, Cia Pak

온 인류의 공동 비전인 '지속가능발전목표'가 선정된 지 9년이 지났다. 이제 우리는 본격적으로 정부 정책, 시민운동, 기업 경영, 청년 시대정신에 이르기까지 국가 지속가능발전 실행력을 높이고 국제 사회의 신뢰도를 높여야 한다. 더 나아가 지속가능발전목표 추진에 있어 모범국가가 되도록 노력해야 할 것이다. 지속가능발전목표를 주도한 반기문 유엔사무총장의 특별자문인 제프리 삭스는 한국을 위한 조언으로 "SDGs를 국가 정책에 적극 반영하면 국민의 행복도를 높이고 한국의 국가 경쟁력도 키울 수 있다"고 강조했다.

지속가능발전 기본법은 국정의 비전과 철학으로 지속가능발전을 규정하고 있다. 환경부 산하에 있었던 지속가능발전 위원회를 대통령 직속으로 상향 조정하였다. 지방 지속가능발전 위원회의 설치와 활동을 구체적으로 명시하고 있다. 중앙정부에 추진단 구성과 지속가능성 평가 보고서 발간, 국가와 지방의 SDGs의 설정과 피드백 체계를 설정하였다. 지속가능발전 교육홍보 확대, 지속가능발전 연구센터 지정과 운영 등의 규정을 보완하였다. 지속가능발전 기본법은 국가 지속가능발전 목표 수립과 이행 과정에 협치를 통한 국민의 참여를 명문화하고 숙의 공론을 법안에 포함하였다. 이제 대한민국 정치는 반목과 대립, 정쟁을 중단해야 한다. 온 국민이 대한민국 지속가능발전목표를 중심으로 하여 한마음으로 정진하도록 해야 할 것이다.

국가 지속가능발전에 여야가 따로 없는 것이다. 대한민국이 총체적 국난을 극복하고 세계 평화와 온 인류의 행복을 선도하는 선진 국가가 되도록 모두가 함께 노력해야 할 것이다. 지속가능발전목표를 향한 한마음, 이것이 우리 대한민국의 희망이다.

지속가능발전기본법은 국가법령정보센터(www.law.go.kr), 국가지속가능발전포털(www.ncsd.go.kr/law)에서 다운로드할 수 있다.

〈홍단심:고주몽/무궁화연대〉

지속가능발전 기본법의 개요와 주요내용

I. 개요

◎ **제명** 『지속가능발전 기본법』

◎ **배경** 지속가능발전 관련 국제적 합의를 성실히 이행하고, 우리나라의 지속가능발전을 촉진하기 위하여 그 추진근거 및 제도적 기반 마련 필요

◎ **목적** 경제·사회·환경의 균형과 조화를 통하여 지속가능한 경제 성장, 포용적 사회 및 기후·환경 위기 극복을 추구함으로써 국가와 지방 나아가 인류사회의 지속가능발전을 실현

◎ **주요개념** ①지속가능성, ②지속가능발전, ③지속가능발전목표, ④국가지속가능발전목표 등

[참고] 국내외 지속가능발전목표(SDGs)

① 지속가능성: 현재 세대의 필요를 충족시키기 위하여 미래 세대가 사용할 경제·사회·환경 등의 자원을 낭비하거나 여건을 저하시키지 아니하고 이들이 서로 조화와 균형을 이루는 것

② 지속가능발전: 지속가능한 경제 성장과 포용적 사회, 깨끗하고 안정적인 환경이 지속가능성에 기초하여 조화와 균형을 이루는 발전

③ 지속가능발전목표: 2015년 국제연합(UN; United Nations) 총회

에서 채택한 지속가능발전을 달성하기 위한 17개의 목표

④ 국가 지속가능발전목표: 지속가능발전목표와 국내 경제적·사회적·환경적 여건 및 지역적 균형에 대한 고려 등을 반영하여 국가기본전략으로 수립하는 국가목표

◎ **의의** 지속가능발전과 관련된 주요한 국제기준을 법률에 명시함으로써 우리나라의 지속가능발전 지향점을 제도화

입법 추진경과

▶ 「지속가능발전 기본법」 최초 제정('07. 8.)
▶ 「저탄소 녹색성장 기본법」 제정('10. 1.) 후 '녹색성장'이 '지속가능발전'의 상위개념으로 다루어지면서 「지속가능발전 기본법」의 역할 축소
   ※ 「지속가능발전 기본법」을 「지속가능발전법」으로 개정('10. 1.)
▶ 경제·사회·환경 전반의 지속가능성 제고 필요성에 대한 지속적 문제 제기
   ※ 지속가능한 사회를 위한 녹색전환 기본 법안(한정애 의원, '20. 12.), 지속가능발전 기본 법률안(김병욱 의원, '21. 5.) 입법안 제시
▶ 「지속가능발전 기본법」 재제정('22. 1.) 및 시행('22. 7.)

> **참고** **국내외 지속가능발전목표(SDGs)**

UN 지속가능발전목표(UN SDGs)

◎ **배경** 2015년 UN 지속가능개발 정상 회의에서 2030년까지 인류 공동의 목표로서 '지속가능발전목표'(SDGs; Sustainable Development Goals) 달성을 결의

◎ **의의** 지속가능발전의 개념을 포괄적·적극적으로 해석, 그 이행을 각국의 선택사항이 아닌 인류 공동의 목표·의무로 전환

◎ **개요** '미래 세대의 발전을 저해하지 않으면서 현재 세대의 필요를 충족 시키는 발전'의 원칙 [1]을 달성하기 위한 국제사회 공동의 목표체계

◎ **구성** 17개 목표 아래 169개 세부 목표, 232개 지표로 구성

◎ **목표 시기** 2030년(2016~2030년, 15년 단위)

국가지속가능발전목표(K-SDGs)

◎ **배경** UN SDGs와 연계하되 국내 여건을 반영하여 사회·환경·경제 등 전 분야를 포괄하는 지속가능발전목표로서 K-SDGs 마련

◎ **의의** 지속가능발전을 위한 국제사회의 노력에 동참, 특정 분야에 치우

---

[1] 세계환경개발위원회(WCED; World Commission on Environment and Development)의 보고서 '우리 공동의 미래'(Our Common Future, 1987) 중 '지속가능개발'(Sustainable Development)에 대한 표현으로, 원문은 "it meets the needs of the present without compromising the ability of the future generations to meet their own needs". 이를 차용하여 법 제2조 제1호 '지속가능성' 정의

치지 않고 경제·사회·환경 등 전 분야를 균형 있게 고려

◎ **개요** '포용과 혁신을 통한 지속가능 국가 실현'의 비전 및 '사람', '번영', '환경', '평화·협력' 등 4대 전략 달성을 위한 목표 체계 구성[2]

◎ **구성** 17개 목표 아래 169개 세부 목표, 232개 지표로 구성

◎ **목표 시기** 2040년(2021~2040년, 20년 단위)

【UN 지속가능발전목표(UN SDGs) - 국가지속가능발전목표(K-SDGs) 비교】

NO	UN 지속가능발전목표(UN SDGs)	국가지속가능발전목표(K-SDGs)
1	모든 곳에서 모든 형태의 빈곤 종식	빈곤층 감소와 사회안전망 강화
2	기아 종식, 식량안보 달성, 개선된 영양 상태의 달성과 지속가능한 농업 강화	식량안보 및 지속가능한 농업 강화
3	모든 연령층을 위한 건강한 삶 보장과 웰빙 증진	건강하고 행복한 삶 보장
4	포용적이고 공평한 양질의 교육보장과 모두를 위한 평생학습 기회 증진	모두를 위한 양질의 교육
5	성평등 달성과 모든 여성 및 여아의 권익신장	성평등 보장
6	물과 위생의 이용가능성과 지속가능한 관리 보장	건강하고 안전한 물관리
7	적정가격의 신뢰할 수 있고 지속가능하며 현대적 에너지에 대한 접근 보장	에너지의 친환경적 생산과 소비

---

2) '제4차 지속가능발전 기본계획 2021~2040'(관계부처 합동, 2020)에 따른 '비전-전략-목표-(세부목표)' 체계

8	지속적·포용적·지속가능한 경제성장, 완전하고 생산적인 고용과 양질의 일자리 증진	좋은 일자리 확대와 경제성장
9	회복력 있는 사회기반시설 구축, 포용적이고 지속가능한 산업화 증진과 혁신 도모	산업의 성장과 혁신 활성화 및 사회기반시설 구축
10	국내 및 국가간 불평등 감소	모든 종류의 불평등 해소
11	포용적이고 안전하며 회복력 있고 지속가능한 도시와 주거지 조성	지속가능한 도시와 주거지 조성
12	지속가능한 소비와 생산 양식의 보장	지속가능한 생산과 소비
13	기후변화와 그로 인한 영향에 맞서기 위한 긴급대응	기후변화와 대응
14	지속가능발전을 위하여 대양, 바다, 해양 자원의 보전과 지속 가능한 이용	해양생태계 보전
15	육상생태계 보호·복원·지속가능한 이용 증진, 지속가능한 산림 관리, 생물다양성 보전	육상생태계 보전
16	평화롭고 포용적인 사회 증진, 정의 보장 및 포용적인 제도 구축	평화·정의·포용
17	이행수단 강화와 지속가능발전을 위한 글로벌 파트너십 재활성화	지구촌 협력 강화

Ⅱ. 주요 내용

1. 기본 원칙

◎ **기본 원칙** 법률의 목적 및 내용의 근간이 되는 7대 기본 원칙 명시

- 국제적 지속가능발전목표 달성을 위해 국내 이행 강화를 규정

> 1. 국제적 규범 및 합의사항의 준수·이행, 지속가능발전목표 실현 노력
> 2. 조화로운 발전에 미치는 영향을 종합적으로 고려한 정책 및 계획 수립
> 3. 혁신성장을 통한 기술·지식 생산, 양질의 일자리 창출이 가능한 경제

체제 구축
4. 사회적 불평등 해소 및 세대 간 형평성을 추구하는 포용적 사회제도 구축
5. 생태학적 기반 보호 및 자원순환·환경보전 촉진
6. 지속가능발전 정책의 수립·시행 과정에 이해당사자·전문가·국민의 참여 보장
7. 전 지구적 차원의 지속가능발전목표 실현을 위한 국제적 협력 강화

2. 추진체계

◎ **기본 전략** 정부는 20년을 단위로 지속가능한 발전을 위한 비전·목표, 달성을 위한 전략·원칙 등*을 담은 '지속가능발전 국가 기본 전략' 수립

*고려 사항: ①양질의 일자리, 경제발전, ②지속가능한 사회기반시설 개발 및 산업 경쟁력 강화, ③지속가능한 생산·소비 및 도시·주거, ④빈곤퇴치, 건강·행복 및 포용적 교육, ⑤불평등 해소와 양성평등 및 세대 간 형평성, ⑥기후 위기 대응과 청정에너지, ⑦생태계 보전과 국토·물 관리, ⑧지속가능한 농수산·해양 및 산림, ⑨국제 협력 및 인권·정의·평화 등

- 지방자치단체의 장은 국가 기본 전략과 조화를 이루되 지역적 특수성을 고려하여 20년 단위의 '지속 가능발전 지방 기본 전략' 수립

- 각 기본 전략은 경제적·사회적·환경적 여건의 변화 등을 고려하여 5년마다 전반적으로 재검토 및 정비

◎ **추진계획** 중앙행정기관장은 국가 기본 전략을 추진하기 위하여 5년 마

다 지속가능발전 시책 중 소관 분야 사항을 포함한 '중앙추진계획' 수립·이행

- 지방자치단체의 장은 지방 기본 전략을 추진하기 위하여 5년마다 '지방추진계획' 수립·이행

◎ **위원회** 지속가능발전을 효율적으로 추진하기 위하여 대통령 소속 '지속가능발전 국가위원회'를 설치하여 자문 및 정책 심의

*국가위원회의 주요 심의 대상: ①국가 기본 전략의 수립·변경, ②중앙추진계획의 수립·변경 및 이행점검, ③각 추진계획의 협의·조정, ④정책 의견 제시, ⑤제·개정 법령 및 행정계획 검토, ⑥국가지속가능발전지표의 개발·보급 및 국가 지속가능성 평가, ⑦국가 보고서의 작성 및 공표, ⑧이해관계자 협력 및 사회갈등 조정·협치 등

- 지방자치단체는 단체장 소속의 '지속가능발전 지방위원회'를 설치

※ 단, 기초자치단체는 해당 지방의 실정에 맞추어 지방위원회 설치 가능

3. 지속가능발전 시책

◎ **구성체계** 지속가능발전 국가 기본 전략을 구성하는 17개 국가지속가능발전목표를 5P 분류체계에 따라 4개 시책, 즉 ①지속가능한 경제성장, ②포용적 사회 구현, ③생태·환경 및 기후 위기 대응, ④이해관계자 협력 등으로 구분하고 각 시책의 구체적 방향성 규정

5P	국가지속가능발전목표(K-SDGs)	시책
번영 (Prosperity)	8 좋은 일자리와 경제 성장 9 산업의 성장과 혁신 활성화 및 사회기반시설 구축 10 모든 종류의 불평등 해소 12 지속가능한 생산과 소비	지속가능한 경제 성장 제23조
사람 (People)	1 빈곤층 감소와 사회안전망 강화 2 식량안보 및 지속가능한 농업 강화 3 건강하고 행복한 삶 보장 4 모두를 위한 양질의 교육 5 성평등 보장 11 지속가능한 도시와 주거지	포용적 사회 구현 제24조
환경 (Planet)	6 건강하고 안전한 물관리 7 에너지의 친환경적 생산과 소비 13 기후변화와 대응 14 해양생태계 보전 15 육상생태계 보전	생태·환경 및 기후위기 대응 제25조
평화(Peace) 협력(Partnership)	16 평화·정의·포용 17 지구촌 협력 강화	이해관계자 협력 제26조

◎ **시책1** 지속가능한 경제 성장(제23조)

- 지속가능한 경제구조로의 단계적 전환 및 전환 과정에서 발생하는 고용불안 해소
- 삶의 질 향상을 위한 양질의 일자리 창출, 안전하고 건강한 근로환경 조성
- 기업의 혁신 촉진 및 지속가능 경영활동(경제적 수익성, 사회적 책임성, 환경적 건전성) 지원
- 차별 철폐, 소득 및 사회적 불평등 해소를 위한 재정·임금·사회보장에 관한 시책 추진
- 자원 생산성 제고(자원 절약 및 효율적 이용 등)를 위한 조세 및 금융제도

개편
- 자연환경자산 및 문화자산 등을 조화롭게 보존·복원·이용, 지역의 사회적 가치 존중
- 사회기반시설(교통·도로·항만·상하수도·녹지 등)의 지속가능성 확보와 접근성 강화

◎ **시책2** 포용적 사회 구현(제24조)

- 사회적 문제와 갈등 및 불평등 심화 등을 사전에 예측하고 이에 대한 대응 방안 마련
- 빈곤층·취약계층을 보호할 수 있는 사회서비스 제공 강화 및 사회안전망 구축
- 안전한 농산물과 품질 좋은 식품의 안정적 공급, 지속가능한 식량생산 체계 구축
- 양질의 보건서비스 제공, 보편적 의료 보장 강화
- 교육 접근성 보장, 양질의 교육환경을 제공하는 등 포용적이고 공평한 교육 시책
- 정치·경제·사회·문화의 모든 영역에서 양성평등을 실현
- 재난에 대응할 수 있는 안전한 도시와 주거지를 조성

◎ **시책3** 생태·환경 및 기후위기 대응(제25조)

- 기후변화로 인한 자연재해, 물 부족, 수질악화 및 수 생태계 변화에 효과적으로 대응

- 친환경 에너지 보급, 합리적·효율적 에너지 이용, 에너지 소비로 인한 환경 피해 저감
- 지구 온도 상승을 낮은 수준으로 유지하기 위한 노력, 기후변화에 대한 대응 역량 강화
- 해양 생태계를 보전함으로써 해양 및 해양수산자원을 지속가능하게 이용
- 육상생태계의 보전·관리와 생물 다양성의 확보 및 생물자원의 지속가능한 이용을 도모
- 황폐화된 토지와 산림의 복원을 비롯하여 산림의 공익기능을 유지·증진

◎ **시책4** 이해관계자 협력(제26조)

- 국가와 지방자치단체, 국가위원회와 지방위원회가 상호 긴밀하게 협력
- 법치 증진, 정의(사법제도)에 대한 평등한 접근 제공, 폭력·부정부패를 예방, 인권 존중
- 지속가능발전을 위한 다양한 국내외 조직·활동에 대하여 행정적·재정적 지원
- 외국 및 국제기구 등과 정보교환, 기술협력 및 표준화, 공동조사·연구 등 국제협력 도모
- 개발도상국의 지속가능발전에 협력함으로써 국제사회에서 국가의 위상을 제고

4. 지속가능성 평가

◎ **지속가능발전 지표** 국가 및 지방자치단체는 지속가능발전목표를 반영하여 국가 및 지방 차원의 '지속가능발전지표' 개발·보급

◎ **지속가능성 평가** 국가위원회 및 지방위원회는 지속가능발전지표에 따라 2년마다 국가 및 지방자치단체의 지속가능성 평가

◎ **지속가능발전 보고서** 국가국위원회는 2년마다 중앙추진계획 추진 상황 점검 결과와 국가 지속가능성 평가 결과를 종합하여 '지속가능발전 국가 보고서' 작성 및 대통령 보고 후 공표

- 지방위원회는 2년마다 지방 추진 계획의 추진 상황 점검 결과와 지방 지속가능성 평가 결과를 종합하여 '지속가능발전 지방 보고서' 작성 및 지방자치단체의 장 제출 후 공표

5. 보칙

◎ **정보 보급** 국민이 쉽게 접근할 수 있는 방식으로 관련 지식·정보 보급

- 지속가능발전 관련 지식·정보의 원활한 보급 등을 위하여 '지속가능발전정보망' 구축·운영

- 지속가능발전 정보망의 효율적 구축·운영 및 조사·연구 등을 위하여 '국가 지속가능발전 연구센터' 지정·운영

◎ **교육·홍보** 지속가능발전에 관한 교육·홍보를 확대함으로써 국민이

지속가능발전 정책·활동에 참여하고 실천할 수 있도록 지원

◎ **국민 의견 수렴** 지속가능발전목표 추진 과정에서 다양한 이해관계자들이 참여하는 의견수렴의 장으로서 '숙의 공론화장' 마련

◎ **기타** 외국 정부 또는 국제기구에서 도입하려는 지속가능발전 관련 제도·정책 동향 및 정보를 수집·조사·분석하여 국제규범 대응 등

참고 자료

▷ 한국환경연구원 「KEI 포커스」, '대전환의 시대: 지속가능 사회를 향한 새로운 출발'('22. 5. 15.)

▷ 한국소비자원 「소비자 정책동향 제119호」, '지속가능발전 기본법 제정과 소비자 정책적 시사점'('22. 2. 28.)

▷ 환경부, '제4차 지속가능발전 기본계획(2021~2040)'('21. 2. 16.)

▷ 환경부, '유엔 지속가능 발전목표(UN Sustainable Development Goals)'('19. 4. 24.)

Check Point 3.
UN 공동의 비전과 다시 피어나는 무궁화

🌺 모두를 포용하는 지속 가능 국가

"지속가능발전은 자연과 사람간의 관계를 상호공생의 관계로 발전시키고, 사람과 사람간의 관계도 공정하며 상생하는 관계로 변화시키는 발전입니다. 그래서 지속가능발전은 포용의 가치를 추구하는 발전입니다. 이것을 지속가능주의라 할 수 있을 것이고 지속가능주의는 진보와 보수 가치를 모두 포괄하는 포용가치라 할 수 있을 겁니다. 그리고 좋은 정치를 통하여 적정한 삶의 질을 현재와 미래에 지속적으로 유지하며 행복한 삶을 누리는 발전을 하자는 것입니다."

지속가능발전 위원회 문태훈 위원장이 국가 지속가능발전목표 수립 보고서에서 한 이야기다.

지속가능발전목표는 개별 국가들의 시민사회, 기업, 연구소 등 다양한 집단의 사람들이 과정에 참여하여 의견들을 제시하였고 실제로 지속가능발전목표의 내용과 형식을 구성하는 데 영향을 주었다. 지속가능발전목표의 새로운 정신은 '어느 누구도 소외되지 않는 것[No one will be left behind]'이다.

지속가능발전목표는 선진국의 역할과 책임을 구체적으로 포함하여 개발도상국과 선진국들이 함께 공동의 책임감을 가질 수 있도록 하였다. 지속가능발전목표에는 사회개발 및 경제개발, 환경보호, 정의를 실현하고 민주주의를 달성할 수 있는 사회를 만들기 위한 포괄적이고 범위가 넓은 목표가 포함되었다.

대한민국 국가-지속가능발전목표(K-SDGs)는 이러한 UN의 지속가능발전목표를 기반으로 한다. 대한민국도 '어느 누구도 소외되지 않는 것.'이라는 UN의 새로운 정신을 바탕으로 모두를 포용하는 국가 지속가능발전목표를 수립한 것이다.

지속가능발전목표의 핵심은 '사람'에 관한 것, '번영'에 관한 것, '환경'에 관한 것, '평화'에 관한 것, '협력'에 관한 것이다.

모두를 포용하는 지속가능 대한민국이 되려면 정부와 국민이 한마음이 돼야 한다. 무엇보다 중요한 것은 이제 새로운 시대의 패러다임으로 전환이 되어야 한다.

아직도 산업화 시대의 패러다임으로 물질 위주의 가치를 추구한다면 이는 시대정신과 역행하는 것이다. 정부도 마찬가지다. 아직도 구시대적 패러다임으로 정치를 하고 있지는 않은지 재 점검하고 새로운 패러다임으로 새로운 정책을 펼쳐 새로운 시대를 열어야 할 것이다.

새로운 시대 새로운 패러다임으로 전환

사람에 대한 새로운 패러다임

인간의 존엄성은 모든 가치에 우선한다. 모든 인간은 평등한 대우를 받아야 한다.

인간이 인간 위에 있다는 교만한 생각은 잘못된 우월주의이다. 인간 위에는 오직 창조주만 있는 것이다. 인간은 서로 존중하며 협력하여 함께 풍요로운 세상을 만들어 가야 한다.

번영을 위한 새로운 패러다임

지속가능한 경제 성장을 위한 좋은 일자리 창출, 지속가능한 사회를 위한 기반시설 확충, 지속가능한 번영을 위해 모든 종류의 불평등은 해소돼야 한다.

환경을 위한 새로운 패러다임

미래 세대가 현재 세대에 의해 피해 보는 일이 없어야 한다. 미래 세대를 고려하지 않는 자원의 낭비와 훼손은 매우 어리석은 일이며, 결국은 우리 스스로를 훼손시키는 것이다. 자연과 우리는 공생의 관계에 있는 것이다.

평화에 대한 새로운 패러다임

대한민국의 평화뿐 아니라 세계 평화를 위한 생각을 가져야 한다. 전쟁은 인류를 파괴하는 대역 죄이며 결코 씻을 수 없는 대 범죄행위다. 정의로운 사회, 공정한 사회가 구축되도록 한마음으로 노력해야 하며, 폭력에 대한 처벌은 더욱 강화시켜야 한다. 평화의 가치를 무너뜨리는 범죄의 처벌을 강화하고 대립과 갈등을 해소하기 위한 사회 전반적인 노력이 필요하다.

협력에 대한 새로운 패러다임

타임지가 선정한 세계적으로 가장 영향력 있는 25인 중 한 사람인 스티븐 코비는 가장 높은 성숙의 단계를 상호의존적 단계라고 하였다. 우리는 상호의존적인 사회에서 살고 있다. 상호의존적인 현실은 협력을 통해 높은 시너지를 낼 수 있다.

그러나 아직 많은 지성인들이 상호의존적 패러다임이 아닌, 독립적 패러다임으로 살아가고 있다. 자신의 성공만을 생각한다. 자기 가족의 행복만을 생각한다. 세상은 모두가 나누어 가질 만큼 풍요롭지 않다고 생각한다. 더욱 열심히 일해서 많은 돈을 벌어야 한다. 나는 배울 만큼 배웠고 경험도 많으니 내가 생각하는 것은 언제나 옳은 것이다. 우리는 매일 같이 경쟁하는 법을 배우며 살아왔다. 우리는 비교 평가를 받으며 살아왔다. 우리는 협력하는 방법을 제대로 배우지 못했다. 그러하기에 위대한 시너지적 결과를 경험하기가 매우 어려운 것이다. 우리들의 협력은 그저 절충에 불과할 뿐이다. 이제는 우리 모두가 화합을 위한 노력을 해야 할 시기이다.

모두가 한마음이 되어 지속가능국가, 모두를 포용하는 국가가 되도록 노력해야 할 것이다.

세상은 보다 풍요롭고 모두가 나누어 가질 수 있다. 협력하여 시너지를 내는 것은 충분히 가능하며, 더욱 많은 이들에게 유익을 줄 수 있다.

이제는 나라를 넘어 지구를 생각할 때이다. 세계를 위한 대한민국, 세계를 위한 대한국민이라는 패러다임의 전환이 필요하다.

❀ 온 국민이 함께 해야 할 지속가능발전목표

지속가능발전목표는 대한민국에 사는 우리 모두에게 찾아온 위대한 기회라고 확신한다. 패러다임의 전환이 없다면 행동을 바꾸기 위한 노력은 언제나 한계에 부딪힌다.

모두가 행복한 대한민국을 위해 대한민국에 사는 모두가 한마음이 돼야한다.

평화와 번영, 지속성을 상징하는 무궁화의 꽃잎은 통으로 되어 있다. 갈래꽃이 아니라 통꽃이다. 다섯 개의 꽃잎이 통으로 연결되어 있다. 우리 민족도 서로의 다양성을 존중하면서 마음은 하나로 연결돼야 한다.

지금의 현실은 누구나 보듯이 무궁화의 화합정신과 역행하고 있다. 정치분야가 가장 심각하다.

대한민국 헌법 1조 1항과 2항을 보라.

대한민국 헌법 제1조

　　① 대한민국은 민주공화국이다.

② 대한민국의 주권은 국민에게 있고, 모든 권력은 국민으로부터 나온다.

우리는 헌법 1조 1항과 2항처럼 국가의 주인이라는 책임의식과 사명감을 가져야 한다. 정치계의 반목과 대립으로 인한 손실은 국가의 주인인 국민의 몫이다.

이제는 국민이 정치에 적극 참여할 수 있는 기회가 왔다. 지속가능발전목표를 위한 적극적인 참여가 나와 가족, 사회, 국가를 위한 일이 되는 것이다. 이제는 국가의 주인으로서의 역할과 권한을 제대로 행사할 때가 온 것이다.

삼천리 강산에 피어 있던 무궁화는 국민에 의해 나라꽃이 된 것이다. 황실의 꽃 이화가 아닌 무궁화 삼천리 화려강산에서 국민과 함께 살아온 무궁화가 나라 꽃이 된 것이다.

이 얼마나 헌법과 일치하는 내용이며, 민주적인 내용인가. 주권을 행사한다는 것은 폭력적이어서는 안 되고 포용적이어야 한다.

우리가 우리의 주권을 제대로 행사하기 위해서는 인류 공동의 목표인 17개의 '지속가능발전목표'에 대한 올바른 이해가 필요하다.

모두를 포용하는 '지속가능국가'를 위한 리더십이 필요하다. 지속가능발전목표는 우리에게 무궁한 기회를 제공하고 있다. 지속가능발전목표는 헌법 1조 1항과 2항을 실현시키는 목표이다. 국민을 위한 목표인 것이다. 이 목표를 달성하기 위해 온 국민이 노력해야 한다.

또한 지속가능발전목표를 위한 실천과 관련하여 중앙정부나 지자체에 정당하게 요구해야 하는 것이다. 제대로 시행하지 않는 곳은 올바른 시행을 촉구해야 한다. 우리 모두의 행복과 번영을 위한 주권을 행사해야 하는 것이다. 이제 우리는 무궁화의 협력정신으로 한마음이 되어야 한다. 우리 모두를 위한 지속가능발전목표를 달성하기 위해 정부는 물론이고 모든 기업, 모든 종교, 모든 단체에게 "온 국민의 행복을 위해, 모두를 포용하는 지속가능발전목표를 위해 노력하라"라고 요구할 수 있어야 한다.

삼성은 세계 인류를 위한 지속가능발전목표를 위해 온 국민과 함께할 수 있는 프로젝트를 진행 중이다.

❀ 삼성의 더 나은 세계를 위한 움직임

"2015년 9월, 유엔 총회에 세계 정상들이 모여 2030년까지 세상을 더 나은 곳으로 만들기로 약속했습니다. Global Goals로도 알려진 '지속가능발전목표(Sustainable Development Goals)'는 기아를 없애고 불평등에 맞서 싸우며 지구 환경 문제를 해결하기 위한 국제사회의 공동 목표입니다. 삼성도 이 움직임에 함께하고 있습니다. 여러분도 우리와 함께하면 변화를 만들 수 있습니다."

지속가능발전목표를 위한 삼성의 아이디어이며, 삼성의 움직임이다. 역시 삼성이다. 자랑스러운 우리의 기업이다.

목표와 진행 사항을 한눈에 확인하세요

목표 살펴보기
17가지 목표가 무엇인지 확인하고
관심가는 목표를 찾아보세요.

실태 파악하기
각 목표에 대해 더욱 자세히 알아보세요.
객관적인 수치와 통계로 정확하게 파악할 수
있습니다.

기부 현황 확인하기
전체 목표의 모금액 비율을 확인하고 가장 도움이
필요한 곳을 찾아 기부하세요. 기부한 내역은
바로바로 확인할 수 있습니다.

관심있는 목표에 힘을 실어주세요

가장 돕고 싶은 분야를 골라 기부하세요. 깨끗한 물, 양질의 교육, 평화로운 사회, 어떤 것이라도 좋습니다. 기부 때마다 다른 목표를 선택할 수도 있죠.
기부금이 어떻게 쓰였는지도 공유하신하세요.
당신의 기부가 세상을 어떻게 바꿔 나가는지 업데이트해 알려 드립니다.

광고 보기
Samsung Global Goals 앱 안에는 광고가 있습니다.
앱이 모든 광고 수익은 사용자에게 책임한 형태로 돌아갑니다.
17가지 목표에 기부할 수 있게 됩니다.

적립금 모으기
앱을 켜고 여러 페이지를 꼼꼼하게 확인해보세요.
각 페이지에 있는 광고를 많이 보면 볼수록 더 많은 적립금을 모을 수 있고,
대시보드를 통해 모은 적립금도 확인할 수 있습니다.

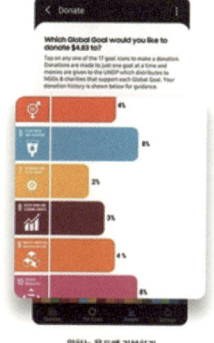

원하는 목표에 기부하기
기부하고 싶은 목표를 직접 선택하세요.
매번 다른 목표를 선택하도 되고 하나의 목표에 모두 기부할 수도 있습니다.

앞으로 더욱 많은 기업들이 이러한 아이디어를 내고, 더 나은 세계를 위해 움직여 주기를 바란다.

잠금 화면을 바꾸면 세상이 바뀝니다

스마트폰 잠금 화면을 세상을 바꾸는 일에 활용하세요. 잠금 화면 기능을 켜두면 세계에 긍정적인 영향을 준 역사적인 인물들의 명언을 수시로 볼 수 있습니다. 나 자신은 물론 주변 사람들까지 17가지 목표에 더욱 관심을 가질 수 있게 해줍니다.

    본 앱은 갤럭시 폰에 깔려 있으며, 본 앱에서 광고를 보고 얻은 수입으로 나도 지속가능발전목표를 위해 기부를 할 수 있게 된다.

🌸 세계를 위한 대한민국

    위기를 통해 기회가 온다고 했다. 지속가능발전목표는 대한민국에 지금까지 없었던 최고의 기회이다. 우리 대한민국은 피터 드러커가 인정한 기업가정신 1등 국가이다. 여기에 우리가 세계 평화와 온 인류의 행복을 위한 지속가능발전목표를 설정하고 모두가 한마음으로 노력하면 모든 분야에서 크게 성장할 것이다.

    SDGs의 17 Goals는 지구촌 협력 강화이다.

    대한민국에는 고급인력들이 많다. 그 고급인력들이 아직 일할 수 있는 나이임에도 일찍 퇴임을 하게 된다. 우리는 이 아까운 고급인력들로 하여금 개발도상국들이 더 잘 살 수 있도록 기여할 수 있는 정책을 펼쳐야 한다. 정부와 기업이 지구촌 협력 강화를 통해 시니어들의 일자리를 창출하고, 지속 가능한 세상을 만들어가는 모범국가가 되도록 노력해야 할 것이다. 이러한 지속가능 발전을 위한 활동을 하는 과정에서 대한민국의 성장(모든 부분에서)은 당연한 일이 될 것이다. 지속가능발전 모범국가가 되기 위해 정부, 기업, 단체, 온 국민이 한마음으로 노력한다면 확신하건대 세계 평화와 온 인류의 행복을 선도하는 모범 국가가 될 것이다. 진정한 리더 국가가 되는 것이며, 글로벌 리더는 한국인이 되는 것이다.

다시 피어나는 무궁화, 대한민국 지속 가능 발전의 힘

가장 뜨거운 여름 100일 동안 피고 지고 또 피는 무궁화!

영원히 피고 지고 또 피는 무궁화의 지속성!

어떤 시련에도 굴복하지 않는 강인한 생명력을 지닌 꽃!

양보를 좋아하며, 겸양의 미덕을 지닌 꽃!

꽃잎부터 뿌리까지 인류에게 치료를 선사하는 회복의 꽃!!

진딧물을 온몸으로 견뎌내며 주변의 식물들을 보호하는 희생의 꽃!

오늘 핀 꽃은 오늘 지고, 매일 새롭게 피어나는 혁신의 꽃!

다섯 개 꽃잎이 하나로 움직이는 통 꽃!!

한 그루에서 수만 송이를 피우는 풍요로운 꽃!!

양지에서만 피어나는 빛의 꽃!!

독립 수이면서 화합을 상징하는 꽃!

미래의 희망을 노래하는 꽃!

평화와 번영의 상징, 세계 평화와 온 인류의 행복을 노래하는 아름다운 무궁화!!

이제 다시 피어나는 무궁화는 국민의 꽃으로서 국민의 가슴에 피어날 것이다.

우리 대한국민이 나아가야 할 길!!

"나의 강점으로 나는 세상을 위해 어떠한 공헌을 할 수 있는가? 한 사람도 소외되지 않고 모두가 함께 행복할 수 있는 세상, 지구 위기의 환경을 회복하고. 전쟁이 없는 평화로운 세상"

우리는 우리 본래의 본성으로 회복돼야 한다.

홍익인간 · 이화세계(널리 인간을 이롭게 하고, 이치로써 세상을 다스린다.)

우리의 건국이념이 세계 평화와 온 인류의 행복을 위해 그 위상을 떨칠 때가 온 것이다. 무궁화는 바로 '홍익인간 이화세계' 우리의 건국이념을 상징하는 꽃이다.

영원무궁한 세상을 위해 다시 피어나는 무궁화를 노래합시다.

"무궁 무궁 무궁화 무궁화는 우리 꽃 피고 지고 또 피어 무궁화라네~"

Part 3

지속가능 발전을 선도하는 무궁화 리더십

Check Point 1.
미래세대를 위한 위대한 유산

    1부에서 우리는 무궁화의 위대한 가치를 살펴보았다. 그리고 지속가능발전목표의 상징물로서도 적격임을 확인하였다.

    2부에서는 UN에서 만장일치로 채택된 지속가능발전목표에 대한 올바른 이해를 통해, 새 시대의 명확한 비전과 구체적인 목표를 알게 되었다. 지속가능발전목표는 우리 모두의 행복이고 우리 모두가 추구해야 할 옳은 길이다.

    이제 우리는 새로운 각본이 필요하다. 패러다임을 전환하여야 한다. 지속가능발전을 위한 새로운 패러다임이 개인적으로, 사회적으로 바르게 형성돼야 한다.

    새로운 패러다임의 전환과 함께 우리들의 성공적인 삶을 위한 효과성의 운영체제도 준비가 돼야 한다.

　3부에서는 지속 가능한 세상을 위해 우리의 삶을 올바른 방향으로 지금보다 더욱 효과적이고 행복하게 살 수 있도록, 위대한 유산을 남기고 간 두 분의 멘토를 초대하고자 한다. 그리고 두 분의 위대한 유산을 무궁화에 담아 무궁화 리더십을 이야기하고자 한다. 무궁화 리더십으로 개인의 승리를 이루고 우리 모두가 유익한 위대한 승리를 이루기 바란다.

🌺 멘토 초대 '피터 드러커'

사진=한경DB

피터 드러커는 누구인가? 1909년 11월 19일 합스부르크 왕가가 지배하는 대국 오스트리아-헝가리 제국의 수도 빈에서 태어났다. 프랑크푸르트 대학에서 국제법 박사학위를 취득했으며 젊은 시절 강사, 저널리스트, 증권분석가로 활동했다.

그는 돈을 벌 수 있는 직업을 버리고 교수, 문필가, 컨설턴트로서의 직업에 집중하면서 그의 강점으로 명성을 떨치기 시작했다. 39권의 저서를 낸 문필가로, 유명 기업들을 컨설팅한 컨설턴트로, 뉴욕대학교, 클레어몬트 대학교의 교수로 왕성한 활동을 해나갔으며 실로 엄청난 영향력을 많은 이들에게 끼친 사람이다. 그가 하버드대학 교수직 제안을 거절한 적이 있는데 그것은 병행 경력을 못하게 하는 하버드대학의 규정 때문이었다.

피터 드러커는 현장을 중시하는 컨설턴트로서, 현장의 경험과 이론을 함께 완성해 나가며 끊임없이 완벽을 추구하는 자였던 것이다. 나는 그의 삶 자체가 매우 역동적이면서도 깊이가 있음에 감동이 되어 피터 드러커 관련 책을 100권(제자들이 쓴 책 포함) 이상 소장하고 있으며, 지금도 그를 스승으로 생각하고 지속적인 배움과 성장을 이어가고 있다.

피터 드러커는 "자연 생태학자가 생물의 환경을 연구하는 것처럼 나는 인간에 의해 만들어진 인간의 환경에 관심을 갖는다."라고 말하며 스스로를 사회생태학자라고 표현하기도 했다. 나는 피터 드러커가 1, 2차 세계대전과 경제 대공황을 모두 겪은 사람이라는 것도 그가 사람에게 더욱 관심을 갖게 된 배경이라고 생각한다.

피터 드러커는 경영학을 하나의 훌륭한 학문으로 완성한 경영학의 아버지라고 할 수 있다. 경영학에 관한 그의 대표적인 명언으로는 "경영은 사람에 관한 것이다. 경영의 목적은 고객을 창조하는 것이다. 고객을 창조하는 유일한 기능은 마케팅과 혁신이다. 경영자의 목표는 성과이다." 등이 있다.

피터 드러커의 경영철학은 기업은 사회에 속한 조직이란 개념과 고객을 창조하는 조직의 기능을 균형감 있게 설명하고 있다. 그의 경영철학은 기업의 사회적 책임과 고객 창조의 균형, 그리고 모든 것을 가능하게 만드는 사람이 중심이 되는 '인문예술경영' 철학이다. 이것이 사회 생태학자 피터 드러커의 지속 가능 경영철학인 것이다.

피터 드러커는 성과를 강조했는데 이윤만을 목적으로 한 성과가 아니라 개인의 성장과 변화가 병행되는 목표 달성을 강조했다. 사람을 생산수단의 근로자로 본 것이 아니라 경영이라는 예술의 한 부분을 담당하는 주인의 한 사람(지식근로자)으로 본 것이다. 피터 드러커는 기업, 사회, 국가를 동시에 파악하는 안목과 통찰력을 가졌으며 그의 학문의 깊이는 어린 시절부터 쌓아 올린 뿌리 깊은 학문이다.

피터 드러커는 학창 시절, 학교 수업보다 도서관에서 다양한 책을 읽으면서 보냈는데, 그러한 자기 주도적 학습이 그가 타계한 지 20년이 다 되어가는 오늘날에도 여전히 그를 멘토로 생각하는 지성인들이 늘어나도록 만든 것이다.

피터 드러커를 멘토로 선택한 이유는

1. 그의 넓고 깊은 사회·인문·예술경영학적 학문의 세계가 매우 유익하여 우리를 지속 가능의 세계로 인도하기 때문이다.
2. 현장에서 보고, 듣고, 경험을 바탕으로 세워진 실용적 방법론을 제시하기에 우리의 삶과 일에 바로 적용이 가능하기 때문이며 그 결과가 위대함을 더하기 때문이다.
3. 그의 삶과 그의 가르침이 지행합일을 이루었기 때문이다.

피터 드러커의 삶 자체가 우리에게 커다란 교훈을 주고 있다. 한국에서는 피터 드러커 소사이어티가 피터 드러커를 기념하며 피터 드러커의 경영 학문을 공유하고 있다.

나는 당신이 피터 드러커의 경영학을 공부하기 바라며, 피터 드러커의 책을 두 권만 소개하고자 한다.

두 권의 책은 '피터 드러커 나의 이력서'와 '자기경영노트'이다.

'나의 이력서'는 여러분에게 피터 드러커를 공부하고 싶은 동기를 부여할 것이다.

'자기경영노트'는 여러분 삶 속에 적용하여 효과를 볼 수 있는 실용적 자기 경영 지침서이다. (이런 책을 한번 읽고 책장에 꽂아 두면 안 된다. 읽었다면 한 번 더 읽어보라)

피터 드러커를 당신의 삶에 멘토로 모시고, 그가 남긴 위대한 유산을 당신의 몫으로 가져가기를 바란다.

먼저 피터 드러커가 대한민국을 위해 했던 주옥같은 조언들을 다시 한 번 살펴보고, 그 조언을 우리들의 사명과 비전에 적용해 보도록 하자.

🌺 피터 드러커가 인정한 한국의 '기업가정신'

INC. 특집판에 편집장 조지 젠더론(George Gendron)과 인터뷰한 『1996년도 중소기업』이라는 제목에 한국과 관련된 언급이 있다. 인터뷰 내용을 잘 살펴보고 피터드러커의 통찰을 발견하기 바란다.

《INC 우리 미국이 기업가정신을 가장 잘 실천하는 국가라고 하는 주장, 그리고 미국이 기업가정신에 있어 다른 나라보다 훨씬 더 앞서 있다는 주장에 동의하십니까?

피터 드러커 전혀 아니다. 그것은 하나의 착각일 뿐 아니라 매우 위험한 착각이다. 미국에는 신규 창업회사들이 가장 많기 때문에 실패하는 비율도 가장 높은 것은 사실이지만, 그것뿐이다. 기업가 정신을 실천한다는 측면에서는 아마 두 번째도 아니다.

INC 그럼 1등은 어느 나라인가?

피터 드러커 의심할 나위 없이 한국이다. 약 40년 전만 해도 한국에는 기업이 전혀 없었다. 한국을 수십 년 동안 지배한 일본이 그것을 허용하지 않았다. 일본은 고등교육도 허용하지 않았기 때문에 한국에는 실질적으로 교육받은 사람이 없었다. 한국전쟁이 끝날 무렵, 남한은 완전히 파괴되었다. 오늘날 한국은 24개가량의 산업에서 세계 일류 수준이고, 조선과 몇몇 분야에서는 세계의 선두주자다. 내가 처음으로 한국을 알게 된 1950년대에 한국은 80%가 농촌이었고, 일본의 점령 기간 동안 교육을 허용하지 않았기 때문에 고등학교 이상의 교육을 받은 사람이 거의 없었다. 기독교 계통의 학교들은 일본의 간섭을 받지 않았기 때문에 제대로 된 교육을 할 수 있었는데, 이점이 바로 한국인의 약 30%가 기독교 신자인 것을 설명해 준다. 일본의 경우 몇몇 종업원을 고용하는 것 말고는 기업을 허용하지 않았기 때문에 한국에는 기업다운 기업도 없었다.

　오늘날 한국은 거의 90%의 인구가 도시에 거주하고 있으며, 각종 산업에서 기관차 노릇을 하고 있고, 교육 수준도 매우 높다. 겨우 40년 만에 말이다. 단 40년 만에 이룩한 빠른 성장이 초래한 지각변동은 걷잡을 수 없는 것이었다.》

　피터 드러커가 한국을 기업가정신 1등 국 이라고 한 것은 우리가 보지 못한 '잠재력'도 함께 본 것이라고 생각한다. 대한민국은 엄청난 잠재력을 가지고 있다.

　이제는 지속 가능한 세상을 위한 기업가 정신을 발휘해야 할 때이다. 잠재력이 발휘되려면 몇 가지 커다란 장애요소(3가지만 소개)를 제거하고 질적인 성장을 추구해야 한다.

첫째, 효과성보다 효율성을 추구하는 패러다임, 과정을 무시하고 결과만을 중시하는 문화이다.

둘째, 진정한 승승의 정신이 아닌 승패적 사고방식, 나의 목적 달성을 위해 상대방은 어떻게 되든 상관없다고 생각하는 이기주의이다.

셋째, 무너질 대로 무너진 상태에서 성장을 하다 보니 심리적으로 모든 게 넉넉하지 못하고, 부족하다고 생각하는 만성적인 '부족의 심리'를 제거해야만 한다. 이제 우리는 스티븐 코비가 이야기한 '풍요의 심리'(온 인류가 나누고도 남을 만큼 넉넉하다는 심리)를 가지고 가치를 추구하고 사회적 공헌을 생각해야 한다.

조직에서는 사람을 중요하게 생각하고 사람을 신뢰하고 제대로 성장할 수 있도록 지원해 주어야 한다. 반목과 대립에서 협력과 존중으로, 지시와 통제에서 자발적 선택과 책임으로 변화되었을 때 비로소 창의적인 지식경제, 지속 가능한 대한민국을 함께 이루어 낼 수 있을 것이다.

이제 우리는 인류의 '지속가능발전'을 주도하는 대한민국으로서 '무궁화 리더십'을 발휘해야 한다.

한국에 대한 피터 드러커의 조언

피터 드러커가 한국을 높이 평가하는 데는 이유가 있다. 피터 드러커의 저서 『넥스트 소사이어티』의 한국의 독자들에게 쓴 글을 보면 지식사회의 경영이라는 관점에서 우리나라가 앞으로 나아갈 방향에 대해 많은 암시를 담고 있다.

《《역사상 어떤 나라도 50여 년 전, 한국전쟁이 끝난 후 두 세대 동안 한국이 겪은 것보다 더 빠른, 그리고 더 철저한 변화를 겪지는 않았습니다. 또한 앞으로 20여 년 동안 어떤 나라도 한국이 변했던 것처럼 급속도로 그리고 완전하게 변하지는 않을 것입니다. 오늘날 한국은 경제구조와 사회구조, 그리고 특히 기업 구조 측면에서 근본적으로 네 가지 도전에 직면하고 있습니다.

첫째, 기업 구조가 개발도상국 경제에 전형적인 것이자 또한 적합한 것이기도 한 것— 즉 선단식 재벌구조 (그룹식 경영으로 재벌기업이 문어발식 계열사를 가지고 기업을 영위하는 것을 의미)—에서부터 선진국 경제와 사회에 적합한 것으로 빠르게 탈바꿈한다는 점입니다. 달리 말해서 전문 경영자가 자율적으로 경영하는 독립적 회사들이 주류를 이룬다는 말입니다.

둘째, 제조업이 차지하고 있는 부와 일자리의 창출 역할, 그리고 경제의 중심 역할이 꾸준히 줄어든다는 점입니다. 게다가 제조업의 생산량은 급속히 증가하는데도 불구하고 제조업의 고용기회는 지속적으로 감소한다는 것입니다.

셋째, 중국, 즉 한국의 거대 이웃인 중국이 세계 경제에서 주요한 잠재적 성장 시장으로, 그리고 동시에 주요 경쟁자로 등장한다는 점입니다.

넷째, 노동력의 중심이 지식근로자들(knowledge workers)로, 그리고 특히 지식기술자들(knowledge technologists)로 급속히 이동한다는 점입니다. 지식근로자들은 한국 경제의 핵심자원이자 부의 창출자입니다. 게다가 그들은 전통적인 의미의 '종업원들'이 아니라 새로운 '자본가들'로 등장하고 있습니다. 그 결과 지식 작업의 생산성(productivity of knowledge work)과 지식근로자의 생산성(productivity of knowledge worker) 향상이 한국의 중심적인 경영과제로 자리 잡게 될 것입니다.

이 도전들이 바로 이 책이 다루려고 하는 중심적인 주제입니다. 물론 이 책은 한국인만을 위해 저술한 것은 아닙니다. 이 책이 다루고 있는 도전들은 보편적인 문제이며, 모든 선진국과 대부분의 개발도상국에게 적용됩니다.

또한 나의 한국에 대한 매우 한정된 지식에 비추어 볼 때, 한국에 대한 연구를 바탕으로 쓴 것도 아닙니다.

이 책은 일차적으로 내가 미국에서, 좀 더 넓게 말해 북미에서 연구한 것들과 경험한 것들에 기초하고 있습니다. 부차적으로 서유럽, 브라질, 그리고 일본에 대한 연구와 경험을 바탕으로 하고 있으며 중국에 대한 연구도 다소 포함됩니다. 하지만 이 책이 다루는 주제들은 지역적으로 한정된 것이라기보다는 세계적인 문제들입니다. 그러므로 한국의 독자들이 이 책에서 내가 소개한 각종 사례들을 한국의 경험으로, 한국이 필요로 하는 것으로, 그리고 한국의 기회로 간주한다 해도 전혀 문제가 없을 것입니다.

결과적으로 이 책은 한국의 독자들에게 두 가지 큰 도움을 제공할 것입니다. 하나는 다음 수 세대에 걸쳐 한국과 한국인들이 헤쳐나가야 할 세상이 어떤 것인지 이해하고, 행동하고, 극복하는 데 도움을 줄 것이고, 다른 하나는 한국인들, 특히 한국의 최고경영자들이(그리고 물론 전문가들이) 내일의 한국을 창조하는 중대한 과업을 성공적으로 수행할 수 있도록 도와줄 것입니다.》

-2007년도 『넥스트 소사이어티』 개정판의 한국의 독자들에게-

한국에 대한 피터 드러커의 조언은 한 가지 큰 요인에 기반하고 있다. 바로 '변화'라는 요인이다. 한국의 내적 변화, 그리고 중국을 포함한 주변의 변화가 일어난다는 것이다. 노동의 성격이 변하고, 이에 따라 노동자의 정체성도 바뀐다. 이러한 변화를 제대로 파악하지 못하고 시간을 지체할 경우, 중국을 포함한 주변의 변화 속도가 우리를 불편하게 할 수도 있음을 말하고 있다. 피터 드러커의 한국에 대한 관심은 처음에는 친절한 조언이었지만, 어느덧 그 조언들은 절박한 요구가 되어 버렸다. 처음에는 '변화'에서 시작하였지만 어느새 그 변화에 대한 조언은 '혁신'에 대한 주문으로 바뀌었다.

🌺 피터 드러커 지속 가능 대한민국을 위한 혁신을 주문하다

한국에 대한 피터 드러커의 애정은 그의 저서 곳곳에서 드러난다. 특히 그가 펴낸 책들의 한국어판 서문을 통해 한국에 대한 정서와 견해를 밝히곤 하였다. 피터 드러커는 6·25 전쟁 직후 한국을 방문하였었다. 그 후 40년이 지난 뒤에 다시 한국을 찾은 그는 한국의 성장과 성과를 극찬하였다.

사실 한국은 내가 30년 이상이나 주장했던, 즉 지식이 현대사회와 현대경제의 핵심자원이라는 것, 그리고 진실로 지식은 현대사회를 만들고 성과 있는 현대경제를 만드는 오직 유일한 자원이라는, 나의 주된 명제의 최고 모범국가입니다. 전쟁에 시달린 한국이 스스로를 주요 경제강국으로 전환시킨 그 속도는 전례를 찾을 수 없는 승리입니다. 이것은 경영자의 헌신, 고된 일을 마다치 않는 근로자, 기업가정신, 그리고 무엇보다도 경영의 승리입니다.
『자본주의 이후 사회』 중에서

하지만 역시 피터 드러커의 눈에는 우리가 들키고 싶지 않았던 문제점들이 보였다. 고속성장이 안겨준 상처투성이들이 그의 눈에는 모두 보였던 것이다. 그는 한국이 현재 가지고 있는 문제의 본질을 '급속한 변혁이 가져다준 심리적 상처'라고 규정하였다. 그에 의해 한국이 받은 질문은 '한국인이란 무엇인가'이다. 잃어버린 균형과 형평, 사회의 안정, 그리고 분열된 곳을 단결해 내는 과제가 절실하다고 지적하였다. 이 얼마나 시의적절한 조언인가. 한국에 대한 피터 드러커의 애정은 그로 하여금 한국을 정확히 이해하게 도와주었다.

지금 한국은 스스로 방향을 결정해야 하고, 정책을 수립해야 하고, 독자적인 스타일로 기업을 경영해야만 합니다. 그러나 무엇보다도, 지난 40년 동안 한국이 이룩한 그 범위와 속도는 전례 없었던 것으로 이러한 발전은 심각한 긴장을 야기했습니다.

이러한 폭발적인 전환은 깊은 상처를 남기게 마련입니다. 내가 처음으로 한국을 방문했을 때 서울은 하나의 큰 폐허였습니다. 그러나 시골의 골짜기는 믿을 수 없을 정도로 아름다웠습니다. 도시에서 몇 마일만 벗어나면 미소가 저절로 피어나는 아름다운 곳이었습니다. 지금은 공해가 한국의 그 아름다운 자연을 거의 파괴해 버렸습니다. 서울뿐만 아니라 부산이나 대구와 같은 대도시도 모두 마찬가지입니다.

자연환경을 되살리는 것은 확실히 다음 세대 한국의 정치 지도자와 기업가들이 해결해야 할 큰 과제들 가운데 하나입니다. 이런 급속한 변혁이 가져다준 심리적 상처는 환경파괴의 흉터만큼이나 큽니다. 아마도 더 클 것입니다.

　한국인은 '한국인이란 무엇인가?' 하는 것에 대해 균형감각을 유지하는 것을 배울 필요가 있습니다.

　수천 년의 위대한 전통과 현대화한다는 것, 그리고 범세계적으로 된다는 것 등 말입니다. 경제성장과 사회 안정, 그리고 사회적 단결 사이에 형평을 유지하는 것도 배울 필요가 있습니다. 공동체를 만들고, 선진 공업사회 속에서 노사가 단합되도록 관리하는 방법을 배울 필요가 있습니다. 일을 멋지게 하는 방법도 배울 필요가 있습니다. 지금은 열심히 일함으로써 성취할 수 있는 것은 모두 이루었으니까 말입니다.

『자본주의 이후의 사회』중에서

　잘 읽어 보았는가? 92년도 12월 28일 클레어몬트에서 한국의 독자들에게 쓴 글이다.

　이제 우리는 속도가 아닌 방향에 더 집중해야 할 것이다.

　지속 가능 대한민국을 위한 방향을 국가와 조직, 국민 모두가 다시 설정할 시기이다. 이윤을 넘어 지속성의 가치를 추구할 때이다. 무궁한 발전(지속가능한 발전)을 국민 모두가 생각해야 할 때이다.

"지속가능발전=무궁발전"

　필자는 국가지도자들, 수많은 NGO단체, 수많은 이해관계자들에 의해 만들어진 지속가능발전목표(Sustainable Development Goals) 17가지를 무궁화의 가치와 함께 온 국민에게 전할 계획이다.

　우리의 방향은 지속 가능한(무궁한) 대한민국, 지속 가능한(무궁한) 세상이다.

　2030년까지 UN선정 17가지 과제와 세부적인 목표 169개 달성을 위해 노력할 때이다.

　이제는 나라별 장벽이 무너지고 인류가 하나가 되어 함께 무궁한 세상을 만들어 가야 한다. 이제 무궁화는 지속가능발전목표의 상징이 되어 우리의 지속 가능한 힘이 되어 줄 것이다. 피고 지고 또 피는 무궁화처럼 영원토록 이어가는 세상을 만드는 사명을 우리는 가진 것이다.

　이제 우리는 무궁화의 꽃잎이 상징하는 화합의 길로 나아가야 한다. 다시 피어나는 무궁화는 우리를 하나로 만들어 줄 것이다.

　나는 다시 피어나는 무궁화에 두 분 멘토의 원칙과 철학을 연결 지어 설명할 것이다. 여러분들이 마음을 열고 받아들인다면 보다 확실하게 마음과 생각에 각인이 될 것이다.

멘토들의 가르침은 영원히 불변하는 진리와 원칙에 가깝기 때문에 당신의 지혜를 지속적으로 빛나게 해 줄 것이다.

🌸 멘토 초대 '스티븐 코비'

(사진출처: 스티븐 코비 홈페이지 캡처)

스티븐 코비는 국내에서만 400만 부, 전 세계적으로 4천만 부 이상 판매된 자기 계발의 고전 '성공하는 사람들의 7가지 습관'의 저자이다.

저술한 책으로는 '원칙중심의 리더십', '성공하는 사람들의 8번째 습관',

'마지막 습관' 등이 있다.

스티븐 코비의 책들은 여느 자기 계발서와 근본적인 차이를 보이고 있다. 바로 원칙의 깊이이다. 원칙을 기본으로 한다. 그것도 모든 부분에 원칙이 중심이어야 한다. 원칙 중심으로 내면에서부터 변화를 시작할 것을 요구한다. 원칙이 중심이 되는 내적 성품을 강조한다. 지금 사회는 경쟁의 심리를 부추기고, 이기주의적이고 승패적인 패러다임에 물들어져 있다. 효율성을 추구하는 문화로 더 빨리, 더 많이를 원하고 있다. 이러한 현실 속에서 발생하는 문제점은 같은 방식의 사고로는 해결할 수 없는 것이다.

현 사회적 패러다임과 관행에 의해 발생한 문제점들을 어떻게 해결할 수 있겠는가? 현 사회적 패러다임에 길들여져 있다면 결코 해결할 수 없을 것이다.

전혀 다른 새로운 패러다임이 필요한 것이다. 바로 효과성의 원칙을 중심으로 한 패러다임으로 전환할 것을 스티븐 코비 박사는 요구하고 있다.

성공하는 사람들의 7가지 습관이 국내에서 400만 부 이상 팔렸다고 한다.

400만 명의 독자들이 이 책을 1회 이상 읽었다면 대한민국은 GDP 기준, 세계 7등 안에 드는 국가가 되었을 것이며, OECD 국가 대상 행복지수는 최상위권, 부패지수는 최하위권이 되지 않았을까 생각해 본다.

500페이지가 넘는 책을 처음부터 끝까지 읽은 사람은 400만 독자 중 몇 명이나 될까? 동기부여가 되지 않으면 이 위대한 책을 처음부터 끝까지 읽기가 쉽지는 않다.

성공하는 사람들의 7가지 습관은 89년도에 출간된 책이며 국내에서는 30년이나 된 책이다. 그럼에도 꾸준히 팔리고 있다. 포브스 선정 20세기 가장 영향력 있는 경제경영서다. 포춘지 선정 500대 기업 중 80%가 7가지 습관을 전사적으로 도입하였다.

세계적인 경영 구루 짐 콜린스는 이 책에 대한 평으로 "평생 지속적으로 성장할 수 있는 힘"이라고 했다.

톰 피터스는 "당신의 인생을 뒤바꿔 놓을 경이로운 책"이라고 했다.

아리아나 허밍턴 〈허밍턴 포스트〉 창립자는 "사람들이 소진되고 지구가 불타는 지금 코비 박사의 지혜는 그 어느 때보다 의미가 있다"라고 했다.

〈경호〉의 저자 캔 블랜차드는 '동서고금의 성공 문헌을 모아놓은 도서관"이라고 했다.

이 책을 10회 이상 읽은 나는 정말 이들의 말에 공감한다. 그리고 나는 이 글을 읽는 당신과 진정한 친구가 되고 싶은 마음에 한 가지 제안을 하고자 한다. 이 책을 3번 이상 읽어보기를 권면한다. 당신이 3회 이상 읽고 나면 반드시 나를 진정한 친구라 여길 것이다. 그만큼 이 책은 당신을 올바른 성공의 길로 안내하는 데 있어 부족함이 없다 할 것이다. 내가 보장한다. 이 책은 효과성의 원칙을 기반으로 매우 효과적인 삶을 살기 위한 7가지 습관을 만들어 가는 것을 목표로 한다. 효과성이란 지금 내가 원하는 결과를 얻을 뿐 아니라 미래에도 지속적으로 더 좋은 결과를 얻는 것을 말한다.

당신은 몇 년간 반짝이는 성공을 하고 싶은가? 아니면 원하는 결과를 지속적으로 얻으며 효과적인 삶을 살고 싶은가? 반짝이는 성공을 경험한 사람들은 많이 있어도 지속적인 성공을 이루는 사람은 많지 않다. 게다가 성공하는 사람들의 7가지 습관은 물질만의 성공을 이야기하지 않는다. 내 삶의 모든 영역에서의 효과적인 성공을 말하는 것이다.

내가 스티븐 코비 박사를 두 번째 멘토로 추천한 이유는
1. 그의 저서 '성공하는 사람들의 7가지 습관'이 당신의 삶을 효과성의 원칙으로, 균형 잡힌 인생이 되도록 만들어 줄 것이라 확신하기 때문

이다. (단 3독 이상 정독을 했을 경우)
2. '성공하는 사람들의 7가지 습관'은 우리의 성장과 변화가 평생 지속될 수 있도록 해주는 힘이 있기 때문이다.
3. 마지막으로 스티븐 코비 박사는 부인 샌드라 여사와 슬하에 9명의 자녀를 키우며 자신이 이야기한 7가지 습관을 적용하기 위해 노력했을 뿐 아니라, 그로 인한 변화를 몸소 체험하면서 가장 가까운 사람들의 삶을 변화시키는 데 성공했기 때문이다.

인류를 구할 것처럼 자신을 속이는 자가 얼마나 많은가? 수신제가치국평천하라 했다.
나와 가족 그리고 친구들을 먼저 구하는 자가 훌륭한 사람이다. 성공했다고 하는 저명한 사람들 중 가족관계에서도 성공했다고 자부하는 사람은 많지 않을 것이다.
많은 사람들을 행복하게 하는 리더가 되겠다고 결심하기 전에, 먼저 자신과 가족들의 행복한 삶을 만들어 간다면, 세상은 그러한 리더들로 인해 보다 행복하고 아름다움 세상이 될 것이다.

피터 드러커와 스티븐 코비 두 분 모두 타계하신 분들이다. 하지만 이들이 남긴 지적 유산은 훌륭함을 넘어 위대한 결과를 만들어낼 위대한 유산이다. 나는 두 분이 우리들의 멘토 나아가 기업과 대한민국의 멘토가 되어주기를 바라는 마음이 간절하다.

두 멘토의 가르침은 대한민국이 지속가능발전목표의 선도적 역할을 하고 모범국가가 되도록 안내해 줄 것이다. 힘내자 우리 대한민국은 날마다 모든 면에서 점점 더 좋아지는 일만 남았다.

🌺 리더십에 대한 스티븐 코비의 생각

"나는 지도자로서 막중한 역할과 지위를 지닌 소수 사람을 리더라고 말하지 않는다. 그런데 사람들은 리더라고 하면 흔히 기업체 대표나 CEO를 떠올린다.

리더십에 관한 이런 관점은 산업화 시대에 만들어졌다. 우리는 오래전부터 계층을 구분하는 사고를 했다. 그런데 리더는 우리 자신의 삶을 이끌어 가는 리더, 동료 사이에서의 리더, 자기 가족 안에서의 리더로서 역할을 하는 능력을 뜻해야만 한다. 스스로의 삶에 대한 능동적이고 창의적인 힘을 발휘하는 능력을 말하는 것이다.

진정한 리더는 성공을 스스로의 용어로 정의한다. 다른 사람이 나 대신 성공을 정의하길 기다리지 않는다. 스스로를 영향력 있고 재능을 지닌

사람으로 보기 때문이다." -스티븐 코비-

⟨나침반 리더십⟩

　올바른 원칙들은 방향을 제시해 주는 나침반과 같다. 나침반은 항상 방향을 가리키고 있다. 따라서 나침반을 읽을 줄 알면, 우리의 길을 잃거나 혼동하지 않을 것이며, 또 엇갈린 목소리나 잘못된 가치에 속지도 않을 것이다.

　원칙은 자명하며, 스스로 타당성 있는 자연법칙이다. 따라서 변하거나 바뀌지 않으며 우리가 환경이라는 '거친 물결'을 항해할 때 언제나 인생의 진북향을 가르쳐 준다.

　원칙은 시공을 초월하여 언제 어디서나 적용된다. 그것은 우리의 가치관, 사상, 규범 혹은 가르침의 형태로 나타나 우리를 고양시키고, 가치 있는 존재로 만들고, 충만케 하고, 유능하게 해 주고, 고무시킨다. 역사는 우리 인간과 문명들이 올바른 원칙에 입각해 있을 때 번영했다는 교훈을 말하고 있다.

　역사적 사회들이 몰락해 가는 근저에는 올바른 원칙을 어기는 어리석은 관행들이 팽배해 있었다. 사회 구성원 모두가 그때 올바른 원칙을 지키기 위해 보다 노력했더라면, 얼마나 많은 경제적 재앙, 문화 간의 충돌,

정치적 혁명, 시민전쟁 등을 피할 수 있었겠는가? 원칙 중심의 리더십은 거스를 수 없는 자연법칙에 기초하고 있다.

자연법칙은 우리가 믿건 안 믿건 간에 오랜 인류 역사를 통해 그 효과가 입증되어 온 것들이다. 이처럼 이미 입증된 원칙들을 잘 적용하면 개인 보다 효과적일 수 있고 조직은 보다 큰 역량을 가질 수 있다. 그러나 원칙은 개인 및 대인관계의 문제들에 대해 응급처치식의 쉬운 해결책은 아니다. 원칙이란 지속적으로 적용되고 습관화될 때에만 개인 및 대인관계, 혹은 조직을 근본적으로 변혁시킬 수 있다.

원칙 중심의 리더란 자연법칙의 기초 위에서 '씨앗과 토양'을 가지고 '농장에서' 일할 줄 아는 성품을 갖춘 인물을 말한다. 원칙 중심의 리더는 원칙을 자신의 개인적 삶은 물론 대인 관계 및 자기가 체결하는 모든 약속과 계약, 자기가 관리하는 조직의 전 과정, 그리고 그 조직 사명서의 중심에 놓는다.

우리에게 남은 도전은 '심판자가 되지 말고 안내자가 되며 비판자가 되지 말고 본보기가 되어라'이다.

Check Point 2.
지속가능발전목표를 향한 무궁화 리더십 (개인의 승리)

🌸 무궁화의 '사명'과 피터 드러커의 '공헌'

무궁화의 사명이 아름다운 것은, 민족의 수난사를 함께 겪으며 일관되게 민족의 마음을 하나로 모아주고, 민족성을 상기시켜 주었기 때문이다. 또한, 결과적으로 민족의 번영과 인류의 평화를 상징해주고 있기 때문이다.

이것이 바로 내가 무궁화를 들고 나온 까닭이다. 상징 그 자체만으로 우리 모두의 생각을 새롭게 하고, 경각시키며, 하나로 모아준다. 무엇보다도 무궁화는 이 시대 우리에게 가장 필요하지만 가장 부족한 것 '사명'을 보여주고 있다. 그런 의미에서 무궁화가 일깨워주는 '사명'의 가치는 피터 드러커가 가장 소중히 여기며 강조하던 '공헌'과 맞닿아 있다. 사명은 '왜'라는 질문에 답을 할 수 있게 만드는 가치이다. 이미 피터 드러커는 이 시대 수많은 지식근로자들에게 끊임없이 물었다.
"당신은 왜 일하는가?"

일을 통해 결과를 만들고, 결과가 성과로 이어지며, 그 성과가 타인과 조직, 세상을 위한 것일 때, 더군다나 그 목적과 의미를 처음부터 간직한 채 일을 하고 있었다면 이는 의심할 여지없이 '공헌'하는 인생이다. 일을 하는 이유가 성과를 내기 위한 것이 아니라, 그 성과를 통해 공헌하기 위한 것이기에, 그 보상은 '감사'와 '보람'인 것이다.

이러한 피터 드러커의 생각에 가장 큰 영향을 끼친 만남이 있다.

그것은 아버지의 친구이자, 피터 드러커에게 경제학의 눈을 뜨게 해 준 조지프 슘페터(Joseph Schumpeter)와의 임종 직전의 만남이다.

피터 드러커의 아버지는 조지프 슘페터에게 이렇게 물었다.

"조지프. 자네는 아직도 자네가 죽은 후 어떤 사람으로 기억되길 바라는지 이야기하고 다니는가?"

이 물음은 슘페터가 30세 무렵에 "유럽 미녀들의 최고의 연인, 유럽 최고의 승마인, 그다음으로는 세계 최고의 경제학자로 기억되기를 바란다."라고 늘 말하고 다녀서 사람들 사이에 화제가 된 적이 있었기 때문이다. 임종 직전 병상에 있던 슘페터는 자신의 인생을 돌아보며 다음과 같이 말했다.

"이제 와서 돌아보니 책과 이론으로 기억되는 것만으로는 충분하지 않다는 것을 알게 되었네. 책과 이론이 사람의 삶을 진정으로 변화시키지 못한다면 그게 다 무슨 소용이 있겠는가? 지금의 나는 대여섯 명의 우수한 학생을 일류 경제학자로 키운 교수로 기억되길 바란다네."

슘페터의 임종 전의 만남과 그 자리에서 들은 이야기는 피터 드러커에게 잊을 수 없는 충격을 주었다. '슘페터가 아무리 위대한 경제학자라 해도, 은퇴 후에는 과연 무엇을 할 수 있었을 것인가?' 피터 드러커는 깨달았다. 그리고 그는 한 가지 의미심장한 각오를 품게 된다.

'이 땅을 살아가면서 내가 가장 중요하게 생각해야 할 것은 **첫째**, 우리는 자신이 어떤 사람으로 기억되기를 바라는가? 스스로 질문해야 하며, **둘째**, 우리는 나이가 들면서 그 대답을 바꿔야 하는데 그것은 성장과 변화하는 삶을 살아야 하기 때문이며, **셋째**, 사는 동안 다른 사람의 삶에 변화를 일으키는 것만큼 가치 있는 일은 없다는 것이다.

어떠한 사람으로 기억되기를 바라는가?

피터 드러커의 김나지움 학교 동창생들이 60주년 동문회를 가졌다.

그날 모인 동창들은 13세 때, 자신들의 인생을 바꾼 '질문'에 대해 이야기꽃을 피웠다. 그 질문은 슘페터의 만남 이후 피터 드러커가 마음 깊이 새긴 질문과도 같은 것이다.

피터 드러커가 13세 되던 해 필리 글러 신부의 종교 수업 시간이었다. 수업을 시작하자 신부는 학생들 한 명 한 명과 눈을 맞추며 똑같은 질문을 하였다.

"너는 죽으면 어떤 사람으로 기억되고 싶으냐?"

죽음에 대해 한 번도 생각해보지 못했던 13세의 학생들은 그 질문에 답변할 수가 없었다. 신부는 웃으면서 학생들에게 이야기했다.

"나의 질문에 답을 하기 어려울 거라고 이미 생각하고 있었다. 하지만 만약 너희들이 50세가 되었을 때도 이 질문에 대답할 수 없다면, 너희는 인생을 낭비한 것이다."

피터 드러커 연구의 대가 고(故) 이재규 교수는 피터 드러커 생전에 이 부분에 대해 직접 질문을 하였었다.

"박사님은 어떤 사람으로 기억되기를 원하십니까?"

이에 대해 피터 드러커는 간단하고 확신에 찬 어조로 말하였다.

"저는 많은 사람의 목표를 달성하도록 도와준 사람으로 기억되기를 바랍니다."

우리는 어떤 사람으로 기억되기를 바라는가? 이 질문은 '내가 공헌해야 할 일은 무엇인가'와 같은 의미를 내포한다. 피터 드러커의 이 질문에 답변하기 위해서는 세 가지 요소의 균형이 필요하다.

첫째, 상황이 요구하는 것은 무엇인가?

둘째, 나의 강점, 나의 성과향상 방식, 나의 가치를 통해 나는 어떤 분야에 최고로 기여할 수 있는가?

셋째, 남다른 성과들을 내기 위해서는 어떤 결과들을 산출해야 하는가?

이러한 생각을 스스로 하게 되면, 우리는 스스로 자신의 일을 명확하게 규정할 수 있게 된다. 즉, 내가 무엇을 해야 하고, 어디에서부터 시작하며, 어떻게 출발하고, 어떤 목표를 정해야 하며, 목표 달성 기한은 언제까지로 할 것인지 생각이 명료해진다. 사실 직장인들의 일반적인 업무 결정권은 많지 않다. 자신의 일을 선택하기보다는 이미 주어진 일을 하는 경우가 일반적이다. 하지만 "내가 공헌할 일은 무엇인가?"라는 질문으로부터 시작한다면 상황은 달라진다. 자신의 일에 좀 더 긍정적이고 적극적인 태도로 참여하게 된다. 자신이 공헌하고 싶은 일을 생각하며 상대방과 세상의 긍정적인 변화를 떠올리게 되고, 그 긍정적인 변화의 내용은 자신이 소중히 여기는 가치와 연결된다. 이 과정에서 실제로 결과를 만들어 성과를 내야 기여하는 것이기에 구체적인 성과를 내기 위한 방법을 연구하게 된다. 그러기 위해 자신이 가장 잘 기여할 수 있는 강점을 찾고 고민하게 된다.

이렇게 공헌을 하게 되면, 돌아오는 것은 '감사'이고 마음속에 '보람'이 일어난다. 지금까지 일에 대한 공헌에 비중을 두었다면 나는 온전한 사명을 위해 좀 더 확장된 질문을 추가하고자 한다.

이 질문은 스티븐 코비에게 배운 질문이다. 당신은 어떠한 배우자로 기억되기를 바라는가? 당신은 어떠한 아들/딸로 기억되기를 바라는가?

당신은 어떠한 상사/동료로 기억되기를 바라는가? 당신은 어떠한 아버지/어머니로 기억되기를 바라는가? 이러한 관계적 확장 질문은 매우 중요하다. 일과 삶의 균형 잡힌 성공 이것이 스티븐 코비가 말하는 효과적인 성공이다. 중요한 관계들을 놓치지 않으면서 일에서도 좋은 성과를 내는 리더가 되는 것이 중요하다. 이러한 것을 가능케 하는 지속성의 에너지는 바로 '책임'이다.

무궁화 리더십 3대 요소

무궁화 리더십의 첫 번째 핵심요소는 '신뢰성'이다. 신뢰는 개인과 조직에 있어서 모든 일에 기초가 된다. 상대방에게 신뢰를 못 받고 있다고 생각하는 사람은 매사에 자신감이 없고 용기가 부족하다. 신뢰를 얻고자 하는 사람은 먼저 자신을 신뢰할 수 있어야 한다. 자신을 신뢰하려면 먼저 스스로 한 약속을 주도적으로 이행하여야 한다. 하지만 말처럼 쉬운 일이 아니다. 매일의 삶 속에서 자신과 한 약속을 이행한다는 것은 매우 높은 주도성을 요구한다. 그것은 지속적인 노력이 필요한 것이다. 자신을 신뢰하는 사람이 되려면 어떻게 해야 하는지 몇 가지 방법을 살펴보자.

우선 모든 일은 '내가 선택할 수 있다는 믿음'을 가져야 한다. 일뿐 아니라 나 자신의 감정과, 기분까지도 내가 선택하는 것이다. 기분 나쁜 소리를 들었을 때 기분 나쁘게 반응할 수 있겠지만 다른 방법으로 반응하는 것도 내가 선택할 수 있는 것이다. 다음으로 내가 어떠한 일을 했을 때 그것이 '성과를 낼 수 있는 것'인지 생각하고 행동하는 것이다. 내가 무언가를 변화시키려고 할 때 나의 생각과 행동이 영향을 미칠 수 있는지도 고려해야 한다.

그다음 내가 영향을 미칠 수 있는 것에 자신의 시간과 자원을 투자해야 한다.

또 다른 방법은 '언어'이다. 어떤 말을 했을 때 그 말은 나를 인도하는 역할을 하게 된다. 어떤 말을 해야 할까. 긍정적이고 진취적인 이야기를 해야 한다. 과거에 집착하거나, 비판, 비난하는 이야기를 하지 않도록 조심해야 한다. 그러한 말들이 쌓이면 반드시 좋지 않은 결과를 가져오게 된다.

마지막으로 '약속과 실행'이다. 내가 계획하고 내가 결의한 일들을 실행하라. 실행하는 가운데 발생하는 실수에 대해서는 그것을 인정하고, 개선하는데 교훈으로 삼으면 된다. 작은 일들을 이루어 나가다 보면 큰 목표에도 도전할 수 있게 되는 자신감을 얻을 수 있다. 무엇보다 자신을 신뢰하게 되며 자신에 대한 신뢰감은 타인에게 긍정적인 영향을 미치게 된다.

무궁화 리더십의 두 번째 핵심요소는 '주도성'이다. 주도성이 얼마나 중요한지 스티븐 코비 박사 역시 주도성에 대해 제대로 깨닫고 수많은 사람들에게 선한 영향을 끼친 위인이 되었다. 주도성이란 단순히 솔선해서 사는 것 이상을 의미한다. 이 말은 스스로의 삶에 대해 책임을 져야 한다는 뜻이다. 인간에게는 4가지 천부적인 능력이 있다. 자아의식, 양심, 상상력, 독립의지이다. 우리는 4가지 천부적인 능력을 통해 올바른 선택을 할 수 있는 사람으로 성장할 수 있다.

자아의식은 스스로 한 발짝 떨어져 자신의 생각, 감정, 행동을 돌아볼 수 있는 능력이다. 양심은 옳은 것과 그른 것을 구분할 수 있는 능력이다. 상상력은 자심의 경험과 현실을 넘어서 상상해 볼 수 있는 능력이다. 독립의지는 외부적인 영향과 관계없이 독립적으로 행동할 수 있는 능력이다.

우리는 이러한 능력을 통해 현재 자신의 가치관이 불변의 진리에 기초한 가치관인지 살펴볼 수 있을 것이다. 자아의식과 양심의 능력을 활용해서 검토해 보라. 과거에 잘못된 선택을 해서 힘들었던 경험을 생각해 보라. 자발적 선택이든 타인의 요구에 의한 선택이든 선택에 대한 자유가 있는 내가 결과를 책임져야 성장하는 리더가 될 수 있는 것이다. 주도적인 리더는 독립의지를 잘 활용하며 살아가야 한다. 평소 알고 지내던

지인이 권한다고 해서 믿고 선택했다는 어리석은 말을 해서는 안 된다. 그것은 나의 주도권이 상대에게 있음을 시인하는 것과 다름이 없다.

우리는 4가지 천부적인 능력을 통해 원칙(영원한 진리) 중심의 가치관을 우선 확립하는 것이 중요하다.

많은 사람이 원칙(영원한 진리)에 기반을 둔 가치관을 확립하지 못한 채 살아가고 있다. 그런 사람들은 시시때때로 가치관이 바뀌게 되고 주변 환경에 의해 원칙에 위배된 가치관을 가지고 살아갈 확률이 높다.

자신의 내면에서 나온 가치관과 원칙이 일치하지 않을 때는 어떠한 일을 선택함에 있어서 적지 않은 불안감을 갖게 되고 타인에게 의지하는 경우가 발생한다. 그 결과 잘못된 선택을 하는 실수가 발생되고 그 실수를 남의 탓으로 돌리는 무책임한 사람으로 전락할 수 있다.

주도성은 모든 일을 함에 있어 기본이다. 주도성이 없는 사람은 리더가 될 수 없다. 수많은 기업인과 공무원들이 저지르는 실수나 비리가 모두 원칙을 기반으로 한 가치관의 부재요, 그로 인한 피해는 조직의 구성원과 국민들이 감당해야 하는 것이다. 이런 상황을 바꿀 수 있는 무궁화 리더십의 두 번째 핵심요소는 바로 '주도성'이다.

무궁화 리더십의 세 번째 핵심요소는 '자존감'이다. 우리는 누구보다도 자신에 대해 잘 알아야 한다. 자신의 존재 가치를 알고 자신이 어떠한 존재인지, 어떠한 재능을 가지고 있으며 어떠한 기질을 가지고 있는지 알아야 한다. 자존감이 높은 사람은 스스로를 아끼고 사랑한다. 일이 잘 안된다고 해서 스스로를 비하하거나 원망하지 마라. 자신에게 용기를 심어주는 긍정적인 말을 하라.

"나는 할 수 있다."

"나는 보다 나은 것을 선택할 능력이 있다."

"나는 날마다 모든 면에서 점점 더 좋아지고 있다."

"힘내라 지금의 위기를 극복할 수 있다."

일이 잘못되었을 때도 괜찮다. 실수를 통해서도 교훈을 얻을 수 있는 것이다. 자기 스스로를 존중하지 않으면 타인에 대한 존중도 어려워진다.

남을 존중할 줄 아는 사람은 사람들과 협력하여 어떠한 일이든 성취할 수 있다.

항상 우리는 자신부터 시작해 타인에게 좋은 영향을 미치는 선하고 의로운 리더가 돼야 한다. 남에게 좋은 사람으로 기억되고 다른 사람의 삶에 긍정적인 변화를 일으키게 도와주고 싶다면 자신을 먼저 사랑하고 존중하는 법을 배워라. 자신을 존중하기 위해 자신을 이해해야 한다는 것은 과연 무엇을 우선적으로 이해한다는 것인가. 피터 드러커는 자기 이해의 출발은 바로 '강점'이라고 소개한다.

🌺 강점은 결과와 성과를 만든다

공헌하고 기여하는 과정에서 자신의 '강점'을 찾는다는 것은 매우 중요한 일이다. 왜냐하면 강점이 성과를 만들어내기 때문이다. 강점이 반영되어야 공헌이 가능하다.

그런 의미에서 강점은 세상에 공헌하기 위한 가장 중요한 요소이다. 탁구의 강국 중국의 훈련 방식은 '강점 이론'의 효과를 잘 보여준다. 한 기자가 1984년 LA 올림픽에서 금메달을 딴 중국의 코치에게 훈련 비결을 묻자, "하루에 8시간씩 강점을 강화한다."라고 대답했다. 무슨 뜻이냐고 다시 묻자 "강점을 강화하여 약점까지 보완하는 것이다. 우리 팀의 에이스는 포 핸드에 강하지만 백핸드에 약하다. 이런 사실은 상대팀도 다 아는 사실이다. 그러나 백핸드를 보완하는 대신 포핸드를 더욱 강하게 할 수 있도록 훈련을 했다. 결국 포핸드의 큰 위력 때문에 아무도 우리의 약점을 공략하지 못했다."

이것이 바로 강점의 중요성이다. 피터 드러커는 어린 시절부터 플래너를 기록하는 좋은 습관을 갖고 있었다. 계획을 세우고 계획대로 잘 실행했는지 기록하여 확인하는 방식이다. 계획을 수행하면서 잘 된 일과 잘되지 않은 일을 쓰면서 자신의 특기를 발견하고 발전시킨다. 성과를 통해 자기의 강점을 파악하는 원리를 경험하는 것이다.

이 시대에는 피터 드러커가 강조한 이러한 강점이 무엇보다 중요하다. 강점을 파악하기 위해서는 일단 자신을 따뜻하게 바라보고 관찰하며 인정하는 시선이 필요하다. 그런데 바로 이런 부분이 이 시대 직장인들에게는 매우 취약하다는 연구결과도 있다.

피터 드러커는 지식근로자가 자기 자신을 알기 위해서는 다섯 가지 질문을 스스로에게 던지고 답변할 수 있어야 한다고 말했다.

첫째, 나는 누구인가? 나의 강점은 무엇인가? 나는 어떻게 일하는가?
둘째, 나는 어디에 속하는가? 그리고 어디에 속해야 하는가?
셋째, 내가 기여 또는 공헌해야 할 것은 무엇인가?
넷째, 나는 어떤 관계 책임을 져야 하는가?
다섯째, 나의 인생의 후반부를 어떻게 계획할 것인가?

🌸 피드백을 통해 강점을 강화하라

'왜 일하는가?'라는 질문에서 출발하여 공헌이라는 목적과 이유를 발견했다면, 질문은 곧 '무엇에 공헌할 것인가?'로 바뀐다. 이것을 알기 위해서는 '나는 누구인가?'를 찾아야 하고, 그것을 알기 위해서 가장 우선적인 것은 '나의 강점은 무엇인가?'이다.

그렇다면 구체적으로 자신의 강점을 스스로 파악하는 방법은 무엇일까. 피터 드러커는 그 방법으로 '피드백'의 원리를 제안하였다. 14세기 독일의 무명 성직자가 시작했다는 피드백 분석은 강점을 파악하기 위한 최적의 과정으로 볼 수 있다.

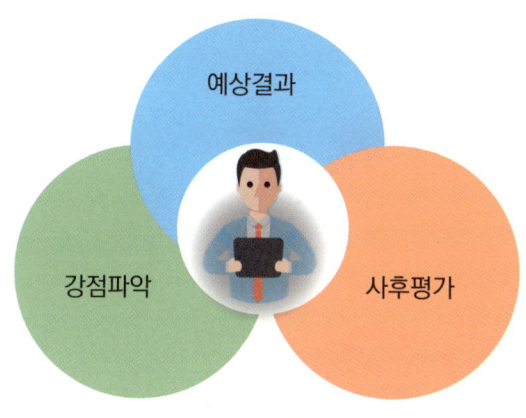

[피드백 시스템]

피드백은 피터 드러커가 언급한 지식근로자를 위한 다섯 가지 질문 "나는 누구인가? 나의 강점은 무엇인가? 나는 어떻게 일하는가? 나는 어디에 속해 있는가? 나는 무엇에 기여하는가?"에서 이 중 앞부분 세 개를 해결하는 데에 최적의 도구이다. 피드백의 방법에 대해 피터 드러커는 이렇게 이야기했다.

"중요한 결정을 내리고 중요한 행동을 실천할 때에는 항상 예상되는 바를 종이에 기록한다. 그리고 9개월 내지 12개월이 지난 후 실제 결과로부터 예측으로 되돌아가서(feedback) 이를 비교 분석한다. 나는 그때마다 놀라움을 금치 못한다. 이 방법을 실행해 본 사람들은 모두 마찬가지이다."

피드백은 강점을 찾는 것뿐 아니라 약점을 보완하는 방법으로 쓰이기도 한다.

피드백의 방법으로 자신의 강점을 파악했다면 이미 한 가지는 확실해졌다. 자신이 어떤 분야에서 성과를 내고 있는지 확인이 된 것이다. 그것도 일관되게 결과를 만들어내고 있을 수도 있다. 이렇게 찾아낸 강점을 통해 우리는 자신이 무엇에 기여하고 있는지, 왜 일하는지 등의 가치를 찾아갈 수 있다. 그러나 혹시 자신이 이미 품고 있는 가치, 혹은 공헌의 방향과 강점의 분야나 방식이 다를 경우는 없을까?

🌸 가치는 강점을 넘어선다

아이러니하게도 우리는 강점을 통해 공헌의 가치를 찾아내지만, 때로는 자신이 잘하는 그것이 자신이 추구하는 가치와 맞지 않을 수도 있다.

다시 말하면 자신이 잘하는 그 무엇의 강점이 타인과 사회에 기여하지 못할 수도 있다는 것이다. 때로는 자신이 잘하는 그것이 자신의 인생 전체를 던질 만한 일로 여겨지지 않을 수도 있다. 피터 드러커는 그런 사람들에게 스스로 이런 질문을 하라고 권한다.

"내가 잘하고 있는 이 일을 계속해야 할까?"

이 부분에 대해 피터 드러커는 자신의 경험을 소개한 적이 있다.

"나는 내가 잘하고 있고, 그리고 그것도 성공적으로 하고 있는 것과 나의 가치 중에서 어느 것 하나를 선택해야만 했다. 1930년대 중반 런던에서, 나는 젊은 투자은행가로서 자타가 공인할 정도로 훌륭한 성과를 올리고 있었고, 그것은 분명 나의 강점과 부합했다. 그렇지만 나는 나 자신의 가치를, 다른 사람의 재산 관리자로서 사회에 공헌하는 것으로 보지 않았다. 나는 돈이 아니라 사람이 나의 가치라고 생각했다. 나는 가장 부유한 사람으로서 땅에 묻히는 것에서 아무런 보람을 느끼지 못했다. 대공황 시대에 나는 돈도 없었고, 직업도 없었고, 전망도 밝지 않았다. 그러나 나는 은행에서 물러났다. 그리고 그것은 옳은 일이었다."

피터 드러커는 자신의 강점을 정확히 알고 있었다. 하지만 그 강점이 가치와 맞지 않을 때는 강점보다 가치를 선택하였다. 인생의 사명을 가지고 살아가는 사람들은 이러한 가치 중심의 사람들이다. 그리고 가치 중심의 사람들은 공통적으로 일관된다. 일관된다는 것은 아무 유혹, 아무런 갈등도 없기 때문은 아닐 것이다. 오히려 가치 중심으로 살아가기 때문에 더 많은 내적 충돌을 경험하게 된다. 그럴 때마다 사명의 사람들은 어떻게 자신의 가치를 지켜나가는지, 남모르는 자신만의 방법은 없는지, 피터 드러커는 이를 '거울테스트'라는 방식으로 설명하고 있다.

20세기 초, 세계열강의 외교관들 중 가장 존경받았던 인물은 영국 런던 주재 독일대사 '소비에스키'였다. 그는 분명 더 높은 자리로, 비록 독일연방의 총리는 아니더라도 적어도 독일의 외무장관까지는 승진할 것으로 예상됐다. 그런데 1906년 그는 갑자기 대사직을 사직하고 말았다.

왜 그랬을까? 그 당시 런던 외교사절단은 재위 5년째를 맞은 영국 국왕 에드워드 7세를 위해 만찬을 준비하고 있었다. 거의 15년간 런던에 주재했던 소비에스키는 외교사절단 단장으로서 그날 만찬의 의장 노릇을 하게 돼 있었다. 에드워드 7세는 유명한 난봉꾼이었고, 자신이 원하는 만찬의 종류를 분명하게 지시했다. 만찬이 끝날 무렵 거대한 케이크가 등장하는 순간 등불을 희미하게 밝히고 뒤따라 12명 또는 그 이상의 나체 창녀가 뛰어 들어오도록 하라는 게 국왕의 주문이었다.

소비에스키는 그러한 만찬을 주재하지 않고 대사직을 물러나고 만 것이다. 그는 "아침에 면도를 할 때 거울 속 내 얼굴이 난봉꾼의 모습으로 보이는 것을 거부한다."라고 말했다.

이것이 바로 피터 드러커가 지식근로자의 '윤리'에 관한 측정 도구를 제시하는 '거울 테스트'이다. 윤리는 하나의 분명한 가치 시스템이다. 그리고 가치 시스템인 윤리는 서로 많이 다르지 않다. 어떤 조직 또는 어떤 상황에서의 윤리적인 행동은 그와는 다른 조직 또는 다른 상황에서도 윤리적 행동이라고 피터 드러커는 강조한다. "아침에 거울을 볼 때 거울 속 내 얼굴이 어떤 종류의 사람으로 보이길 원하는가!"라는 질문은 모든 사람에게 동일하게 적용될 수 있는 간단한 윤리 테스트이다. 거울 테스트는 직업인이 정체성을 측정할 수 있는 유용한 도구다. 자신의 가치관과 조직 또는 상황의 요구가 충돌할 때 판단의 기준으로 적합하다.

때로 거울 테스트를 '모든 사람이 나처럼 행동하는 세상에 사는 것은 어떨까?'라고 보편화시켜 생각해보는 방법도 있다.

🌺 세상을 변화시키는 사명자들

피터 드러커의 '공헌'과 무궁화의 '사명'을 이 시대의 직장인, 관리자, 그리고 경영자들에게 설명하기 가장 적절한 예화가 있다. 바로 '3인의 석공' 이야기이다. 두 권의 책에 소개된 같은 이야기를 약간 다른 느낌으로 살펴보자.

어느 나그네가 길을 가던 중 세 명의 석공이 일하고 있는 것을 보았다. 그들은 각자 땀을 뻘뻘 흘리며 큰 돌들을 다듬고 있는 중이었다.

나그네가 물었다. "지금 뭘 하고 있는 중입니까?" 첫 번째 석공이 답했다. "보면 몰라요? 돌을 다듬고 있지 않습니까?" 두 번째 석공이 답했다. "성당 짓는 데 쓰일 석재를 다듬는 중입니다." 그렇다면 세 번째 석공은 어떻게 답했을까? 그는 이렇게 말했다. "신을 모실 성스러운 공간을 짓고 있는 중입니다."

『오리진이 돼라』 중에서

중세 시대 성당을 건설하는 공사 현장을 지나가던 신부가 열심히 일하는 세 명의 석공에게 "지금 무엇을 하고 있느냐?"라고 물었다. 첫 번째 사람은 고개를 푹 숙이고 이렇게 대답했다. "나는 이 일을 해서 먹고 삽니다." 두 번째 사람은 열심히 망치질을 계속하면서 말했다. "나는 세상에서 가장 훌륭한 석공이 되기 위해 노력하고 있습니다." 세 번째 사람은 비전이 가득한 눈빛으로 신부를 쳐다보면서 말했다. "나는 사원을 짓습니다."

『무엇이 당신을 만드는가』 중에서

두 인용 모두 같은 이야기이고, 세 번째 석공을 강조하고 있다. 첫 번째 인용에서는 세 번째 석공의 태도를 창조적 관점의 초월적 인식, 즉 책의 표현을 빌리자면 'High Soul'을 표현한 것이다. 『무엇이 당신을 만드는가』는 피터 드러커 일생의 질문을 재조명하는 책이다. 여기에 소개된 세 번째 석공은 사실 경영자의 태도를 강조한 것이다.

나는 이 예화가 단순히 경영자에게 해당하는 것으로 여기지는 않는다. 『오리진이 돼라』에서 표현된 인용을 자세히 보면, 세 번째 석공은 자신의 노력으로 만들어질 공간이 무엇을 위해 지어지는지 알고 있다.

쓰임, 의미 그리고 가치 즉, 자신이 무엇에 기여하는지 정확히 알고 있다는 느낌을 준다. 『무엇이 당신을 만드는가』에 인용된 세 번째 석공은 일의 방향을 정확히 알고 있는 경영자적 초점이 돋보인다. 물론 각각의 저자가 그런 의도로 인용구를 사용하였을 것이다.

중요한 것은 이러한 태도, 이러한 안목이 경영자뿐 아니라, 관리자, 지식근로자 그리고 이 시대 모든 직장인에게 필요하다는 것이다. 그래서 결과적으로 우리 각 사람이 이러한 선명한 가치를 품고, 무엇에 기여할지를 알고 있는, 그래서 사명을 이루어가는 개인이 가득한 사회를 만들 수 있다면, 이보다 더 아름다운 변화가 어디 있을까.

우리는 누구나 사명을 가지고 태어난다. 그것을 발견하느냐, 발견하지 못하느냐의 차이가 있을 뿐이다. 때로는 자신에게 주어진 환경, 다가온 시련 등도 모두 사명을 위한 부르심일 수 있다.

총체적인 비전 안에서 교류하라

피터 드러커는 자신의 삶에 만족하고 흡족해하는 사람이라고 말해도 될 사람들 중에는 한 가지 이상의 세계에서 삶을 살아가는 사람들이 많다고 강조하였다. 한 곳에만 몰두하는 사람들은 결국 매우 불행한 사람들이라는 것이다. 우리는 가족, 친구, 그리고 자신이 속한 여러 조직을 살펴볼 필요가 있으며 일에만 지나치게 집중하는 것은 바람직하지 않다. 정상의 자리는 공간이 많지 않기 때문에, 오랫동안 정상에 머물러 있기가 어렵다. 따라서 자신의 시간과 재능을 한 가지 이상의 활동으로 넓혀 다른 집단의 사람들과 일하고 생활하는 것이 안정적인 삶에 도움이 될 수 있으며, 또 일에만 의존하는 것보다 더 여유 있고 행복한 삶을 살아갈 수 있다. 한 분야에서 실패하거나 좌절하는 일이 생기더라도 그 일이 결코 자신을 파괴하지는 못할 것이다.

자신의 인생을 풍부하게 해줄 수 있는 사람들과의 지속적인 교류를 통해 자신의 시각을 넓히고 더 많은 것을 배우고 경험하게 된다. 이러한 경험을 통해 배우는 것은 창의성과 지혜를 발달시켜주고 통찰을 얻을 수 있어 자신이 속한 모든 곳에 긍정적인 영향을 줄 확률이 높다. 한 집단 안에만 머물러 있으면 안목이 좁아지고 한쪽으로 기울어진 사고가 형성될 수 있다. 인생이란 소중한 것이다. 한 번뿐인 인생을 멋진 명작으로 만들어가고자 한다면, 다양한 경험을 통해 참된 지혜와 의미를 추구할 필요가 있다. 이러한 삶은 나의 인생을 더욱 풍요롭게 하고 책임감이 강한 성숙한 리더로 성장하도록 도와줄 것이다.

사람은 함께 살고, 함께 사랑하고, 함께 배우는 존재이다. 사람은 자신만을 생각해서는 안 되며 반드시 타인을 배려하고 함께 아름다운 사회를 만들고자 하는 건강하고 아름다운 생각이 필요하다. 그래서 개인의 사명은 개인을 위한 것이 아닌 조직과 사회를 위한 것이어야 한다.

즉 내가 존재하는 이유는 나 홀로 잘 먹고 잘 살고 잘 배우기 위한 것이 아니라, 내가 속한 조직과 사회에 내가 어떠한 공헌을 해서, 어떠한 조직이나 사회를 만드는 데 기여하는 것이 돼야 한다. 혼자서는 결코 참된 행복감을 누릴 수 없는 게 사람이다. 함께하는 이들이 모두 즐겁고 행복할 때 우리는 진정한 행복을 누릴 수 있게 되는 것이다. 따라서 자신의 잠재력을 검토하고 강점을 기반으로 다양한 시너지가 나는 멋진 인생을 설계해 보기 바란다.

비전과 사명 그리고 목표

"왜 이 직장에 들어오고 싶은가요?"

"성장하고 싶습니다."

"어디까지 성장하고 싶은가요? 성장의 최종 목표는 무엇인가요?"

"한 분야를 책임지는 최고경영자가 되고 싶습니다."

"왜 최고경영자가 되고 싶은가요?"

"대한민국에 올바른 기업가정신을 심고 이를 확산하고 싶습니다."

"어떻게 그 목표에 도달할 계획인가요?"

"10년을 목표로 하고 있습니다. 이를 위해 5년 내에 해외 신규 시장을 개척하는 담당자로 파견되는 것을 목표로 하고, 올해는 맡겨진 프로젝트를 성사시키는 것이 목표입니다."

이 내용은 한 신입사원과 선임자가 나눈 대화이다. 내용 속에는 구체적인 비전, 그리고 사명, 또한 장기 목표, 중기 목표, 단기 목표가 들어 있다. 자신이 궁극적으로 도달하고 싶은 목표와 꿈을 비전이라고 한다면, 사명은 그 목표를 이루어서 궁극적으로 세상에 기여하고 싶은 것이 무엇인지를 밝히는 것이다. 이를 위해 장기적, 중기적, 단기적 목표를 구체화할 수 있다.

어떤 기업은 직원들 명함 뒷면에 개개인의 사명을 적어 가지고 다니도록 했다. 직원 한 사람 한 사람이 각기 자신의 사명을 위해 일하는 조직은 역동적이다. 그리고 그러한 개인의 사명은 기업의 사명이라는 큰 틀 안에서 시너지를 만들어낸다. 따라서 기업은 개인의 비전과 사명을 무시한 채, 기업의 사명만을 강조해서는 안 된다. 각 직원들이 이 직장을 통해 이루고 싶은 꿈들을 지지해 주어야 한다. 직원들 개개인의 비전이 사회에 기여하는 사명으로 승화되고, 이러한 지식근로자 개인의 사명이 기업의 사명 안에서 시너지를 만든다면 그 기업은 사회적 문제를 해결하고 긍정적인 역할을 감당하게 될 것이다. 이런 기업은 모든 개인이 살아 역동하는 움직임을 보여줄 것이다. 또한 기업은 이런 개개인의 비전과 사명을 존중해 주고, 충분히 꿈을 이룰 수 있도록 지원해 줄 때, 오히려 직원들은 그 기업에 뿌리를 내리게 된다.

한편, 지식근로자 개인의 입장에서 기업에 입사하고 그 기업을 통해 세상에 기여하기 위해서는 기업이 가진 '사명선언'을 충분히 이해할 필요가 있다. 기업의 사명선언문이란, 기업의 존재 의미와 목적에 대하여 조직 구성원의 중지를 집약하여 표현된 선언문이다. 예를 들어, 유한킴벌리의 사명선언문은 다음과 같다.

'초일류 생활혁신 기업'이라는 경영 목표와 더 나은 생활을 향한 믿음을 바탕으로 우수한 제품, 서비스, 환경을 제공함으로써 고객에게 가치 있는 기업으로 기억되는 것.

 이러한 사명선언을 정확하게 이해한 구성원들의 집합체로서 기업이 존재할 때, 그 기업은 세상에 충분히 기여할 가능성이 높다. 이러한 사명이 그 기업의 고객 가치로, 업무 문화와 환경으로, 성과목표로, 업무방식으로 연결될 때 그 기업은 사명을 이루어낼 수 있다. 요즘은 기업 면접에서 사명을 확인하는 곳이 늘고 있다. 또한 신입사원 교육장에서 사명선언을 적게 하는 기업도 늘고 있다. 그저 글자로만 명문화된 사명이 아니라, 실제 기업의 문화로 정착되기 위한 기업 사명선언인 것이다.
 사명은 무궁화 정신이 보여준 첫 번째 핵심가치이면서, 이 땅의 기업 그리고 그 기업에 속한 지식근로자 개인들이 갖추어야 할 필수조건이 되었다.

〈백단심/무궁화연대〉

🌸 진지함이 성실의 출발이다

성실하다는 것은 무엇을 말하는 것일까. 사전적 의미는 '정성스럽고 참되다'라는 뜻이다. 여기에는 근면, 지속성, 정직, 윤리적 도덕성 등도 내포하고 있다. 피터 드러커는 성실에 대해 종종 언급하였다. 그가 말한 성실에는 일반적인 의미 이외에 두 가지 특별한 점이 포함되어 있다. '진지함'과 '완전함'이다.

피터 드러커는 '매니지먼트'를 체계화하는 과정에서 '매니저'의 자질에 대해 말하면서 '진지함'을 언급하였다.
사람을 관리하는 능력과 함께 의장 역할이나 면접 능력을 배울 수 있다. 관리 시스템, 승진과 포상 제도를 통해 인재개발에 효과적인 방법을 강구할 수도 있다. 하지만 그것만으로는 충분하지 않다. 근본적인 자질이 필요하다. 그것은 바로 '진지함'이다.

진지함은 성실의 출발점이다. 진지함은 능력의 언어가 아니라, 태도의 언어이다. 삶을 대하는 태도이다. 업무를 받아들이는 자세이다. 변화를 수용하는 눈이다. 그러기에 진지함이 결여되면 성실로 나아가기는 어렵다. 성실의 출발이 진지함이라면 성실의 마무리는 무엇일까. 피터 드러커에서 찾은 답은 '완전함'이다. 가장 높은 수준으로 마무리하려는 자기 기준이다. 진지함과 완전함의 사이는 다양한 단어들이 채워질 수 있는데 일단 '근면함'이 필요하다. 근면함은 지속성을 포함한다.

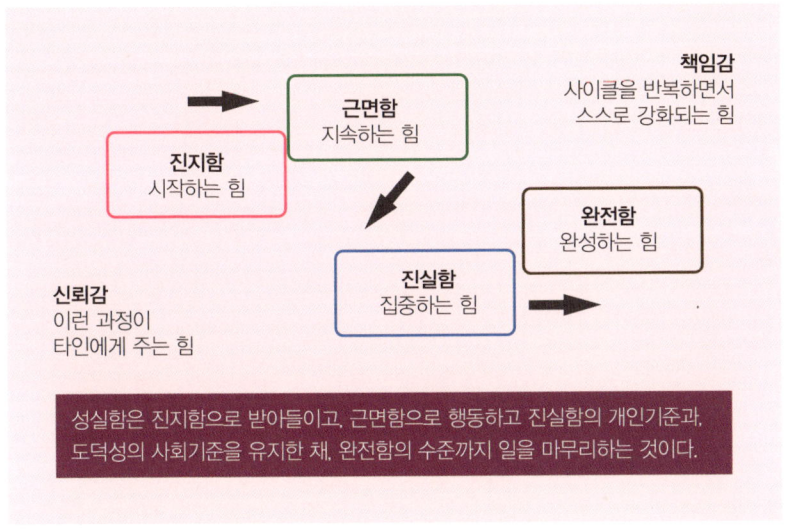

그러나 기계적인 반복을 통해 억지로 지속하여 끝까지 가는 것은 진정한 성실함이 아닐 것이다. 그래서 필요한 것이 진실함이다. 개인적 차원의 진실함이 관계와 사회 측면으로 확장되면 건전함 즉 도덕성으로 확장될 것이다. 정리해 보면 하나의 순서가 형성된다. 성실함은 진지함으로 받아들이고, 근면함으로 행동하고 진실함의 개인 기준과, 도덕성의 사회 기준을 유지한 채, 완전함의 수준까지 일을 마무리하는 것이다.

성실함의 대가들은 이러한 사이클을 반복하면서 특정한 성품을 지속적으로 강화시키는 데 그것이 바로 '책임감'이다. 이렇게 성실함을 통해 책임감을 학습해가는 사람을 만나면 상대는 한 가지 느낌을 받게 된다.

우리는 그것을 '신뢰감'이라고 여긴다.

이 모든 것의 출발이 진지함에서 나온다고 했는데 바로 이런 특성을 무궁화는 어떻게 담아내고 있을까. 무궁화가 가진 성실함은 어떤 모습일까.

🌸 기다림과 인내가 빚어낸 성실함

일반적인 꽃들은 4월과 5월에 만개한다. 그 화려함은 이루 말할 수 없다. 벚꽃, 진달래, 개나리 등 우리나라 사람들이 가장 좋아하는 꽃들은 봄에 화려하다. 봄이라는 계절과 맞물려 흐드러지게 모여서 피워낸 꽃들이 산과 들, 특히 도로 곳곳 그리고 담장까지 가득하다. 그러기에 사랑을 받는다. 그리고 각 지역마다 특색에 따라 봄꽃 축제의 명소도 생겨났다. 기상청은 매년 이러한 봄꽃들의 개화시기를 지역별로 정리하여 일반에게 공개한다. 이런 서비스까지 해주어야 할 정도로 봄이라는 시기의, 꽃이라는 소재는 사람들에게 중요하다.

그런데 무궁화는 좀 다르다. 피어야 할 시기에 요지부동이다. 무슨 꽃을 피워도 사람들이 꽃을 좋아할 만한 시점은 바로 봄이다. 겨울 동안 추위에 움츠러들어 있던 몸과 마음을 펴고 만물이 움트는 기운을 기다리는 시기이다. 무릇 시점과 기회는 누구에게나 중요한 요소이다.

진달래와 개나리가 피고, 앵두꽃이 피고 또 피었던 살구꽃과 복숭아꽃이 져도 무궁화는 아직 메마른 가지인 상태 그대로 있다.

겨울 - 봄
봄꽃이 모두
지도록 기다림

여름
오랜 기다림 끝에
꽃 피우기 시작

여름 - 가을
100여 일 기간 동안 매일 꽃 피우고 지기를 반복,
한 그루의 무궁화나무가 10,000송이 꽃을 피움

라일락이 피고, 장미가 피고 나서야 비로소 잎 모양을 갖춘다. 일단 잎이 피고 나면 무궁화 나무는 푸른 옷으로 갈아입는다. 무궁화는 보편적 기대감에 부응하기보다는 자신만의 시간을 기회로 만드는 특징이 있다. 봄을 지나고도 한참 지난 7월 여름이 되어서야 서서히 꽃을 피우기 시작한다.

그리고 8월에 그 절정을 이룬다. 그리고 그 꽃피움을 10월까지 이어간다. 흔하지 않은 길을 가는 무궁화는 그야말로 '대기만성형'이다. 조급하지가 않다.

무궁화는 성실함을 갖춘 사람들이 보이는 특별한 장점을 모두 지니고 있다. 일단 자신만의 완벽함을 지향하는 기준이 있다. 그리고 기준을 향해가는 과정을 오롯이 인내한다. 인내한다는 것은 결과에 대한 확신이 있기 때문에 가능하다. 그러다 보니 때로는 주위의 시선이 따갑고, 비교가 되거나, 초조함이 일어날 만하다. 그럼에도 이러한 조급함을 잘 이겨 내고 인내하며 기다린다. 무궁화의 꽃피움이 보여주는 생태학적 특징은 이 시대 인재들이 지녀야 할 성실함의 내면적 특성을 잘 보여주고 있는 것이다.

이는 결국 임계상황에 대한 이론이 뒷받침되는 방식이다. 일반적인 성장곡선을 그리는 사람, 반짝하며 화려함을 보이다가 금세 시들어 버리는 사람이 있는가 하면, 무궁화처럼 묵묵히 인내하며 준비하였다가 임계상황에 이르러 그 진면목을 입증하는 사람이 있다.

성실함은 가까운 사람에게 전이되는 특징이 있고, 서로 함께 성실함을 추구할 때 시너지를 만들어내기도 한다.

🌸 성실한 사람들은 '완벽함'을 추구한다

피터 드러커의 매니지먼트 이론에는 그가 초등학교 때부터 40대에 걸쳐 겪었던 일곱 가지 중요한 인생 체험이 바탕에 깔려 있다. 피터 드러커가 본인의 인생을 회고하며 밝힌 일곱 가지 경험은 다음과 같다.

1. 여든 살이라는 나이에도 완벽한 음악을 만들고자 노력했던 작곡가 베르디의 태도에 깊은 감동을 받음.
2. 고대 그리스 조각가 페이디아스의 이야기로 하늘이 보고 있다며 조각품의 뒷면까지 소홀히 다루지 않았던 페이디아스 이야기에 또한 감명을 받음.
3. 3~4년마다 주제를 바꾸는 공부법. 프랑크푸르트에서 신문기자로 일하던 시절에 이 공부 방법을 터득했음.
4. 상사와의 면담. 신문기자 시절, 편집장에게 업무 상황을 정기적으로 재점검하는 지도를 받음.
5. 조직이 원하는 일을 제공. 이직 후에도 전 직장과 똑같은 방식으로 일을 하던 그는 상사로부터 '지금 이 자리에서 요구하는 일을 하라'는 지적을 받음.
6. 사전 예측과 사후 성과를 비교하는 피드백 활동. 15, 16세기의 유럽을 연구하던 그는 유럽의 지배적인 두 조직이 바로 이러한 피드백 활동을 사용해 발전했음을 발견함.
7. 경제학자 슘페터와의 만남. 아버지와 함께 경제학자 슘페터를 방문했을 때, 피터 드러커는 '어떤 사람으로 기억되기 바라는가'라는 말의 의미를 깨달음.

피터 드러커가 말하는 성실함에 '완전함'의 가치를 더해 준 경험은 바로 주세페 베르디에 관한 것이다. 1927년 어느 날, 함부르크에서 그는 19세기 이탈리아의 위대한 작곡가 주세페 베르디의 오페라를 관람했다. 그것은 베르디가 80세 되던 해인 1893년에 작곡한 최후의 희가극 오페라 '팔스타프'였다. 그는 그날 밤 받은 감동을 오랫동안 잊을 수가 없었다. 나중에 집에 돌아와 자료를 찾아본 그는 그 놀라운 오페라를 만든 작곡가가 80세 노인이었다는 것을 발견하였다. 18세의 피터 드러커로서는 그 사실이 놀라울 따름이었다. 자료를 찾던 피터 드러커는 베르디의 인터뷰 내용을 찾아내었다.

"19세기 최고의 오페라 작곡가로 인정받고 있고, 이미 유명인이 된 선생님께서 고령의 나이에 힘들게 왜 또 오페라를 작곡하시는 겁니까? 그것도 매번 어려운 주제로 만드시는 것 같습니다."

"음악가로서 나는 일생 동안 완벽을 추구해왔네. 완벽하게 작곡하려 했지만 작곡을 마칠 때면 늘 아쉬움이 남았지. 분명 나는 완벽을 향해 한 번 더 도전해 볼 의무가 있다고 생각하네."

이때 베르디가 말한 '완벽을 향해 한 번 더 도전해볼 의무가 있다'는 말이 인터뷰 내용을 보던 피터 드러커의 마음에 평생 새겨지게 된 것이다.

완벽함을 향한 도전은 그 자체로 완전한 현재의 성실을 만들어내는 것이다. 그의 두 번째 경험에 등장하는 인물은 그리스의 조각가 페이디아스이다. 페이디아스는 기원전 440년경 여러 가지 조각 작품을 제작하였다. 그의 작품은 2400년이 지난 지금도 '아테네 파르테논 신전'의 지붕 위에 여전히 서 있다. 페이디아스의 작품은 오늘날까지도 서구 미술 역사상 최고의 걸작으로 손꼽히고 있다.

그가 신전 지붕 위의 조각해 놓은 조각품에 대한 대금 청구서를 재무관에게 제출했을 때 재무관은 지불을 거절하였다. 파르테논 신전은 아테네에서 가장 높은 언덕 위에 있었고, 조각들은 신전의 지붕 위에 세워져 있어 사람들은 신전의 앞면 밖에 볼 수 없었다. 그래서 사람들이 볼 수 없는 곳의 조각품이 무슨 소용이 있냐는 것이었다. 시간과 재능과 돈을 낭비했다는 취지였다.

"페이디아스, 당신은 아무도 볼 수 없는 조각의 뒷면 작업에 들어간 비용을 청구했소. 어떻게 생각하오?"

"아무도 볼 수 없다고요? 당신이 틀렸소. 하늘의 신들이 볼 수 있소!"

완벽함에 대한 페이디아스의 기준은 일반적이지가 않았다. 바로 그러한 기준과 수준이 완벽함을 이끌었고, 그 완벽함에 대한 몰입이 현재의 열정과 성실을 만들어주었다. 그렇게 해서 탄생한 작품은 2400년을 지속하여 여전히 최고의 작품으로 남게 되었다.

미켈란젤로의 가장 위대한 작품 중 하나는 단연 '시스티나성당'의 천장 벽화이다. 그는 받침대 위에 올라가 거의 누운 상태로 천장 구석에 인물 하나하나를 섬세하게 그렸다. 무려 4년이라는 시간 동안 일반 화가들과는 달리 조수도 두지 않고 홀로 천장 높이 올라가 그림을 그렸다.

어느 날, 구석진 곳에서 그림을 그리고 있는 미켈란젤로에게 친구가 다가와 걱정 어린 표정으로 물었다.

"여보게, 구석진 곳의 잘 보이지 않는 인물 하나에 그토록 정성을 쏟아야겠는가. 그게 완벽하게 그려졌는지 누가 알 수 있겠나?"

그 말을 들은 미켈란젤로가 짧게 말했다.

"내가 알지."

누가 보든 말든 자신이 지금 무슨 일을 하는지, 왜 하는지, 어떤 수준까지 해야 하는지 정확히 알고 있는 한 사람의 집념을 보여주는 부분이다. 미켈란젤로는 대충대충 사람들의 눈에 그럴싸하게 보일 정도로만 일을 하는 이 시대의 사람들에게 여전히 깊은 교훈을 던진다. 미켈란젤로가 이 시대의 인재를 꿈꾸는 사람들에게 아마도 이런 당부를 하고 있는 것인지도 모른다.

"목표를 너무 높게 잡고 그것을 달성하지 못하는 것이 위험한 게 아니라, 목표를 너무 낮게 잡고 거기에 쉽게 도달하는 것이 위험한 것이다."

🌺 끊임없는 자기계발로 성장과 변화를 추구하라

자기 계발이란 스킬을 연마하는 것만이 아니라 더 성숙한 인간이 되는 것을 의미한다. 자기 자신이 스스로 부과하는 책임의식에 초점을 맞출 때 우리는 스스로를 보다 크고 중요한 존재로 인식한다. 그것은 허영이나 자만이 아니다. 그것은 자아 존중감이고 자신감이다. 그것은 한번 몸에 배면 그 사람으로부터 빼앗아갈 수 없다. 우리가 지향해야 하는 것은 외적인 성장이자 내적인 성장이다.

자기 계발에는 두 가지 종류가 있다. 하나는 업무에 관한 지식이나 스킬을 익히고 성과를 올리는 능력과 관리능력 등을 습득하는 '외적인 성장'이다. 또 하나는 인간으로서 성숙해지는 '내적인 성장'이다. 이른바 인간적 그릇의 크기를 말한다. 어떤 상황에서도 동요하지 않는 신념, 사람과 사물을 수용하는 도량, 균형감각, 정직, 신뢰성 등이 여기에 해당한다. '외적인 성장'과 '내적인 성장'은 모두 일을 통해 습득할 수 있다. 그리고 자기 성장에 있어서 가장 중요한 요소는 책임감이다. 그러므로 업무상 책임을 회피해서는 안 된다. 고객에 대한 책임, 함께 일하는 동료에 대한 책임, 자신이 맡고 있는 자금에 대한 책임……

이러한 책임들은 모두 내적인 성숙을 가져오고 인간적으로 한층 성장시켜준다. 책임은 자기 기준으로 측정하는 것이 아니다. 미션, 즉 조직의 사회적 역할에 의해 도출된 기준을 만족시켜야 주위로부터 인정을 받고, 스스로 자부심과 자신감을 얻는다. 처음부터 책임을 회피하려는 것은 논외로 치더라도, 노력을 게을리하거나 눈앞의 이익에 급급해 작은 것에 만족하면 시간이 흘러도 결국 큰 성과를 얻지 못한다.

뛰어넘어야 할 벽이 높을수록 만족감과 성과도 큰 법이다. 고생의 끝에는 거기에 상응하는 커다란 '무엇인가'가 기다리고 있다.

'내가 몸담고 있는 조직은 무엇을 위해 존재하는가?'라는 질문을 하고 그 답에 담긴 의미를 확인하면 그림을 펼친 듯 자신이 해야 할 일이나 부족한 부분이 한눈에 들어올 것이다. 그다음은 실행으로 옮기면 된다. 일이 뜻대로 풀리지 않는다고 환경이나 남을 탓한다면 더 이상 성장할 수 없다. 반면 자신의 부족한 점을 간파하고, 시련을 기회라고 긍정적으로 받아들이면 계속해서 성장할 수 있다. 성장에는 끝이 없다.

당신이 원한다면 더 높은 단계로 끝없이 성장할 수 있다.

🌸 성장의 수준은 '탁월함'이다

전문가로서 그리고 개인으로서 성장하려면 무엇보다 탁월성을 발휘하려고 노력해야 한다. 탁월성을 갖추면 만족감과 성취감을 느낄 수 있다. 탁월한 능력은 업무 수준을 높일 뿐 아니라 업무를 수행하는 개인의 성장에도 중요한 의미를 지닌다. 전문 직업인으로서 탁월한 능력을 갖추지 못하면 업무를 잘 수행하지 못하는 것은 물론, 자기 자신의 성장도 이루지 못한다.

피터 드러커는 『이미 일어난 미래』에서 달마대사를 언급했다. 오랜 수행을 하며 심신을 갈고닦아 선의 시조가 된 달마대사를 두고 '지식이 아니라 예지, 힘이 아니라 자기규율, 성공이 아니라 탁월성에 초점을 맞춘 삶'이라고 표현했다. 탁월성은 의식적으로 만드는 것이다. 필요하다면 누군가와 상의해도 좋지만 최종적으로 결정을 내리는 사람은 자기 자신이다.

탁월성을 추구하는 과정은 다음과 같다.

첫째, 탁월성을 얻을 수 있는 분야와 능력을 결정한다. 둘째, 그것을 얻기 위해 시간과 에너지, 자금 등을 집중시킨다. 셋째, 탁월성을 심화하기 위해 자신의 강점을 최대한 이용한다.

누구나 인정하는 탁월성을 획득하기 위해 몇 개월 혹은 몇 년에 걸쳐 집중적으로 노력한다면 반드시 성과도 오르고 자신감도 붙는다. 그렇게 되면 상사나 동료들도 "저 사람은 뭔가 다르다."라고 인정하기 시작 하는데, 이때가 탁월성이 탄생되는 순간이다. 탁월성은 당신을 성공으로 이끄는 강력한 무기가 된다. 남들이 인정하기 시작하면 경쟁자가 나타난다. 이기고 지고, 기뻐하고 고뇌하는 경험들은 성장을 위한 중요한 양식이다. 라이벌은 언젠가 사라질지 모르지만 자신과의 싸움은 계속된다. 탁월성을 추구할 때는 항상 더 높은 곳을 목표로 실천을 계속해 나가야 한다.

🌸 성장하기 위해 넘어야 할 것 '변화'

일을 하면서 자극을 받는 순간은 스스로 혁신하기 위해 노력할 때이다. 성장을 추구하며 열정적으로 도전과 변화를 시도할 때이다. 이것은 자기 자신과 업무 두 가지 모두를 새로운 차원에서 바라볼 때 가능해진다. 인간은 싫증을 잘 낸다. 자극 없이 편안하게 지내면 슬럼프에 빠져 일을 제대로 끝맺지 못할 수도 있다. 싫증 내지 않는 법 그리고 매너리즘에 빠지지 않는 방법을 찾는 것은 자기관리에서 의외로 중요하다.

피터 드러커가 소개했던 유명한 일화가 있다.

어느 클라리넷 연주자가 지휘자의 권유로 객석에 앉아서 교향악단의 연주를 들었다. 연주를 들은 그는 "처음으로 음악을 들었다!"라며 감탄과 놀라움을 금치 못했다. 그때까지는 자기 파트를 연주하는데 급급해서 놓쳤던 음악 전체를 객석에 앉아서 생전 처음 들었던 것이다. 클라리넷 연주자는 그 후에도 이전과 변함없이 연주를 계속했지만 시점을 바꾸어 본 계기를 통해 자신과 일의 의미를 새롭게 발견했다. 그것이 바로 스스로 거듭나는 것이다. '스스로 거듭난다는 것'은 지금까지 하던 일을 다른 방식으로 하는 것이 아니라 지금까지 하던 일에 '새로운 의미를 부여하는 것'을 의미한다. 성장의 기회를 얻으려면 우선 성장하고 싶다는 마음을 가져야 하고, 자신의 일을 다른 각도에서 바라보아야 한다. 세계 최정상에 오른 선수라도 그 후에 반드시 성공하리라는 보장은 없다. 금메달을 따는 것이 목표였다면 시상대에 오르는 순간 모든 에너지는 소진되었을 것이다. 금메달에 만족하지 않고 다시 분발하기 위해서는 새로운 목표를 세워야 한다. 이를테면 아이들에게 메달의 의미와 도전이 얼마나 멋진 일인지 알려주는 코치로 거듭나는 등, 목표를 새롭게 세울 필요가 있다. 그래도 잘되지 않는다면 행동에 변화를 주어라.

큰 변화든 작은 변화든, 변화는 스스로를 재충전하기 위해 반드시 필요하다. 제대로 대화할 기회가 없었던 선배나 고객을 만나 이야기를 나누는 것도 변화의 일종이다. 장기 휴가를 얻어 평소와 다른 환경에서 지내는 것도 시도해 볼 만한 변화다. 일을 하다 보면 누구나 싫증이 나고 기운이 빠질 때가 있다. 중요한 것은 그때 '무엇을 변화시킬 수 있는가' 하는 점이다.

성실한 인재는 스스로 질문하고 답한다

"당신은 죽은 이후 어떤 사람으로 기억되기를 원하는가?"

피터 드러커의 인생을 바꾼 질문이다. 피터 드러커가 죽은 이후, 그를 기념하는 행사의 주제 역시 '질문'이었다.

"만약 피터 드러커가 살아 있었다면 어떻게 했을까?"

성실한 인재는 자신이 성실해야 하는 이유를 정확히 알고 있는 경우가 많다. 이유를 알기 위해서는 질문을 던져야 한다. 피터 드러커는 끊임없이 질문하는 인생을 살았다. 사람들을 가르치려 하기보다는 스스로의 질문에 답을 하게 만들었다. 그중 가장 유명한 질문이 바로 CEO 잭 웰치에게 했던 질문이다. 잭 웰치로부터 GE의 구조조정에 대해 조언을 해줄 것을 부탁받은 피터 드러커는 간단한 질문을 던져 GE의 역사를 바꾸어 놓았다.

"만약 당신이 옛날부터 이 사업을 안 하고 있었다고 합시다. 그래도 지금 이 사업을 새로 시작하겠습니까?"

GE의 구조조정은 이 질문에 대한 잭 웰치의 반응으로부터 시작되었다.

피터 드러커의 질문은 상황에 따라 구분된다. 스스로 질문을 만들기 전에 피터 드러커의 질문 방식을 충분히 이해하고 연습하기를 권하고 싶다. 엄선된 피터 드러커의 질문은 이 시대 우리가 어떤 질문을 던져야 하는지 좋은 샘플이 되어준다.

먼저 우리의 시간과 능력이 적절한 일에, 적절한 곳에 사용되고 있는가의 문제를 정확하게 관통하는 세 가지 질문이 있다.

"내가 지금 불필요한 일을 하고 있다면 그것은 무엇인가?"

"내가 지금 다른 사람이 할 수 있는 일을 하고 있다면 그것은 무엇인가?"

"내가 지금 오직 나만이 할 수 있는 일을 하고 있다면 그것은 무엇인가?"

이 질문 전체를 함께 고민하거나, 혹은 각각의 질문을 순차적으로 답변해 나가다 보면, 자원배분, 인력 배치, 개인의 강점 발견과 차별화 포인트 등 수많은 적용의 가짓수가 나오게 된다. 피터 드러커의 질문은 대상에게 최적화되어 있다. 어느 기업이 목표를 달성하지 못했을 때 피터 드러커는 경영자 스스로 몇 가지 질문을 하고 스스로 답변할 수 있도록 돕는다.

"그것을 도입했을 때 유망해 보였는데 왜 실패하였는가?"
"우리가 실수를 했기 때문인가. 우리가 잘못된 일을 했기 때문인가. 아니면 옳은 일이 실패했기 때문인가?"

만약 관리자 입장에서 직원의 업무를 배치하는 의사결정을 해야 한다면 피터 드러커의 친절하면서도 명확한 질문을 떠올려야 할 것이다.
"그는 지금까지 어떤 일을 잘 해왔는가?"
"그는 어떤 일을 잘할 수 있는가?"
"그는 자신의 장점을 최대한 활용하기 위해 무엇을 배워야 하는가?"
"만약 내 자녀가 그의 밑에서 일을 한다면 나는 기꺼이 찬성하겠는가?"
이러한 질문들은 주체를 바꿔서 입력하면 얼마든지 다양한 대상에게 적용이 가능하다. 예를 들어, 피터 드러커가 지식근로자들로 하여금 스스로 질문하도록 만들어준 샘플을 보자.
"나는 누구인가. 내 장점은 무엇인가. 나는 어떻게 일하는가, 나는 어디에 속해 있는가. 나는 무엇에 기여하는가?"
이를 우리가 속한 부서로 확장해서 적용해 볼 수도 있다.
"우리 부서의 역할은 무엇인가. 우리 부서에는 어떤 자원이 있는가. 우리 부서는 어떻게 일하고 있는가. 그 속에서 내 역할은 무엇인가. 다른 사람들의 역할은 무엇인가?" 등이다.

질문을 하다 보면 적어도 '이유'에 대해서 확인할 수 있을 것이다. 그 이유는 '방향'을 잡아준다. 사명을 가진 인재는 자신이 현재 어디로 가고 있으며, 왜 일하고 있는지 설명이 가능하다. 그래서 스스로 세상에 기여하고 있다는 확신이 있다. 다만, 그러한 자기인식 속에 한 가지 두려움과 날마다 맞서야 할 것이다. 그것은 바로 자신의 성장에 대한 딜레마이다. 특히 성과를 내는 부분에 있어서는 더욱 민감하다. 성실한 사람이 맞서야 할 큰 산은 바로 '성과'이다. 그렇다면 어떻게 해야 성과를 올리는 능력을 갖출 수 있는가.

🌸 성과를 내는 능력

지식이 있고 이해력도 있고 열심히 일한다고 해서 그것으로 충분하지는 않다. 성과를 올리기 위해서는 다른 무언가가 필요하다. 일단 이 책을 순서대로 읽어왔다면 그 다른 무언가의 기본은 해결되었다. 피터 드러커가 성과를 높이기 위해 제안한 대전제는 '자신의 공헌 알기, 집중하기, 그리고 시각을 통찰의 수준으로 높이기, 마지막으로 진지함을 유지하기' 등이다. 때로는 이 부분을 다 소화했음에도 불구하고 성과를 내지 못할 때도 분명 있다. 이미 다 소화했다고 생각하지만 착각이 있을 수도 있다. 적어도 '집중하기'는 더더욱 그렇다. 제대로 집중하고 있는지 확인해 볼 필요가 있는 것이다. 피터 드러커는 직접 이 경험을 하였다.

바로 그가 말한 일곱 가지 경험 중 다섯 번째 경험이다.

그는 히틀러가 권력을 잡은 독일에서는 교단에 서는 것도, 문필가로 살아가는 것도 가능하지 않다는 것을 알고 영국으로 갔다. 영국에서 그는 보험회사 증권 애널리스트로 근무하다가 머천트뱅크에서 파트너 보조 일을 맡았다. 그런데 그 일을 시작한 지 3개월 후쯤 파트너 중 한 사람으로부터 "언제까지 애널리스트 일을 할 것이냐?"라며 크게 혼이 난 적이 있었다. "파트너 보조로서 성과를 올리기 위해서는 무엇을 해야 한다고 생각 하는가?" 하고 책망을 들은 것이다. 그제야 피터 드러커는 업무 내용과 방식을 모두 바꿨다. 그 후 일을 할 때마다 먼저 스스로에게 이렇게 질문했다.

"이 일에서 성과를 내려면 무엇을 해야 할까?"

과거에 유능했던 많은 사람이 자신의 실력을 제대로 발휘하지 못하는 것은 능력이 떨어져서가 아니다. 예전에 일하던 방식 그대로 하기 때문이다. 새로운 임무에 성공하기 위해서 필요한 것은 탁월한 지식이나 재능이 아니다. 그 일이 무엇을 요구하는지, 그 일에 적합한 방식이 무엇인지를 알아야 한다. 새로운 임무가 요구하는 것, 즉 새로운 과제에서 중요한 부분에 집중하라. 어떤 방식으로 일해야 목표를 달성할 수 있는

지 고민하라. 일을 바꿀 때마다 '새로운 일로 성과를 올리기 위해서는 무엇을 해야 하나?' 하고 자문하라. 혹시 일이 바뀌었는데도 과거의 방식에만 매달려 있지는 않은가.

이처럼 피터 드러커는 집중에 대한 새로운 시각을 심어주었다.
"무엇에 집중해야 하는가?"

이것은 자신의 성장과 조직의 성장을 만들어주는 핵심요소이다. 집중을 위한 질문을 해보았다면 정말 집중할 곳, 집중할 것을 찾는 것이 중요하다. 피터 드러커는 무엇에 집중해야 하는가에 대한 답으로 먼저 '우선순위'를 찾아야 한다고 강조한다.

한 가지에 집중해야 성과를 만든다

목표를 달성하는 사람은 업무에 집중을 잘 하는 사람들이다. 이들은 두 가지 공통 패턴을 갖추고 있다. 중요한 일부터 먼저 한다는 것과 한 번에 한 가지씩 집중한다는 것. 출간하자마자 아마존과 뉴욕타임스에서 판매 1위를 기록한 책 『원씽(One Thing)』 공동 저자인 게리 켈러(Gary Keller) 켈러 윌리엄스 투자개발회사 최고경영자(CEO)와 제이 파파산(Jay Papasan) 렐릭 출판사 대표는 빌 게이츠의 성공에서 가장 주목해야 할 포인트는 '단 하나'의 원칙과 목표를 세우고 그에 매진한 것이라고 분석했다. 이는 몇 년 전부터 애플의 스티브 잡스가 주장한 '심플함(Simplicity)'을 넘어서는 개념이다. 단순함을 넘어 다른 모든 것을 다 버리고 '딱 한 가지'만 하라는 다소 극단적인 주장이다. 저자는 빌 게이츠를 『원씽』의 대표 성공사례로 말하고 있다. 인터뷰 원문을 살펴보자.

'원씽'은 누구나 어렵지 않게 실행할 수 있는 전략이면서도 가장 효율적이다. 세상 모든 사람에겐 하루 24시간이 주어지지만 어떤 사람은 위대한 일을 해내고, 어떤 사람은 실패하고 뒤처진다. 왜 그럴까. 개인별로 차이는 있지만, 우리가 쓸 수 있는 에너지가 한정돼 있기 때문이다. 그 에너지를 넓고 얇게 펴면 사소하고 작은 성공밖에 얻지 못한다.

'원씽' 전략은 이 에너지를 하나로 응축하는 것이다. 같은 에너지라 해도 그 크기를 엄청나게 키울 수 있게 된다. 대신 '하나'여야 한다. 똑같은 10이라는 에너지도 두 개로 나누면 그 크기가 줄어든다. 10이라는 에너지를 하나에 쏟아부으면 그대로 10이다. 아주 쉽고 단순하다.

하지만 사람들은 에너지 크기만 늘리려고 할 뿐 그 에너지를 어떻게 투입해야 하는지에 대한 고민은 하지 않는다. 빌 게이츠는 한 번에 딱 한 가지 일에만 집중해 세계 최고의 성공을 거둔 사람이다.

매일경제. 2014. 09

중요한 것은 어떻게 그 '원씽'을 찾는가이다. 저자는 이 부분에 대해서도 심플하게 조언한다. 일단 원씽을 찾는 것을 자신의 원씽으로 만들라고 제안한다. 그 원씽을 찾기 위한 핵심은 '나머지 모든 것들을 하기 쉽게 만드는' 그리고 '나머지 모든 일들을 할 필요조차 없게 만드는' 그 하나가 무엇인지를 스스로에게 묻는 데서부터 시작한다.

물론 이처럼 자신만의 원씽을 규정하는 것은 갑자기 자신의 마음 깊숙한 곳에서 튀어나오는 것일 수도 있고, 몇 가지 유혹들을 뿌리쳐야 하는 어려운 작업일 수도 있다. 하지만 자기 삶을 의미 있게 만드는 단 하나, 인생 전체를 행복하게 만들 수 있는 단 하나라는 본질적인 부분은 자신이 이미 알고 있을 것이다. 다만 그 주변 곁가지들과 각종 유혹, 멀티태스킹을 하고 싶은 욕심 때문에 온전히 집중하지 못할 뿐이다. 이 부분의 논리는 피터 드러커의 시간과 집중 개념에 너무나도 근접해 있다. 실제로 책에서 언급한 예와 피터 드러커가 사용한 예를 비교해보자.

저글링을 생각해보라. 곡예사가 한 번에 공 세 개를 자유자재로 다루는 것을 '멀티태스킹'이라고 생각하는가. 그렇지 않다. 저글링은 빠른 속도로 한 번에 한 개의 공을 잡았다가 위로 던지는 작업에 몰두하는 것일 뿐이다. 운전에 아무리 능숙한 사람이라도 휴대전화를 사용하면 음주운전을 한 것만큼 집중력이 흐트러진다. 멀티태스킹은 가장 큰 성공의 적이다. 멀티태스킹은 허상이다.

『원씽(One Thing)』 중에서

서커스 묘기에는 많은 공을 공중에 띄우는 것이 있다. 그러나 묘기는 10분 정도에 그친다. 더 오래 하려고 시도해도 공은 떨어진다.

『자기경영노트』 중에서

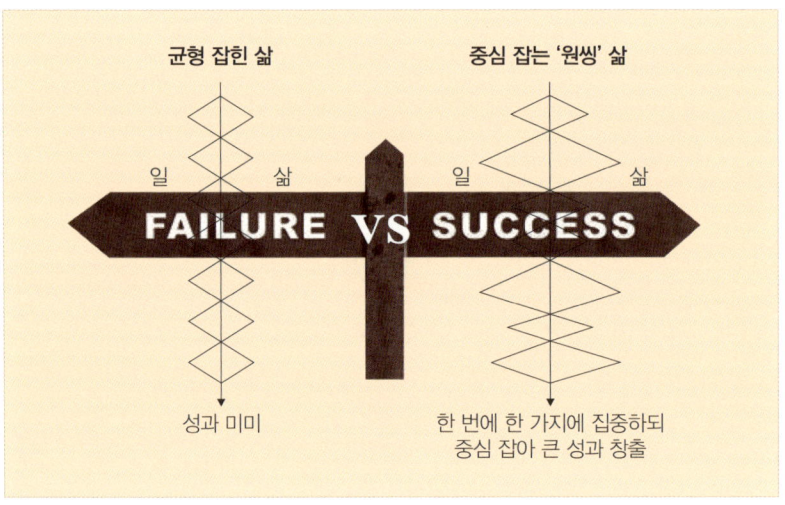

이것을 증명하는 과정에서 저자들은 '원씽'을 방해하는 적을 공개하였다. 이름하여 '진리처럼 보이는 거짓말 여섯 가지'이다. 첫 번째는 모든 일이 다 중요하다, 두 번째는 멀티태스킹이 곧 능력이다, 세 번째는 성공은 철저한 자기관리에서 나온다, 네 번째는 의지만 있다면 못할 일이 없다, 다섯 번째는 일과 삶의 '균형'을 추구해야 한다, 여섯 번째는 크게 벌이는 일은 위험하다는 것이다. 이 중 가장 신비로운 것은 '균형'에 대한 부분이다.

책에서는 삶에서 중요한 가치가 일곱 가지 정도 있다고 말한다. 정신적 행복, 육체적 건강, 개인적 삶, 핵심 인간관계, 일, 비즈니스, 그리고 재정(돈)이다. 나열된 순서대로 보면 처음 네 가지는 '인생(Life)' 자체에 대한 부분이고, 나머지 세 가지는 일에 대한 부분들이다. 이 일곱 가지를 아주 동일하게 나눠서 균형을 잡기는 쉽지 않다. '불균형'은 필연적이다. 인생에서는 일(직업) 부분이 중요해지는 시점이 있다. 그때는 일에 바짝 매진하고, 나머지 것들은 완전히 놓지 않도록 중심을 잡아야 한다.

한쪽으로 기울어졌지만, 쓰러지지 않는 것이다. 언제나 기적은 극단에서 일어난다. 큰 성공은 극단적인 한 가지, '원씽'을 추구했을 때 나온다고 한다. 그렇기 때문에 우리는 현재 자신의 삶의 최우선 순위를 정하고, 불균형을 기꺼이 인정하고 받아들여야 한다. 다만 한쪽으로 너무 심하게 쏠려 쓰러지지 않도록 중심을 잘 잡으면 된다.

🌺 우선순위, 무엇에 집중할 것인가

우리에게는 기업과 세상에 공헌하기 위해 사용할 수 있는 가용 시간보다는 정말 이루고 싶은 공헌의 분량이 훨씬 더 많다. 지식근로자가 해야 할 공헌을 분석해 보면 중요한 과업들이 언제나 예상을 넘어선다.

반면 지식근로자의 시간을 분석하면 공헌에 할애해야 하는 시간이 당혹스러울 정도로 적다. 따라서 피터 드러커는 항상 우리의 시간이 본질적으로 필요에 비해 공급이 적은 존재라는 것을 강조하였다.

우리가 강점을 발견하고, 그 강점을 활용하려고 노력할수록 우리는 자신의 강점을 더욱 중요한 기회에 집중해야 한다는 필요성을 느끼게 된다. 이것이 바로 성과를 만들어내는 유일한 방법이다. 강점을 가지고 중요한 일과 기회에 집중하기에는 인간의 관심, 인간의 능력이 다양하다. 그것을 인정해야 한다. 그렇기 때문에 더더욱 그 능력을 성과로 연결시키기 위해서라도 한 가지 과업에 집중시키는 것이 필요하다. 물론 어떤 사람은 한꺼번에 두 가지 일을 동시에 처리할 때 높은 성과를 내기도 한다.

그러나 엄밀하게 살피면 그런 사람일지라도 속도를 조절하거나, 일의 순서를 정해서 집중한다. 피터 드러커는 이 부분에 대해 모차르트의 예를 종종 사용했다. 모차르트 같은 사람은 예외적인 경우이다. 그는 몇 개의 작곡을 동시에 진행했던 것으로 보인다. 하지만 그 곡들이 대부분 걸작이었다. 그러나 피터 드러커가 보기에 모차르트는 거의 유일한 예외이다. 다작을 했던 다른 위대한 작곡가들, 예를 들어 바흐, 헨델, 하이든, 베르디는 한 번에 한 작품만 작곡했다. 그들은 자신이 작곡하고 있는 작품을 완성하기 전에는 다른 작품의 작곡을 시작하지 않았다. 또는 하던 일을 중단하고 그것을 서랍 속에 넣고서야 비로소 새 작품을 시작했다. 지식근로자들은 모차르트 식이 될 수 없음을 인정해야 한다. 그렇다면 과연 우리는 어떤 것을 우선순위로 정해야 할 것인가. 이에 대해 피터 드러커는 네 가지 기준을 제시했다.

첫째, 과거가 아닌 미래를 선택하라.
둘째, 문제가 아닌 기회에 초점을 맞춰라.
셋째, 동일함이 아닌 독자성을 가져라.
넷째, 무난하고 쉬운 것이 아닌 혁신을 불러일으키는 것을 선택하라.

역시 명쾌하다. 미래, 기회, 독자성, 혁신을 선택하려면 그야말로 용기가 필요하다. 그런데 피터 드러커의 우선순위 선택은 일반적인 우선 순위와는 약간 강조점이 다르다. 무엇이 다를까.

🌺 지금 손대지 않을 것을 결정하라

일반적으로 우선순위 결정은 '무엇을 먼저 해야 하는가'를 생각한다. 그런데 피터 드러커의 경우는 강조점이 약간 다르다. 우선순위는 '무엇을 다음에 할 것인가'를 결정하는 것이라고 말한다. 뒤로 미뤄야 할, 가장 우선순위가 낮은 일의 대표가 'Yesterday'이다. 정기적으로, 체계적으로 과거를 떨어내는 것이 새로운 것을 도입하는 유일한 방법이다. 멀리 경영의 영역까지 갈 필요도 없다. 우리의 하루가 얼마나 많은 '과거'들로 채워져 있는지 생각해 보면 이 말의 중요성을 실감할 수 있다. 지나치게 많은 '과거'로 인해 우리는 장기적으로 이익이 되고 좋은 변화를 가져다줄 '새것'을 시도할 겨를이 없다. 새로운 일을 시작하는 것은 불필요한 과거를 떨어내는 것에서 시작해야 한다.

이 경우 피터 드러커는 듀폰사의 사례를 들었다. 듀폰은 어떤 제품이나 프로세스가 내리막에 접어들기 전에 그만둔다. 과거를 방어하기 위해 인력과 돈을 투자하지 않는 것이다. 다른 회사들은 어떤 제품이 그동안 회사를 유지해 주었다는 생각에 안주하기 쉽다. 과거를 방어하는데 계속해서 희소한 자원을 투여하는 것이다. 더 이상 '결과'를 만들어 내지 못하는 과거를 조직적으로 제거하는 것이 우선이다.

그래서 피터 드러커는 우선순위 결정의 문제가 결국 용기의 문제라고 단언한 것이다. 과거를 방어하는 일이 아니라 미래를 열어줄 일, 문제점 해결이 아니라 새로운 기회들, 다른 사람에게 휩쓸려가기보다 자신 만의 목표를 높게 잡는 것에 우선순위를 둬야 한다. 과학자들은 연구주제를 정할 때 쉽게 성공할 수 있는 것을 택하려 하는 경향이 있다. 논문 주제를 잡는 경우를 생각해 보자. 두드러진 성취를 가져다줄 문제에 도전하는 사람은 극소수이다.

그러나 의미 있는 성취는 용기 있게 새로운 기회를 좇는 사람에게 돌아간다. 자신의 이름을 딴 법칙이나 개념은 다른 사람과 달리 안정보다 기회에 우선순위를 둔 사람들 차지가 되는 경우가 많다. 도전하는 사람이 반드시 큰 성취를 하는 것은 아니지만 큰 성취를 한 사람 중에 도전하지 않은 사람은 아무도 없다는 것을 명심해야 한다. 문제 해결에 허덕이는 것은 기껏해야 어제의 상황을 되돌리는 것에 불과하다.

시간과 자원은 새로운 기회에 집중해야 한다. 오직 새로운 기회만이 '결과'와 '성취'로 이어지기 때문이다. 과거를 방어하는 일을 용기 있게 포기하자. 미래를 여는 쪽으로 용기 있게 나아가자. 그것이 바로 우선순위이다.

우선순위를 설명하는 과정에서 꼭 덧붙이고 싶은 피터 드러커의 조언이 있다. 일은 매우 열심히 하는데 실제 이루는 것은 거의 없는 사람들의 특징이다. 그들에게는 세 가지 특징이 있다.

첫째, 어떤 작업에 소요될 시간을 낮춰 잡는다. 모든 일은 진행 중에 예상 못했던(좋지 않은) 일이 생길 수 있다. 처음 계획 그대로 진행되는 일은 거의 없다고 해도 과언이 아니다. 우선순위를 알고 효과적으로 결과를 만드는 인재들은 실제 필요로 하는 시간보다 훨씬 더 많은 시간을 할당한다.

일은 열심히 하는데 성과는 별로 없는 사람의 두 번째 특징은 서두른다는 점이다. 효과적인 지식근로자는 절대 서두르지 않는다. 편안하게 해나갈 수 있는 속도를 설정하고 대신 꾸준하게 한다. 일은 열심히 하는데 성과가 없는 사람들의 마지막 특징은 동시에 많은 일을 하려고 덤빈다는 점이다. 그래서 개별 업무 당 최소한 요구되는 시간 소요량을 확보하는 데 실패한다. 이 경우 한 번에 많은 것을 추구하고자 했으나 결국 그 많은 것 전체가 허물어진다. 효과적인 사람은 서두르지 않는다. 편안하게 해나갈 수 있을 정도의 속도를 설정하고, 대신 꾸준히 한다는 점을 기억하자. 조급해하지 않고 꾸준히 해나가면서도 부분적인 시간의 집중도가 높아지는 사람에게는 몰입 자체에 대한 '다른 차원의 시간관리'가 있다는 점을 기억하자. 어떤 방식의 시간관리가 성실과 성과를 만들어내는 것일까.

🌺 성실을 성과로 연결하는 시간관리

피터 드러커는 많은 사람에게 컨설팅을 해주었는데 그중에 한 은행장이 있다. 피터 드러커는 2년 동안 한 달에 한 번씩 그 은행장을 만났는데, 한 번 만나면 1시간 30분 동안 이야기했다. 은행장은 늘 토의할 주제를 준비하고 있었다. 상담 주제는 한 가지로 한정했고, 1시간 20분이 지나면 항상 "이제 이야기를 요약정리해 주시고 다음 달에 우리가 이야기할 것이 무엇인지 설명해 주시겠습니까?"라고 말했다. 늘 궁금했던 피터 드러커는 1년 뒤 그 은행장에게 물었다.

"왜 항상 1시간 30분인가요?"

"간단합니다. 제 주의력의 한계가 1시간 30분쯤인 것을 알고 있기 때문입니다. 만약에 한 가지 문제로 그 이상의 시간을 보내면 제 스스로 같은 말을 되풀이하기 시작합니다. 또한 시간이 1시간 30분보다 짧으면 중요한 문제에 실제로 몰입할 수가 없다는 것을 알았습니다. 그것은 시간이 너무 짧으면 다른 사람이 말하는 주제에 대해 이해했다고 할 만큼 충분히 파악하지 못하기 때문입니다."

한 달에 한 번씩 1시간 30분가량 면담하는 동안 외부 전화가 걸려온 적도 없었고, 비서가 얼굴을 들이밀고 중요한 사람이 급히 만나기를 원한다고 전하는 경우 또한 한 번도 없었다. 어느 날 그 일에 대해서도 피터 드러커는 물어보았다. 은행장은 또 친절하게 설명하였다.

"비서에게 미국 대통령과 제 아내 이외에는 외부 전화를 연결시키지 말라고 엄격하게 당부를 해놓았거든요. 대통령이 저에게 전화할 일은 없을 것이고, 아내는 제가 하는 일을 더 잘 알고 있고요. 그 밖에 다른 일들은 비서가 막아주지요. 그다음 회의가 끝난 뒤 30분 동안은 걸려 온 모든 전화에 답을 하고, 또 그들이 남긴 메시지를 빠짐없이 확인합니다. 지금까지 저는 90분을 기다리지 못할 정도로 급한 위기에 부딪힌 적은 없습니다."

현실에서 만나는 수많은 사람은 이 은행장과는 다르다. 심지어 자신의 원칙에 충실한 사람조차 자기 시간의 절반 정도를 그다지 중요하지 않은, 그리고 별로 가치도 없는, 그렇다고 해서 하지 않을 도리도 없는 일에 시간을 빼앗기는 게 일반적이다.

'어디에서부터 차이가 나는 것일까?'

피터 드러커는 아예 시작부터 차이가 있다고 공언한다. 목표를 달성하는 지식근로자는 자신이 맡은 일부터 먼저 검토하지 않는다. 대신 사용할 수 있는 시간을 먼저 고려한다. 그리고 계획을 수립하는 것에서 출발하지 않는다. 자기가 사용할 수 있는 시간이 실제로 어느 정도인지 파악하는 일부터 출발한다. 그런 다음에 시간관리를 시도하는데, 우선 자기가 사용할 수 있는 시간에 있어 비생산적인 것들을 제외한다.

마지막으로 그렇게 해서 얻어진 활용 가능한 시간을 가능한 한 큰 연속적인 단위로 통합한다. 이 과정은 3단계로 이어지는데 시간을 기록하고, 시간을 관리하며, 시간을 통합하는 것이다.

시간을 기록하고 관리하고 통합하라

피터 드러커는 시간관리를 위해 세 가지 구체적인 원칙을 제시한다. **첫 번째**는 시간을 기록하라는 것이다. 기억만으로는 결코 충분하지 않다. 피터 드러커는 기억력이 좋다고 자랑하는 지식근로자들에게 그들이 자신의 시간을 어떻게 사용하는지 물어보았다. 그리고 실제로 사용한 시간을 몇 주일 또는 몇 달 동안 기록해두라고 요청했다. 그런데 나중에 그 사람이 생각하고 있는 사용 시간과 실제 사용하고 기록한 시간을 비교해 보면 일치하는 일이 거의 없었다.

어느 기업의 회장은 자신의 시간을 크게 세 부분으로 나누어 사용한다고 확신하고 있었다. 자신의 시간 중 3분의 1은 회사 간부들과, 3분의 1은 중요한 고객을 만나는데, 나머지 3분의 1은 지역사회 활동을 위해 사용한다고 생각했다. 그러나 6주 동안 실제 사용시간을 기록하게 한 뒤 비교해 봤더니, 이 세 가지 활동에는 시간이 거의 사용되지 않고 있었다. 실제로는 대부분의 시간을, 이미 지시한 과업에 관해 아래 사람들을 독촉하는 데 사용한 것으로 나타났다. 세 가지 일에 대한 시간 배분은 '그래야 한다'고 생각하고 있을 뿐, 실행에 옮기지는 못하고 있었다는 결론이다.

시간을 기록해야 하는 것은 이런 이유 때문이다. 그래서 시간 운용표를 만드는 것은 중요하다. 자신이 수행하고 있는 몇 가지 주요 과업을 적어놓고, 각각에 대한 매일 실제 사용시간을 기록하라. 엑셀 파일에 기록해두면 더욱 관리하기 좋을 것이다. 그리고 일주일 간격이든 한 달 간격이든, 주기적으로 시간 사용분을 체크하고 자신이 어느 방향으로 가고 있는지를 짚어보는 것이 필요하다.

두 번째는 기록된 시간을 들여다보면서 시간을 관리해야 한다는 것이다. 실제 시간을 기록해 보면, 필요 없어 보이는 일에 사용된 시간이 눈에 띄게 마련이다. 때로는 그렇게 사용된 시간이 가용 시간의 대부분인 경우도 있다. 그럴 때는 체계적인 시간관리를 위한 자기진단 질문이 필요하다. 질문을 던져보고, 그 대답에 따라 그 시간의 사용을 중지할 것인지

이어갈 것인지를 결정하면서 시간을 관리하는 것이다. 우선 '이 일을 시작하지 않았다면 어떤 일이 일어났을까?'라고 스스로 물어본다.

'별일 없어.'라는 대답이라면 그 일은 중지하라. 그리고 '다른 사람이 최소한 나만큼 잘할 수 있었던 일은 어떤 것인가?'라고 물어본다. 그런 일이 있다면 다른 사람에게 위임하고, 자기 자신이 해야만 하는 일에 집중하라. 마지막으로 '내가 하는 일 가운데 나의 목표달성에 아무런 도움도 되지 않으면서 내 시간만 낭비하게 하는 일은 없는가?'라고 주변 사람들에게 물어본다. 솔직한 대답을 두려워하지 마라. 그런 일이 있다면 즉시 중지하거나 효율화한다. 시간을 절약하다가 뭔가 중요한 일을 놓치는 게 있을까 불안해하지 마라. 이런 불안이야말로 당신의 일을 망친다.

미국 대통령의 경우, 취임 초기에는 지나치게 많은 초대에 응한다. 그러다 어느 순간 대부분의 초대가 직무수행에 도움이 안 된다는 사실을 깨닫고 초대 일정을 대폭 줄인다. 그러면 어느 순간 신문이나 텔레비전에 '대통령이 대중과의 접촉을 기피한다'는 기사가 나오고 다시 대통령은 사회활동을 시작한다. 그런 과정에서 균형을 찾게 된다. '시간관리'야말로 말단 사원부터 미국 대통령까지 비슷한 고민을 하고 있는 이슈인 것이다.

세 번째는 시간을 통합하라는 것이다. 중요한 것은 관리를 통해 확보한 시간을 어떻게 사용하느냐 하는 것이다. 확보된 시간은 최대한 통합해서, 한 가지 일에 한꺼번에 집중할 수 있는 시간을 활용하는 데 사용해야 한다. 그래야 시간관리의 보람이 극대화된다.

무궁화는 성실하게 '혁신'을 준비한다.

무궁화의 성실함은 하루 동안의 시간 관리를 통해 알 수 있다. 무궁화는 아침에 피었다가 저녁에 지는 꽃이다. 무궁화의 하루살이 생태를 자세히 분석한 자료를 보면 놀랍게도 6시간 단위로 꽃의 모양이 거의 일정하게 바뀌는 것을 알 수 있다. 일정한 시간 단위로 꽃의 개화가 진행되고, 또 일정한 시간 단위로 꽃이 진다. 그것이 정확하게 하루에 이루어진다는 것은 신비로울 따름이다.

여느 생물과 마찬가지로 사람 역시 '생물학적 시계'가 있다. 그러나 심리학적인 실험 결과에서 밝혀졌듯이, 사람의 시간 감각은 객관적으로 신뢰할 만한 것은 못 된다. 빛과 어둠을 인지할 수 없는 방에 갇힌 사람은 시간 감각을 급속히 잃고 만다. 대부분의 사람은 전혀 보이지 않는 상태에서도 공간 감각을 유지한다. 그러나 전등이 켜져 있는 상태라도, 몇 시간 동안 밀폐된 방안에 있게 되면 사람들은 시간이 얼마나 지났는지 알 수 없게 된다. 경과한 시간을 과대평가하거나 과소평가하는 것이다. 그러므로 기억만으로는 시간이 얼마나 경과했는지 알 수 없게 되는 것이다.

반면, 무궁화는 자신에게 주어진 하루라는 한정 자원을 정확하게 알고 있다. 그래서 그 한정 자원 안에서 자신의 역할을 정확하게 수행한다. 매일 피운 꽃을 정확히 매일 져버리게 하고, 새로운 꽃을 다음 날 또 피운다. 이 같은 과정을 반복하기 위해 무궁화 꽃이 모양을 변형시키는 6시간 단위의 기준은 피터 드러커가 흔히 사용하는 제로 드래프트 (Zero Draft) 작성의 시간과 유사하다. 연속적이면서도 최소한의 초안을 설계할 수 있는 독립된 시간을 말한다. 하루라는 짧은 꽃의 생애에서, 그 시간을 6시간 단위로 쪼개서 형태를 달리하는 것은 참으로 신비롭다.

피터 드러커는 보고서의 초안 작성에도 6~8시간이 소요된다고 하였다. 이를 한 번에 15분씩, 하루 두 번, 3주 동안 일곱 시간을 들이는 것은 의미가 없다는 논리이다.
그렇게 쪼개서 진행하였을 경우 매번 얻는 것은 낙서 가득한 메모지일 뿐이다.

　그러나 문을 걸어 잠그고 전화선을 빼놓은 채, 방해받지 않고 연속으로 5~6시간 동안 보고서 작성에 집중하면, 피터 드러커가 이름 붙인 제로 드래프트를 완성할 수 있다. 초안을 작성하기 직전의 원고 상태를 완성할 수 있는 것이다. 그다음부터는 매우 쉬워진다. 비교적 짧은 시간 단위로 나누어 살을 붙이고 장, 절, 문장을 다시 쓰고 교정과 편집 작업을 할 수 있다. 실험도 마찬가지이다. 실험 장비를 갖추고 적어도 한가지를 마무리하려면 한 번에 5~12시간을 연속으로 사용해야 한다. 그렇지 않고 도중에 다른 일이 생겨 흐름이 끊기게 되면 처음부터 다시 시작해야 한다.

무궁화는 바로 그런 독립적이고 연속적인 시간을 6시간 단위로 형태를 달리하며, 짧은 하루 24시간의 생애를 가장 효과적으로 배분하여 집중한다. 이 모든 것은 다음 날 아침 새로운 꽃을 피우기 위한 목적이 있기 때문이다. 그런 의미에서 볼 때 무궁화의 성실한 시간관리는 새로운 꽃을 매일 아침 피울 수 있는 '혁신'의 핵심 조건이 되는 것이다.

Check Point 3.
지속가능발전목표를 향한 무궁화 리더십 (우리의 승리)

무궁화는 혁신의 아이콘

무궁화는 자신의 존재 이유를 명확히 알고 있다. 무궁화는 수많은 꽃 중의 꽃으로 진정한 섬김을 알고 있으며 자신을 보는 이에게 평화와 행복, 기쁨을 선사하기 위해 매일 새로운 마음으로 아침마다 새로운 꽃을 피운다. 자신의 아름답고 찬란한 순간 100일을 위해 265일을 준비한다. 무궁화는 단 하나도 버릴 데가 없는 식물이다. 잎, 씨, 꽃 몽우리 등이 식용과 약재로 쓰인다. 늘 새로운 마음으로 아름다움, 즐거움, 평화와 행복을 선사하고 또 자신의 모든 것을 다 바치는 유익한 꽃이요, 헌신하는 꽃이다. 무궁화는 자기의 모든 것을 바쳐 사람들에게 공헌하는 꽃이다.

무궁화의 일생은 단 하루이다. 이 하루의 살이를 바라보는 시각은 두 가지 생각을 낳는다. 오래전 중국 송나라의 두 사람은 무궁화의 하루를 보며 인생의 허무함, 인생의 덧없음을 이렇게 노래하였다.

새벽해가 주렴을 비추면서 돌아 오르니 흐르는 빛에 곱고 밝은 모습 드러나네.
인생의 젊음이 쉽게 가고 마는 것이 이 꽃의 영화와 다를 바가 없구나.

- 송나라 구양수

새벽엔 손무가 진을 펴듯 아름답게 피어나고
저녁바람 일면 녹주(綠珠)와 다투듯 떨어지네.
가는 길 번개처럼 바빠 머물 틈도 없고
놀란 기러기 날듯하니 잡을 길 없네.

송나라 양만리의 『목근』

　구양수와 양만리의 무궁화에 대한 생각을 노래한 시이다. 무궁화는 새벽에 피었다가 오후가 되면서 오므라들기 시작하여 해가 질 무렵에는 땅에 떨어진다. 이와 같은 무궁화의 짧은 생명을 인생의 허무함 또는 인간의 세속적인 행복과 부귀영화의 덧없음으로 표현하고 있다. 『목근』이라는 시에는 오나라의 손무가 등장한다. 아침에 무궁화가 피는 모습을, 병법에 정통했던 춘추전국시대 오나라의 손무가 천군만마로 진을 펴듯 그 기상이 의젓하고 당당한데 저녁에 질 때는 진나라 석숭의 아내 녹주가 정조를 지키기 위해 누각 위에서 몸을 날려 떨어지듯 급히 지고 있다고 묘사한다. 무궁화가 지기 전에 잠시나마 머물기라도 하면 좋으련만 가는 길을 바삐 재촉하니 날아가는 기러기가 죽기를 각오하고 달아나듯 날아가 버려 잡을 수 없는 것처럼 그 떨어지는 운명을 막을 수가 없음을 한탄하고 있다. 우리 인생도 부귀영화가 손무의 진세처럼 기세가 드높다가도 누각에서 떨어지는 녹주의 운명처럼 허무함을 일깨워 주는 글이기도 하다.

반면 당나라의 백거이가 쓴 '방언'이라는 시에서는 무궁화에 대해 다른 느낌을 표현하고 있다.

천년을 사는 소나무도 마침내 이즈러지고 松樹千年終是朽
하루뿐인 무궁화는 스스로 영화를 이룬다 槿花一日自爲榮

백거이의 『방언』

백거이의 이 시는 일반적으로 무궁화의 덧없음을 뜻하는 '근화일조(槿花一朝)의 꿈'이라고 하는 것과는 조금 다른 뜻을 말하고 있다. 즉 이 시인은 무궁화의 하루 삶을 소나무의 천년의 삶에 대비시킴으로써 단 하루를 살면서도 그 천분을 지켜 스스로 영화롭게 살아가는 삶이야말로 부귀영화가 영원히 지속될 것으로 믿고, 우둔하게 살아가는 삶보다 더 가치 있는 삶이 될 수 있음을 가르쳐 주고 있다.

무궁화 꽃의 생명이 아침에서 저녁까지 불과 하루에 불과하다는 것을 억겁의 세월 속에서 일순간에 사라져 버리는 인생에 비유하여 순간순간에 최선을 다하고 행복의 절정에서 자만하지 않고 겸손해야 함을 일깨워주고 있다. 무궁화는 오늘의 꽃은 오늘로 끝내고 내일의 꽃은 내일 다시 새롭게 피운다. 그리고 질 때는 뒤를 어지럽히지 않고 깨끗하게 끝맺는다. 이것은 진인사(盡人事)하는 미덕으로 볼 수 있다. 또 "아침에 도를 깨달으면 저녁에 죽어도 좋다."라는 성현의 길을 가리키고 있는 듯도 하다. 무궁화는 오늘의 꽃이 최선을 다하여 피었다가 지면 다음 날 또 새로운 꽃들이 대를 잇는다. 이것은 진정한 혁신이다.

조금 다른 것이 아니라 완전한 '새로움'

무궁화는 적당히 개선하는 것을 추구하지 않는다. 오늘의 꽃 전체를 완전히 떨어뜨리고 그리고 새로운 해가 뜨면, 전체가 새로운 꽃, 어제 없던 새로운 꽃을 통으로 피운다. 이는 피터 드러커가 말한 혁신의 내용과 조금도 다르지 않다.

"전혀 다른 것이 아니라 완전히 새로운 것을 목표로 삼아라!"

이것이 바로 피터 드러커가 말한 '혁신'의 핵심이다. 많은 사람이 기존에 있는 것을 개선할 때보다 새로운 것을 만드는 데 훨씬 더 많은 에너지가 든다고 생각한다. 하지만 그렇지 않다. 두 가지 경우에 사용되는 수고의 양은 결론적으로 같다. 그러기에 우리는 더 큰 성장을 꿈꿔야 한다.

이 부분에 대해 피터 드러커가 말한 "세상을 바꾸는 연구를 하라."라는 말이 떠오를 수밖에 없다. 혁신은 인간에 대한 시각을 근본적으로 바꾸고, 위험을 무릅쓰면서 새로운 질서를 만들어가는 것이다. 따라서 혁신은 인간의 능력을 과시하는 것이 아니라, 인간이 미래의 위험에 대해 책임이 있다는 것을 의미한다.

피터 드러커는 일류 과학자와 보통 과학자를 나누는 차이가 '재능'이 아니라고 한다. 물론 지식이나 노력도 아니다. 그 차이는 바로 '가치 있는 것'을 추구하느냐, 그렇지 않느냐에 있다고 한다. 뉴턴이나 패러데이 같은 일류 과학자들은 처음부터 가치 있는 것을 추구하였다. 자신의 지식, 지능, 에너지를 가치 있는 것에 집중했다. 이미 있는 것의 연장이나 개량이 아니라, 새로운 가치를 만들어내려 했다. 그래서 그들은 일류가 되었다.

피터 드러커는 과학자와 혁신을 연결 지어 이렇게 설명했다.

"나는 매년 노벨상 수상자의 기념 연설문을 읽는다. 그들 중 많은 사람이 '세상을 바꾸는 연구를 하라'는 선생님의 한마디에서 연구가 시작 되었다."

일리 있는 말이다. 혁신은 기존 사업의 문제점을 개선하는 정도로 만족하는 것이 아니다. 완전히 새로운 것을 추구하겠다는 의지가 필요한 것이다. 이러한 의지를 갖추기 위해 피터 드러커는 우리가 꼭 가져야 할 것과 버려야 할 것이 있다고 강조한다.

🌸 품어야 할 마음가짐과 버려야 할 금기

혁신에 성공하기 위해 피터 드러커는 세 가지 마음가짐을 품어야 한다고 강조하였다.

첫째, 목표하는 것에 집중해야 한다. 다양한 분야에서 동시에 혁신을 성공시키는 것은 어렵다. 에디슨도 발명왕으로 불리며 발명의 방법론에 통달했지만, 전기 분야에서만 혁신을 이루었다. **둘째,** 강점을 활용해야 한다. 모든 개인, 모든 조직에는 우수한 것과 그렇지 않은 것이 분명 존재한다. 혁신에 사용해야 할 것은 우수한 능력이다. **셋째,** 세상을 크게 변화시킬 선택을 해야 한다. 여기서 크게 변화시킨다는 것은 모두가 이해하고 사용 가능한 것, 즉 시장에서 꽃을 피우고 시장에서 열매를 맺어 성과를 내는 혁신을 하라는 것이다. 혁신을 위한 혁신은 놀라움을 줄 수 있을지는 몰라도 세상을 위한 진정한 혁신은 아니다.

이어서 세 가지 금기를 피해야 한다.

첫째, 과도한 힘을 쏟지는 마라. 생산자의 자기만족을 경계하라는 것이다. 거추장스러운 재화와 서비스에 소중한 시간과 돈을 쓰는 사람은 없다. 오히려 큰 사업을 하고 싶다면 가볍게 사고 가볍게 써줄 것을 생각하는 게 낫다.

둘째, 과도하게 다각화하지 마라. 이는 집중력에 초점을 둔 것이다. 핵심이 없는 혁신은 그저 사라지는 아이디어에 불과하다.

셋째, 내일을 위해 혁신하지 말고 오늘을 위해 혁신하라. 20년 후 많은 환자가 이것을 필요로 할 것이라는 접근보다는 '이것을 필요로 하는 환자는 이미 많다. 20년 후에는 더 많은 사람이 이것을 필요로 할 것이다.' 로 접근을 바꿔야 한다.

우리는 어깨에 힘을 빼고 오늘에 집중해야 한다. 세 가지 마음가짐과 세 가지 금기사항을 언급한 피터 드러커는 이제 한 가지에 집중할 것을 권한다. 그것은 바로 '단순함'이다. 피터 드러커가 말하는 혁신은 놀라울 정도로 '단순'하다. 혁신은 '하나'에 집중해야 한다. 그렇지 않으면 초점이 흐려진다. 단순함에 대한 예로 애플과 잡스를 살펴보자.

최근 현대카드에는 눈에 띄는 변화가 하나 생겼다고 한다. 사장의 지시로 회사 업무보고 시 불필요한 파워포인트(PPT) 프레젠테이션을 없애고 e메일이나 워드로 보고하는 형식이다. 직원들은 프레젠테이션을 화려하게 만드는 데 쏟았던 시간이 줄어 본업에 더 집중할 수 있게 됐다며 반기고 있다. 디자인에 대한 집착으로 유명한 현대카드에서 화려한 PPT를 걷어냈다니 의아하다.

이런 회사의 대표주자는 역시 애플이다. 고인이 된 스티브 잡스의 청중을 사로잡는 프레젠테이션 기술은 여러 권의 책으로도 나왔지만 정작 그는 일을 할 때 불필요한 프레젠테이션을 가장 싫어했다고 한다. "말 한두 마디로 전할 수 있는 아이디어를 20개짜리 슬라이드로 만드는 것은 낭비다."라는 것이 잡스의 일관된 생각이다. 애플과 잡스의 원칙은 '단순화(simplicity)'이다. 회사의 제품, 광고, 내부 조직, 고객과의 관계 등 애플 내부에서는 단순함이 목표고, 업무 프로세스이며, 평가의 척도이다. 애플에 복귀한 잡스가 가장 먼저 한 일은 복잡한 제품군을 네 가지로 단순화하는 것이었다. 단순함에 대한 종교에 가까운 믿음은 애플의 조직 운영이나 업무 프로세스에서도 확연히 드러난다. 프로젝트를 실행할 때도 철저히 작은 집단을 추구했으며, 대기업이나 기관에 수십 개씩 있는 위원회는 단 하나도 없다. 이런 단순함을 위한 노력이 오늘날의 애플을 만들었다.

"복잡해지는 것은 한순간이다. 반면에 단순해지기 위해서는 상당한 노력이 필요하다."

스티브 잡스의 이러한 단순함에 대한 마인드가 지금의 애플을 일궈냈다. 그리고 이러한 단순함이 바로 혁신의 핵심이다. 그런 차원에서 피터 드러커는 '절차'라는 도구를 혁신의 걸림돌로 규정하였다. 단순함을 막는 요인이기 때문이다. 보고 와 절차는 도구일 뿐이다. 그것도 잘못 사용하면 큰 해로움을 주는 도구이다. 잘못된 방법으로 절차와 도구를 사용하면 그것은 도구가 아니라 지배자가 된다.

우리는 종종 절차를 '판단' 대체재로 여기는 오류를 범한다. 분명히 말하지만 절차는 판단이 불필요할 때에만 유효하다. 절차란, 이미 판단을 끝내고 올바름이 검증되어 있는 반복적인 상황에서만 사용할 수 있는 것이다. 피터 드러커는 한때 어느 공익사업에 제안하여 모든 보고 와 절차를 2개월간 폐지하고 현장이 필요로 하는 것만을 부활시켰다. 그 결과, 보고와 절차의 3/4이 줄었다. 단순함을 가로막는 장벽을 제거해야 한다는 메시지이다.

🌸 변화를 혁신으로 승화시키는 '기업가정신'

기업가란 프랑스어인 'Entrepreneur(수행하다, 시도하다, 모험하다)'에서 유래됐다. 18세기 경제학자들은 기업가를 사업에 자본을 공급하는 사람이 아니라 실패할 위험을 밀고 나아가는 사람이라고 정의했다. 이후 슘페터는 기업가를 경제 변화의 원동력인 기술혁신을 주도하는 자라고 말했다. 슘페터 이후 피터 드러커는 기업가를 경영자 역할을 하거나 또한 혁신을 주도하는 사람으로 여겼다. 여기서 피터 드러커는 경영자를 오케스트라의 지휘자에 비유했다. 즉, 경영자란 조직 구성원이 각자의 일을 최상의 상태로 수행할 수 있도록 하는 임무를 맡은 리더를 뜻한다. 혁신을 주도한다는 것은 본래 존재하는 자원을 영리하게 이용하는 것이 아닌 '새로움'을 첨가할 줄 안다는 것으로 이해할 수 있다. 또 피터 드러커는 '기업가는 시장, 외부에 끼치는 영향력으로 평가된다'고 말하며 일반기업, 공공서비스 기관, 벤처기업의 대표자들을 모두 기업가에 포함 시켰다. 기업가정신이 기업가에게만 필요한 것이 아니라, 모든 조직의 리더와 그 구성원에게도 필요하다고 말했다. 피터 드러커는 조직 구성원들이 기업가정신을 발휘한다면 작업에 대한 자발성을 불러일으키고, 생산력 향상의 원동력이 된다고 보았다.

기업가정신에 대한 개념은 기업이 처해 있는 국가의 상황이나 시대에 따라 바뀌어 왔다. 따라서 기업가정신을 한 마디로 정의하기는 어렵다. 그러나 어느 시대, 어떤 상황에서든 기업가가 갖추어야 할 본질적 정신은 예나 지금이나 별로 다르지 않다.

기업은 이윤의 획득을 목적으로 운용하는 자본의 조직 단위이기 때문에 생존을 위해서는 먼저 이윤을 창출해야 한다. 동시에 기업은 이윤을 사회에 환원한다는 점에서 사회적 책임도 가지고 있다. 따라서 기업을 이끌어가는 기업가는 이윤을 창출하면서도 사회적 책임을 잊지 않는 정신을 가지고 있어야 한다. 다시 말해 올바른 기업가정신을 가지기 위해서는 언제나 이 두 가지가 전제되어야 한다.

기업가정신과 관련된 대표적 학자로는 미국의 경제학자 슘페터(Joseph Alois Schumpeter)를 들 수 있다. 그는 새로운 생산방법과 새로운 상품 개발을 기술혁신으로 규정하고, 기술혁신을 통해 창조적 파괴(creative destruction)에 앞장서는 기업가를 혁신자로 보았다. 그는 혁신자가 갖추어야 할 요소로 신제품 개발, 새로운 생산방법의 도입, 신시장 개척, 새로운 원료나 부품의 공급, 새로운 조직의 형성, 노동생산성 향상 등을 꼽았다. 전통적인 의미의 기업가정신 역시 슘페터의 정의와 크게 다르지 않다. 미래를 예측할 수 있는 통찰력과 새로운 것에 과감히 도전하는 혁신적이고 창의적인 정신이 전통적 개념의 기업가정신이다.

현대에는 이러한 전통적 의미의 기업가정신에 고객 제일주의, 산업보국, 인재 양성, 공정한 경쟁, 근로자 후생복지, 사회적 책임의식까지 겸비한 기업가를 진정한 기업가로 보는 견해가 지배적이다. 어린 시절부터 아버지의 친구인 슘페터를 만나 대화를 했던 피터 드러커가 그의 기업가 정신에 영향을 받았음을 짐작할 수 있다.

피터 드러커는 경영자뿐 아니라 모든 개인이 기업가정신을 가져야 한다고 강조하였다. 이는 조직 전체의 행동양식을 바꾸는 것을 말한다. 조직 전체가 변화를 위협이 아닌 기회로 받아들이는 것이다. 피터 드러커는 우리 개인이 스스로 변화를 만들기 위한 다섯 가지 방법을 제안하였다. 이 다섯 가지 변화를 만들어내는 방법은 매일 꽃을 피우고 매일 그 꽃을 떨어뜨리며 또 매일 다시 다섯 개의 꽃잎을 피우는 혁신의 모형인 무궁화의 다섯 잎으로 연결될 수 있다.

첫째, 성공하지 않은 것은 모두 폐기하라.
둘째, 모든 제품, 서비스, 프로세스를 개선하라.
셋째, 모든 성공을 추구하여 새로운 전개를 도모하라.
넷째, 체계적으로 혁신을 실행하라.
다섯째, 사고방식을 근본부터 바꾸어라.

피터 드러커는 이것을 수행하는 주체를 '체인지 에이전트(Change Agent)' 즉 변화와 혁신을 위한 기관이라고 명명하였다. 그런 의미에서 본다면 무궁화는 그 자체가 체인지 에이전트이다. 이러한 피터 드러커의 기업가

정신 그리고 체인지 에이전트와 같은 무궁화 정신을 실천한 기업가는 우리 주변에 분명 존재한다.

🌺 기업가정신을 실천한 기업가들

피터 드러커에게 기업가정신이란 일종의 과학도 아니고, 한 특별한 예술도 아니다. 그것은 하나의 실천이다. 모든 분야의 실천이 그렇듯이 기업가정신과 관련된 지식은 목적을 달성하기 위한 수단이다. 실천적인 측면에서 '무엇이 지식을 구성하는가?' 하는 것은 대체로 그 목적 달성 가능성, 즉 실천 가능성을 통해 결정된다. 이러한 피터 드러커의 정신을 충분히 학습하지 않았을 것 같은 사람들 중에도 실천적 기업가정신을 세상에 보여준 인물들이 있다.

나는 기업가정신을 실천한 사람들을 찾는 과정에서 흐뭇한 경험을 한 적이 있다. 대학생들이 직접 피터 드러커의 책을 읽고 피터 드러커의 기업가정신을 이해한 뒤에 다양한 사회 속에서 기업가정신을 실천한 인물들을 찾아 분석한 기사를 만난 것이다. 『바이트』라는 시사교양지의 기사 내용을 소개해 보고자 한다. 세 명의 인물 이병철, 강우현, 그리고 헨리 포드에 관한 이야기다.

피터 드러커가 말하는 기업가적 경영은 기업인이 새로운 것을 갈망하는 존재가 돼야 한다는 것이다. 이병철은 끊임없이 새로운 분야를 탐구했던 기업인이었다. 그는 해방 후 150만~200만 명의 사람들이 한국으로 귀환하면서 일시적인 인구 급증이 발생한 시장구조의 변화를 알아채고 산업 불모지인 한국에서 각종 새로운 사업에 뛰어들었다. 그는 광복 이후 국민들의 일상생활에 필요한 생필품의 수입이 가장 시급하다고 생각해 삼성물산공사를 설립했다. 연간 200만 달러가 설탕 수입에 의해 사라지고 있다는 사실을 알아챈 후 제당업을 선택해 제일제당을 설립했다. 또한 식량증산을 위해 빼놓을 수 없는 비료가 불안정적으로 수입되고 있는 상황에서, 농민들의 불안감을 해소하기 위해 비료의 국산화를 시도하기도 했다.

이병철은 호텔사업도 시도했는데, 이는 세계 귀빈들을 접대할 수 있는 호텔을 한국 최초로 만들겠다는 의지에서 시작됐다. 그의 이러한 사업 시도들은 피터 드러커가 말한 인식의 변화와 지각 상의 변화를 받아들여 고객이 필요로 하는 가치를 제공하고 효용을 창조하는 전략이었다고 할 수 있다. 또 피터 드러커가 중요시한 피드백의 실천에도 이병철은 남달랐다. 삼성 사장단 10명 정도가 참석하는 '마의 오찬'을 통해 피드 백이 이루어졌다. 오찬 모임에서 사장단은 차례로 나와 계열사의 문제점 등의 내용을 브리핑하고, 이 회장은 중간에 질문을 던졌다. 그런데 질문의 수준이 높고 날카로워, 사장단들은 부하직원들이 준비해 준 모범답안만으로는 대답할 수가 없었다. 이병철의 이러한 경영 실천이 있었기에 지금의 삼성그룹이 가능했을 것이다.

『남이섬 CEO 강우현의 상상망치』라는 책을 쓴 강우현도 기업가정신을 보여준다. 강우현이 남이섬을 맡은 후, 남이섬이 세간의 화제가 된 것은 피터 드러커가 첫 번째 원천 기회로 꼽은 '예기치 않은 일' 때문이었다. 남이섬의 관리를 맡게 된 강우현은 겨울연가의 촬영지로 남이섬을 허락해 주는 대신 겨울연가 제작발표회를 남이섬에서 할 것을 요구했다. 이를 계기로 남이섬은 기성세대에게 잊혔던 섬에서 추억이 깃든 섬으로 바뀌게 되었다. 물론 관심받게 된 기회를 놓치지 않은 것은 강우현의 혁신이 있었기 때문이었다. 강우현은 새로운 혁신이 소개되면 세상 사람들의 흥미를 유발한다는 피터 드러커의 조언에 가장 적절한 예 일 것이다. 강우현은 남이섬을 '나미나라공화국'으로 개국 선포를 하는 멋진 아이디어를 혁신 기회의 원천으로 삼았다. 남이섬으로 들어오는 손님들에게 여권을 발급하는 등, 문화독립 주권을 실천했다. 남이섬만의 애국가도 있고, 선착장은 입국관리소로, 남이섬 직원은 국가 공무원으로 불렸다. 또 남이섬의 인사규칙은 나이, 학력, 경력을 묻지 않았고 입사 적격자의 최우선 조건으로는 정직과 부지런함을 보았다. 또 신입 나이는 60세 이상이며, 정년퇴직 나이는 80세라고 한다.

헨리 포드는 실용적인 자동차를 만들기 위해 다양한 수많은 시도를 하여, 끝내 아무도 관심을 가지지 않았던 실용주의 자동차를 만들어 대성공을 거두었다. 그는 사업이 확대되는 과정에서 효율적인 조립라인과 고도의 표준화와 분업화를 이루고 이를 통해 대량생산이 가능하게 했던 입지전적인 인물이다. 피터 드러커는 인구구조의 변화와 인식의 변화를 알아채고 그 기회를 포착하는 기업가를 제시했다. 하지만 포드는 기회 포착에 머무르지 않고 변화를 촉진시켰다. 100여 년 전, 자동차는 교통수단이라기보다는 사치품으로 인식되었다. 하지만 포드는 대중에게 차를 교통수단으로 인식시켰다. 포드는 사람들의 편의를 도모하였고, 대중들도 생각하지 못한 대중들의 욕구를 창조한 것이다. 또 피터 드러커가 노동자는 비용이 아니라 자산이자 자원이라고 언급한 부분은 헨리 포드에게서도 잘 나타난다. 헨리 포드는 자신뿐만 아니라 일하는 직원 하나하나가 자신이 맡은 분야에서 최고로 일을 해야 한다고 주장하며, 그에 맞는 높은 임금과 성과급은 직원 스스로 일을 잘 해내게 만드는 원천이라고 했다.

❀ 성장과 변화를 지속하는 무궁화의 자세

피터 드러커는 우리에게 변화를 당연시하라고 말한다. 자신이 지각하든 지각하지 못하든 상관없이 모든 일은 원리에 바탕을 두고 있다. 기업가정신도 원리에 바탕을 두고 있는데 이것은 바로 변화를 당연하게 여기는 것이다. 흔히들 기업가정신이라고 하면 특별한 한 명이 가진 재능일 것이라 여긴다. 하지만 그는 이것이 착각이라고 단호하게 선을 그었다. 기업가정신은 기질도 재능도 아니다. 행동인 동시에 자세이며 누구나 학습하면 배울 수 있다.

한편, 기업가정신은 영감과는 관련이 없는 것으로 기업 경영은 매우 체계적인 작업이다. 피터 드러커가 60년 이상 다양한 기업가와 일해 오면서 깨달은 점은 그들이 매우 부지런하다는 것이었다. 물론 특별히 천재적인 영감에 의지하는 기업가도 있다. 그런데 그들은 그 반짝이는 영감처럼 스스로가 이내 사라지고 만다. 우리는 변화를 이용함으로써 혁신에 성공하는 것이지, 변화를 일으키려고 해서 성공하는 것은 아니다. 결과적으로 성공의 열쇠는 변화를 당연하게 받아들이는 것이다.

변화를 당연시한 존재가 바로 무궁화다. 무궁화는 시대의 변화를 직면하였다. 민족이 당면한 현실도 온몸으로 받아들였다. 그리고 그 속에서 자신의 꽃으로서의 생태 주기를 매일 혁신하면서 마지막까지 '새로움'을 추구한다. 결국 그 새로움은 우리 민족에게 변화를 넘어설 만한 거대한 '민족성'을 선물로 안겨주었다. 무궁화는 변화를 당연하게 받아들여 지속적으로 성장하고 혁신하는 아이콘이다. 무궁화가 그런 혁신을 지속할 수 있었던 힘은 어디서 오는 것일까? 또한 그러한 무궁화의 특성이 이 시대 우리에게 주는 혁신의 마인드는 무엇일까? 크게 다섯 가지를 이야기하고자 한다.

첫째, 늘 새로운 마음이다. 마음을 새롭게 한다는 것은 자신을 돌아보는 것이며 자신에게 보이는 과오를 발견하고 개선해 나가는 것이다. 자신을 돌아보지 않는 사람은 자칫 자만과 편견에 사로잡혀 안목이 좁아지고 잘못된 선택을 하고도 무감각해지고 늘 어쩔 수 없는 선택이었다고 스스로를 위로하며, 실패할 수밖에 없는 삶을 살아갈 수밖에 없다.

둘째, 늘 겸손한 마음이다. 다른 사람을 존중하며 자신을 내세우지 않는 사람은 날마다 덕이 쌓여 많은 이웃을 얻게 되고, 스스로를 부족하다 여기는 마음은 늘 배움을 추구하고 성장하기 위해 노력한다. 자만하여 남을 무시하고 가볍게 여기는 사람은 배우기는 하되 껍데기만을 알고도 다 아는 척하며, 말과 행동에 신뢰가 점점 없어지게 되어 주변에 사람들이 떠나게 된다.

셋째, 늘 공헌하는 마음이다. 사람은 누구나 강점과 재능을 가지고 있는데 그것은 남을 위해, 국가를 위해 공헌하겠다는 마음을 가질 때 더 큰 성장을 하게 된다. 그리고 더욱 능력을 발휘하여 위대한 삶을 살아가게 되는 것이니 사명을 완수하고자 하는 자, 나 이외의 이웃과 사회 더 나아가 국가와 세계 평화를 위해 공헌하고자 하는 마음을 가져야 할 것이다.

넷째, 늘 힘든 순간에도 참고 인내하는 마음이다. 삶은 늘 순탄하기 보다는 때로 어려움과 시련이 오는데 그것은 더 큰 사람으로 성장하는 기회인 것이다. 성장의 기회를 알지 못하고 또 힘들다고 주저앉게 되면 성장을 못하고 오히려 자존감이 무너지게 되어 힘없고 초라한 삶을 살게 되는 것이니 성장을 위해서는 어떠한 순간이 오더라도 참고 이겨내는 강인함이 있어야 한다.

다섯째, 늘 완벽을 추구하는 마음이다. 피터 드러커는 늘 완벽을 추구하기 위해 학습하고 스스로를 갈고닦아 세계 평화를 위한 위대한 유산을 남겼다. 우리도 아침마다 새롭고 늘 새로운 무궁화를 바라보며 스스로를 버리고 더욱 새로운 모습으로 태어나고자 하는 무궁화의 완벽을 추구하는 자세를 배워야 한다.

마지막에 언급한 무궁화의 자세는 혁신을 이루고자 하는 사람들이 꼭 기억해야 할 태도이다. 바로 학습하고 스스로 갈고닦아 자신을 성장시키는 힘이 있어야 한다는 것이다. 이러한 학습의 태도는 혁신을 가르쳤던 피터 드러커조차 일생 추구했던 자세이다.

🌺 학습자의 자세로 혁신하라

피터 드러커는 일평생 학생이었다. 끊임없이 새로움을 추구하고 배우며 자신을 혁신시켜 나갔다. 그는 스스로 자신을 교사이자 학생이라고 생각하였다. 본질은 같으나 지속적으로 학습하면서 성장하는 것이다. 과거의 성과에 안주하지 않고, 새로운 기회로 자신을 내어던지는 것이다. 우리가 어떤 일을 끊임없이 반복함으로 해서 그 일에 능숙하고 익숙해진다면 우리는 다른 것을 더 추구할 시간을 얻게 된다. 중요한 것은 다양한 일을 하는 것처럼 보이지만 사실 한 가지로써 일관성을 추구한다는 것이다.

경영학의 아버지, 경영의 대가로 불리는 피터 드러커의 위대함은 경영학과 관련이 없어 보이는 영역에서조차 해박한 지식을 가지고 있다는 것이다. 하지만 그 모든 지식은 인간과 인간이 만나 예술처럼 조화를 이루어 고객을 창조하는 경영, 나는 이것을 '인문예술경영'이라고 부르고자 한다. 피터 드러커의 경영철학은 예술에 가깝다. 단순히 경영학이라고 표현하기에는 예술 같은 아름다움이 담겨 있기 때문이다. 피터 드러커의 모든 지식은 인문예술경영으로 통한다. 나는 그가 교수로, 컨설턴트로 저술가로 활동하였고 또 그가 자신을 사회생태학자로 불리기를 바랐다고 하지만 그 목적은 하나 '인문예술경영'이라고 생각한다. 우리도 다양성을 추구하지만 궁극적인 목적은 하나여야 한다. 그 하나를 자신의 강점으로 하여 더욱 강화시키고 끊임없이 성장하고 변화시켜야 한다. 그리고 다양함 속에서 조화를 이루어 자신의 사명을 완수하자.

다양한 무궁화의 쓰임 사진
국화 / 축제 / 울타리 / 화폐 / 약재(동의보감)

이것이 피터 드러커의 삶 속에서 묻어 나오는 교훈이자 무궁화의 특성에서 묻어 나오는 일맥상통한 가치이다. "인생은 경영이다. 경영은 예술이다. 고로 인생을 경영하는 자 예술 같은 인생을 살 것이다." 이는 피터 드러커를 통해 얻은 나의 생각이다. 같은 본질이면서 다양하게 자신의 쓰임을 혁신시키는 것은 무궁화에도 동일한 특징으로 찾아볼 수 있다.

무궁화는 나라꽃 즉 국화이다. 당연히 화폐에 쓰인다. 장원급제 어사

모에도 꽂히고, 특별히 약재로도 사용된다. 양지라면 어디에서나 잘 자라는 무궁화는 자강불식하는 나무가 되어 공기를 청정하게 하는 역할도 한다.

혁신의 아이콘들은 뭔가 통하는 게 있다. 이렇게 변화를 당연시하고 자신을 혁신시키는 원동력을 학습이라고 하였는데, 과연 무엇을 어떻게 학습할 것인가. 이 부분에 대해 피터 드러커의 경험에서 지혜를 찾아보고자 한다.

피터 드러커는 매년 자신이 잘 모르는 특정한 새로운 주제를 설정하고 스스로 배웠다. 스스로 평생학습자의 삶을 먼저 살아간 것이다. 지식근로자의 개념을 전파시킨 자신 스스로 지식근로자의 삶 깊숙이 들어와 있었던 것이다. 학습에 대한 그의 의견을 경청해 보자.

"내가 신문사에 근무할 때 우리는 오전 6시부터 일했고 오후 2시 반 그러니까 최종 편집이 인쇄에 들어가면 퇴근했다. 따라서 나는 오후와 저녁에는 혼자 억지로 공부를 시작했다. 국제관계와 국제법, 사회 제도와 법률 제도의 역사, 일반 역사, 재무 등을 공부했다. 차츰 나는 내 방식대로 공부 방법을 개발하게 되었다. 나는 지금도 그대로 하고 있다. 매 3년 또는 4년마다 다른 주제를 선택한다. 그것은 통계학, 중세 역사, 일본

미술, 그리고 경제학이 될 수도 있다. 3년 정도 공부한다고 해서 그 주제를 완전히 터득할 수는 없지만, 그 주제를 이해하는 데는 충분하다. 그런 식으로 나는 60여 년 이상 동안, 한 시기에 한 주제씩 공부하고 있다."

피터 드러커가 이렇게 학습자의 삶을 지속적으로 유지할 수 있었던 배경에는 그의 글쓰기 습관이 한몫을 하였다. 다양한 주제에 대해 학습한 것들을 통합하는 글쓰기를 계속해왔기 때문에 가능한 것이었다. 또한 그 자신의 말대로 이미 배운 것을 버리는 태도를 갖추고 있는 것이다. 여기서 버린다는 것의 의미는 기존의 기술이나 방법론을 버리고 늘 새로운 대책과 새로운 기술을 배워야 한다는 것을 의미한다. 다시 말해, 새로운 기술을 학습하기 위해 '탈 학습'이 필요하다는 것이다. 탈 학습은 '인식의 틀을 깨다', 혹은 '고정관념을 깨다'라는 의미로 통한다.

한국 피터 드러커 소사이어티를 주도하는 인물 중 문국현 한솔섬유 대표가 있다. 그는 실제 과거 대통령 선거에 나올 당시 피터 드러커 정신을 대한민국의 경제와 정치에 접목하는 꿈을 꾸었다. 정치에서 뜻을 이루지 못했으나 그는 자신의 전문분야인 경제 일선에서 상당 부분 피터 드러커 정신을 구현하는 데에 성과를 내었다. 유한킴벌리를 경영하던 시절이나 한솔섬유를 경영했던 상황에서 그의 마음속에 동일하게 새겨진 정신은 지식근로자의 평생학습체제이다.

창조력을 갖춘 사람은 기업이 지속 발전할 수 있는 원천이다. 기계는 새로운 것을 생산하지 못하고, 사람이 시키는 일만 한다. 기업은 사람에 투자해야 한다. 이는 유한킴벌리의 경영철학이자 가치이고 발전전략이었다. 근로자들에게 주인의식을 심어주고, 전사적 학습체제 도입을 통해 고객의 변화를 빨리 알아내고 생산혁신을 이룸으로써 세계적인 대기업과 국내 재벌기업과의 경쟁에서 이길 수 있었다.

한솔섬유는 전 세계 이십여 개 공장에서 4만 명의 근로자들이 일하고 있다. 이들에 딸린 가족을 포함하면 20만 명의 생계를 회사가 책임지고 있는 셈이다. 한솔은 평생학습체제 도입으로 혁신을 이뤄 향후 5~10년 안에 일자리를 십만 개로 늘려서, 50만 명의 가족들에게 희망을 줄 계획이다. 선진국 중산층에게는 아름다운 옷을 만들어주고, 개도국 국민들에게는 아름다운 일자리를 만들어주는 게 목표다. 섬유 산업의 시장규모는 1조 5천억 달러(1500조 원)로 전 세계 산업 중 2위다. 세계에서 제일 큰 섬유회사의 매출액이 300억 달러(30조 원)에 불과하다. 한솔의 성장 기회는 많다

한겨레 2014. 9

이는 한국 피터 드러커 소사이어티 리더십으로서 손색이 없는 가치와 실천적 삶이다. 국가 경제가 어려워 구제금융을 받을 시기에도 문국현 대표는 자신이 경영하는 회사의 지식근로자들과 대타협을 이뤄냈으며, 지식근로자 전체가 학습하는 시스템을 만들어 그야말로 피터 드러커식 '자율성'과 '자발성'을 심어주었다. 이것이 생산성으로 연결되어 성과를 내었다. 여기에서 멈추지 않고, '왜 일하는가'를 지식근로자들에게 심어주어 사회와 국가, 그리고 인류에 기여하는 사명들을 모든 직원이 공유하게 만들었다. 개인적으로 이런 기업이 대한민국에 많아지기를 희망한다. 혁신을 다루는 과정에서 반복적으로 등장하는 개념이 있으니 그것은 바로 지식근로자이다.

❀ 혁신의 주인공, 지식근로자

지식근로자들은 누구인가? 지식근로자는 끊임없는 학습과 지식 습득을 통해 자신의 일하는 방식을 개선, 개발, 혁신하고 이를 다른 사람들과 공유, 활용함으로써 부가가치를 높여가는 사람을 의미한다. 정보를 나름대로 해석하고 이를 활용해 부가가치를 창출해낼 수 있는 근로자를 가리킨다. 1968년 피터 드러커가 저술한 『단절의 시대』에서 지식사회를 다루며 처음으로 사용한 말이다.

그에 따르면 풍부한 지적 재산, 투철한 기업가정신, 평생학습 정신, 강한 창의성, 비관료적인 유연성 등을 갖추고 있는 사람이며, 평생직장인보다는 평생 직업인이라는 신념을 지닌다는 특징을 갖고 있다. 오늘날 지식근로자는 자신의 지식을 가장 비싼 값으로 구입해 줄 곳을 찾아 국내외를 떠도는 새로운 유목민이 되고 있다. 프랑스의 자크 아탈리는 지식근로자를 뉴 노매드(New Nomad)라고 명명했고, 시계와 휴대폰, 휴대용 컴퓨터와 휴대용 건강 진단기 등을 유목 물품(Nomadic Objects)이라고 표현했다.

지식근로자는 자산 그 자체가 지식이기 때문에 각 분야에 대한 전문성의 정도가 높으면 높을수록 자기 성과를 타인에게 객관적이고 정당하게 평가받기가 어렵다. 따라서 피터 드러커는 지식근로자에게는 '평가'라는 기존 목적이 아니라, 지식근로자 스스로가 세운 완벽함에 대한 기준과 스스로가 지닌 책임을 완수하는 것을 목적으로 삼아야 한다고 강조하였다. 이러한 자기기준은 공헌 또는 사명의 수준인 경우가 많다.

지식근로자가 자기기준을 향해 끊임없이 지식을 탐구할 때 매우 중요한, 한 가지를 점검해 보아야 한다. 바로 '배우는 방식'이다. 중요한 것은 사람마다 배우는 방식이 다르다는 것이다. 피터 드러커는 모든 지식근로자가 스스로에게 질문할 것을 권하고 있다.

나 자신은 어떤 식으로 배우는가?'라는 일반적인 여섯 가지 방법을 살펴보고자 한다.

첫째, 강의를 듣거나 생각나는 것을 '즉각 기록하는 방식'이다.

둘째, 회의 혹은 강의 도중 아무런 기록도 하지 않고 먼저 듣고 '나중에 생각하고 정리하는 방식'이다.

셋째, 자신이 말을 하고 '말하면서 그것을 스스로 정리하는 방식'이다.

넷째, '다른 사람을 가르치며 자신도 배우는 방식'이다.

다섯째, 소설가와 같이 '직접 글을 쓰면서 스스로 정리하는 방식'이다.

여섯째, 예술가들처럼 '실제로 작업을 하면서' 배운다.

피터 드러커는 어떻게 배울까? 그가 배우는 방식에 대한 일화가 있다. 서던 캘리포니아대학의 워렌 베니스 교수와 나눈 대화는 그가 배우는 방식의 단면을 보여준다.

"피터 드러커 박사, 어떻게 그런 많은 독창적인 생각을 할 수 있습니까?"

"나는 오직 듣기를 통해서 배웠소."

"누구한테서 듣습니까?"

"그야 나 자신이 하는 말을 듣지요."

피터 드러커는 농담처럼 이야기했지만 실제로 그렇게 배운다는 것을 자신은 알고 있었다. 자신이 내뱉은 말에서 배우는 최고경영자들이 종종 있다. 그들은 아무런 원고 없이 이미 머리에 들어 있는 여러 아이디어를 조합하여 내용을 이어간다. 때로는 말을 마친 후 자신이 생각하지 못했던 말을 하고는 스스로 놀라는 경우도 종종 있다. 이후에 자신이 했던 말을 급히 메모하기도 한다.

피터 드러커가 인정한 기업가 중 알프레드 슬론 회장이 있다. 그는 GM을 세계 최대의 기업이자 60여 년 동안 세계 최고의 성공적인 제조 업체로 만들었다. 그는 경영활동의 대부분을 소규모의 활기찬 회의를 통해 수행하였다. 회의가 끝나면 바로 슬론은 자기 사무실로 달려가서는 회의 참석자에게 몇 시간 동안 편지를 썼다. 편지에는 회의 때 논의되었던 핵심 질문과 제시된 문제점들, 그리고 회의에서 얻은 결론, 회의에서 다루지 않았지만 해결되지 않은 문제들을 언급했다. 이것은 슬론 회장이 배우는 방식이다. 이렇게 지식근로자는 각각 자신에게 맞는 학습 방식이 존재한다.

지식사회에 맞는 기업환경 속에서 구성원들은 그에 적합한 사고를 가져야 한다. 바로 자신이 하는 일을 노동이 아닌 사명 완수를 위한 공헌으로 생각하고 끊임없는 개선과 목표 달성을 위한 책임의식이 필요하다.

지식사회가 도래하고, 지식경영자와 지식근로자가 등장했다. 어떻게 하면 일한 주체들이 잘 조화를 이룰 수 있을까. 지식 변동성 앞에 모든 것이 과거가 되어버리는 시대 앞에서, 어떤 방식으로 서로 이해하고 성과를 만들어내며 최종적인 공헌을 할 수 있을까. 그 답은 역시 무궁화에서 찾아볼 수 있을 것이다.

〈배달계 / 무궁화연대〉

협력은 최고의 핵심가치

대한민국의 가장 큰 자원은 우수한 두뇌이다. 하지만 일제시대 이후 교육은 우리에게 협력을 가르쳐 주지 못했다. 협력은 가장 큰 위력을 발휘할 수 있게 해주는 가치이다. 우수한 두뇌를 가진 우리가 협력을 제대로 배울 수만 있다면 조직과 사회는 머지않은 미래에 초일류를 자랑하게 될 것이다.

우리가 개인으로서 할 수 있는 일은 그렇게 많지가 않다. 물건을 옮기는 단순노동에서부터 지식을 활용하는 지식 작업에 이르기까지 함께 했을 때 개인과 개인의 합이 아닌 그 이상의 결과를 만들어낼 수 있다.

그 결과란 것은 최소 3배 이상을 이야기하는데 많게는 100배 이상이 될 수도 있다.

지식정보화 사회인 오늘날에는 상상할 수 없는 결과를 가져오기도 한다.

무궁화는 다섯 개의 꽃잎이 하나의 통꽃으로 되어 있다. 나는 무궁화의 이와 같은 특성에서 다음과 같은 가치를 생각해 보았다. 조직이란 하나의 원대한 목적을 가지고 그 목적을 달성하기 위해 한마음으로 협력해야 한다는 것이다.

우리 민족의 역사는 오랜 세월 동안 강산을 지키고, 사람을 지키고 마지막 절개와 정신을 지키기 위한 역사였다. 그 모든 과정을 오롯이 우리 민족과 함께 동행했던 무궁화는 진심으로 민족을 품어주고 연결해 주고 하나로 만들어준다. 무궁화가 '하나 됨'을 실천할 수 있는 것은 무궁화 꽃 그 자체가 '하나 됨'의 생태적 특징을 갖고 있기 때문이다. 무궁화는 그 자체가 우리 민족을 하나로 묶어주는 '끈'의 역할을 하였다. 홀로 싸우기에는 버거우나 우리가 함께 할 때는 충분히 가능하다는 마음을 무궁화로 대변하고 있다. 무궁화는 우리로 하여금 '관계'를 형성하게 하고 '연대'하게 하며 '협력'하게 만든다.

저녁 무렵, 무궁화나무 근처에 가면 떨어진 무궁화 꽃을 볼 수 있다.

땅에 떨어진 그 모습이 한 시절을 다 피우고 말라서 한 잎 두 잎 떨어진 여느 꽃잎과는 확연히 다르다. 방금 떨어진 꽃은 각각의 꽃잎이 따로 떨어지지 않고, 하나의 통으로 떨어진다. 무궁화는 하나의 통꽃 잎이다. 보기에는 분명 다섯 개의 꽃잎이 있지만 그 다섯 잎이 하나로 연결되어 있는 것이다. 바로 이러한 특징이 무궁화를 '협력'과 '관계', 그리고 '연대'를 설명하기에 유익하게 한다. 무궁화의 '협력' 정신은 이미 피터 드러커가 언급한 '협력'과 일맥상통한다. 피터 드러커의 협력은 지식 시대에 꼭 필요한 지식경영자와 지식근로자들이 각기 자신의 역할을 수행하고, 함께 연대하여 성과를 만들어낼 수 있도록 도와주는 것이다.

협력이란 위대한 가치이며 반드시 배우고 익혀야 할 핵심가치이다. 이번 장에서는 그러한 협력의 가치를 실현시키는 역량을 개발하는 방법에 대해 알아보고자 한다.

협력의 출발은 자신의 '역할'을 아는 것

지식사회에서 가장 중요한 두 부류는 지식경영자와 지식근로자이다. 그리고 이 두 집단은 철저히 고객을 위해 존재한다. 지식사회에서는 지식근로자의 분명한 역할이 규정되어야 한다. 지식을 지식에 적용하여 고성과를 창출하고 뿐만 아니라 고객이 원하는 것, 고객이 가치 있게 여기는 것을 창조해 내야만 살아남는다. 지식사회는 더 이상 대량생산 대중화의 전략이 아닌 바로 고객에게 맞추는 생산을 해야 한다. 고객이 원하는 것을 생산해 내기 위해서는 반드시 창의성과 자발성 그리고 책임감이 있어야 하며, 무엇보다 회사에 대한 애착과 자긍심이 있어야 가능하다.

'나는 구성원의 한 사람으로서 나의 강점을 어떻게 공헌할 것인가?' 이런 생각으로 행동해야 한다. 더 나아가 나의 강점과 팀의 강점을 통한 시너지를 창출해 내야 한다. 그것은 진정으로 주도성을 갖고 스스로 목표에 도전하는 성실함과 책임감 없이는 어려운 일이다. 더 짧은 시간에 성과를 낼 수 있는 방법을 끊임없이 개발하고, 늘 도전하는 정신을 가져야 한다. 스스로 변화와 혁신을 책임지는 혁신 주도형 인재가 돼야 하며, 늘 겸허한 자세로 일의 중요성에 나를 낮추는 겸손한 마음을 가져야만 한다.

해야 할 일, 할 수 있는 일, 그리고 하고 싶은 일

협력을 위해 우리가 가장 먼저 몸에 익혀야 할 습관은 '조직 속에서 해야 할 일'을 떠올리는 것이다. 자신이 하고 싶은 일이 아니라는 점에 유의한다. 조직에 속한 지식근로자는 성과향상과 목표 달성을 통해 조직에 공헌하고, 궁극적으로 지역사회를 비롯한 사회 전체에 공헌한다. 이러한 사회적 역할을 무시하고 자기가 하고 싶은 일을 우선한다면 그건 본질이 전도된 것이다. 여기서 성과를 올리기 위한 우선순위를 'Must-Can-Will'이라는 기준으로 생각해 보자.

'Must는 해야 할 일', 'Can은 할 수 있는 일', 'Will은 하고 싶은 일'을 묻는 것이다. '해야 할 일'은 '할 수 있는 일'의 제약을 받는다. 따라서 '할 수 있는 일'을 착실히 늘려서 '해야 할 일'의 범위를 넓혀야 한다. 앞으로 자신이 수행하게 될 '해야 할 일'에 초점을 맞추면 현재 자신의 부족한 능력이 보인다. 한 계단 올라서면 다시 부족한 부분을 찾아서 보완하고, 그런 일련의 과정을 반복하면서 자신과 조직을 성장시킨다. 조직에서 일하는 사람은 절대로 이 순서를 다르게 해서는 안 된다. 자신과 조직의 '하고 싶은 일'이 일치되면 최고의 성과를 기대할 수 있다.

반면 '해야 할 일', '할 수 있는 일', '하고 싶은 일'이 전혀 다르다면 취할 행동은 오직 하나, 그 조직을 떠나는 것이다. 능력이나 의욕의 문제가 아니라 그 조직에서 요구하는 공헌의 형태와 맞지 않다. 시간을 낭비하지 않기 위해서라도 매일매일 'Must-Can-Will'을 염두에 두고 일하면서, 동시에 거기에 어떤 부조화가 있는지를 생각하라.

효율성과 효과성 구분으로 협력에 기여

진정한 협력은 성과를 올리는 일에 집중하는 것이다. 매 순간 성과를 의식하며 협력하는 것이 바로 피터 드러커의 가르침이다. 성과를 내기 위해 지식근로자가 가장 집중해야 할 현장의 요구는 생산성이다. 지식 근로자에게 생산성이 얼마나 중요한지는 아무리 강조해도 지나치지 않다. 왜냐하면 지식근로자가 성과를 올리는 수단은 '노동력'이 아니라 '자본'이기 때문이다. 그리고 자본이 성과를 올리는 데 결정적으로 중요한 요소는 비용의 많고 적음 또는 그 양이 아니다. 자본에는 제품을 생산하는 힘이 있다. 또한 자본은 사용해도 줄지 않는다. 오히려 잘 사용하면 할수록 그 힘은 더 커진다. 이런 의미에서 지식근로자는 비용(Cost)이 아니라 자본이라고 할 수 있다. 피터 드러커는 '지식은 정보화 사회에서 의미 있는 유일한 자원'이라고 강조했다. 물론 전통적인 생산요소들(토지, 노동, 자본)이 사라진 것은 아니지만 오늘날에는 부차적인 것이 되어 버렸다.

이처럼 정보화 사회에서 최고의 생산성을 가지고 있는 지식근로자는 지식이라는 '생산수단'을 소유하고 있으며, 이것은 항상 휴대할 수 있는 막대한 자산이다. 지식근로자는 '물건'을 생산하지 않지만 아이디어, 정보 그리고 개념을 창출한다. 지식근로자가 창출한 이런 '생산물'은 그 자체만으로는 쓸모가 없다. 누군가 다른 사람이, 즉 다른 지식근로자가 그것을 자신의 일에 이용해 예전에 없던 새로운 생산물로 바꿔야만 그 가치를 인정받을 수 있다. 실제 작업 활동과 행동에 적용되지 않는 지식은 결국 무의미한 데이터에 지나지 않는다. 그러므로 지식 작업자는 자신의 성과를 다른 사람에게 제공하는 일을 해야만 한다. 따라서 지식근로자의 생산성은 '오직' 지식을 산업에 적용함으로써 향상시킬 수 있다.

그리고 지식근로자는 효율(Efficiency)이 아니라 효과(Effectiveness)로 평가받아야 한다.

효율은 주어진 어떤 일을 제대로 하는 것(Do thing right)으로, 일을 하는 과정에 초점이 맞춰진다. 일을 하면서 여러 가지 수단을 얼마나 적절하게 사용했는가가 효율성을 평가하는 기준이 된다. 효과는 가장 중요한 일, 제대로 된 일을 '선택'해서 하는 것(Do the right thing)으로, 목표 달성에 초점이 맞춰진다. 즉 일의 결과를 놓고 목표를 충분히 달성했는지 그 탁월성을 평가하는 것이다. 결론적으로 지식근로자의 생산성에 있어서, 비용이 얼마나 들었는지 보다는 무엇을 창출했는지가 관건이다.

협력하는 지식근로자의 생산성 향상

피터 드러커는 지식근로자가 생산성을 향상시킬 수 있는 조건으로 다음 네 가지를 들었다.

첫째, 일의 목적을 생각한다. 지식 작업의 생산성을 향상시키기 위해서 먼저 "해야 할 과업은 무엇인가?", "무엇을 수행하려 하는가?", "왜 그것을 해야 하는가?"라는 질문을 해야 한다. 과업의 내용을 분석하고, 하지 않아도 될 일, 필요가 없는 일들은 과감히 제거하는 것이 중요하다.

둘째, 스스로 생산성 향상의 책임을 진다. 조직 전체의 성과와 결과에 영향을 미치는 의사결정을 하는 지식근로자와 관리자, 전문가는 모두 '경영자'라고 할 수 있다. 따라서 지식근로자는 경영자로서 스스로 방향을 정하고 조직의 목표 달성에 실질적으로 기여할 책임이 있다. 조직 내 모든 지식근로자의 결정이 최고경영자의 의사결정만큼 중요하므로 지식근로자의 생산성은 바로 자신의 손에 달려있는 것이다.

셋째, 끊임없이 혁신한다. 모든 경제적인 활동에는 위험이 뒤따른다. 그러나 어제를 고수하고 혁신을 하지 않는다면 그것은 더 큰 위험요소가 된다. 과거 지향적이고 현실에 안주하는 사람은 인정받을 수 없고, 스스로도 일에 보람을 느끼지 못한다. 오직 미래지향적이고 도전적인 사람만이 자신의 일에 자부심을 갖고 성장할 수 있다. 혁신은 과학이나 기술 그 자체가 아니라 가치에 관련된 것이다. 새로운 발상과 아이디어를 '가치'로 승화시키는 것, 즉 새로운 차원의 성과를 창출하는 것이 혁신의 본질이다.

넷째, 꾸준히 자기 계발에 힘쓴다. 지식은 빨리 변한다. 오늘 중요했던 지식이 내일에는 대부분 어리석은 정보가 되어버리는 것이야말로 지식의 본질이다. 한 분야에서 전문지식을 갖고 있는 지식인은 4년 내지 5년마다 '새로운' 지식을 습득해야 한다. 그렇지 않으면 갖고 있던 지식이 모두 진부한 것이 되어 시대에 뒤떨어진 사람이 될 것이다. 목표를 달성하는 사람들의 공통점 중 하나는 자신을 효과적인 사람으로 만들기 위해 지속적으로 관리하고, 또 계속적인 성장을 위해 시대 상황에 맞게 변혁을 도모한다는 것이다. 이처럼 지식 작업을 하는 사람은 자기 개발에 대한 책임을 스스로 져야 한다.

여기서 언급한 네 가지는 모두 아웃풋 향상을 위해 꼭 필요한 것이며, 자발적으로 실행해야 한다. 지식이라는 자본을 소유하고 있는 것은 기업이나 조직이 아니라 바로 자기 자신이기 때문이다. 지식근로자는 지식이라는 자본의 투자가이자 자본을 통해 창출되는 열매의 공급자이다.

협력의 꽃은 조직에서 피어난다

우리는 조직이 각 개인에게 위치와 역할을 부여하는 것을 당연하게 여겨야 한다. 또한 조직을 자아실현과 성장의 기회로 삼는 것 역시 당연한 권리로 여겨야 한다. 오직 자신만이 스스로를 효과적인 사람으로 만들 수 있다. 그 누구도 그것을 대신해 줄 수 없다. 자신이 몸담고 있는 조직을 위해 해야 할 첫 번째 책임은 자신이 가진 능력을 최대한 활용하는 것이다. 그것은 또한 자기 자신을 위한 것이기도 하다. 사람은 오직 자신이 가지고 있는 것을 활용함으로써 성과를 올릴 수 있다.

성장이란 자아실현을 위해 끊임없이 도전하는 것이다. 따라서 최종 목적지 같은 것은 없다. 도달했다고 생각한 순간 성장은 멈춰버린다. 바꿔 말하면 아득히 멀리 있는 최종 목적지를 향해 목표라는 장애물을 하나하나 뛰어넘으면서 앞으로 나아가는 것이다. 눈앞의 목표에 도전하는 동시에 다음 목표를 대비해 부족한 부분을 단련하면서 앞으로 나아가야 한다. 그렇게 하다 보면 하루에 나아갈 수 있는 거리가 점점 늘어난다. 때로는 예기치 못한 상황에 부딪히기도 하고, 때로는 의욕이 생기지 않아서 고민하는 경우도 있을 것이다.

우수한 역량을 갖추는 것은 다른 누구도 아닌 바로 자기 자신을 위한 일이다. 벽에 부딪힌 느낌이 든다면 성장통을 겪는 중이라 생각하고 각오를 단단히 하자. 특히 조직에 속한 사람은 매일 정신없이 업무에 매달려 자기 계발을 소홀히 하기 쉬우므로 주의를 기울여야 한다. 조직에서 마련한 인재 육성 프로그램에만 의존해서는 아무것도 습득할 수 없다. 지식근로자는 효과적인 사람이 될 수 있도록 자신을 지속적으로 관리하고 시대 상황에 맞게 혁신을 도모해야 한다. 조직의 성장이 개인의 자기 계발과 성장과 연결되어 있다는 사실을 항상 기억하자.

자기 계발은 조직의 사명과 깊은 관계가 있다. 자신이 담당한 업무를 잘

처리하지 못하는 이유를 설비, 자금, 노동력, 시간 때문이라고 핑계를 대서는 안 된다. 그것은 모든 것을 세상 탓으로 돌리는 것이나 마찬가지다. 일을 못하는 이유를 다른 데서 찾기 시작하면 남는 것은 추락뿐이다. 일을 하다 보면 수시로 벽에 부딪힌다. 계약이 원만하게 성사되지 않거나 클레임에 대응하느라 정신없이 뛰어다니고, 여러 가지 이유로 어려움을 겪게 마련이다. 그럴 때마다 의기소침해지고 낙심해서는 안 된다. 암초처럼 등장하는 어려움을 극복하면서 단련되고 성장하기 때문이다. 취미를 통한 자아실현이 어려운 이유는 그만큼 다양한 난제가 없어서다. 생사를 넘나드는 경험을 통해 인간은 더 크게 성장한다. 상상을 초월하는 고뇌가 그 안에 들어있기 때문이다. 따라서 일은 일상적인 삶 속에서 자신을 크게 성장시킬 수 있는 많은 기회를 제공하는 고마운 존재이다.

먼저 '일의 의미'도 생각해 보자. 어떤 일이 가치가 있는가, 그렇지 않은가 판단하는 기준은 목표 달성과 연결되어 있다. 조직에 속한 개개인이 조직에 실질적으로 공헌함으로써 조직이 성과를 이루어낼 때 그 일은 '의미 있는 일'이 된다. 그리고 조직의 성과는 조직의 과업에 의해 결정된다. 즉 출발점은 조직의 과업이다. 피터 드러커는 우리 자신의 목표를 조직의 과업과 일치시키라고 권면한다.

그럴 때에 개인의 성장이 곧 조직의 성과로 연결되기 때문이다. 이러한 협력은 개인과 개인의 수평적 협력이 아니라, 개인과 조직의 수평적 협력이다. 그런데 이러한 협력의 과정을 방해하는 요인이 몇 가지 있다. 여러 가지 중에서 가장 경계해야 할 것은 비난과 이기주의 이다.

협력의 독버섯, 비난과 이기주의

비난은 조직 성장의 근간이 되는 신뢰를 무너뜨리게 되고 지속가능한 발전을 어렵게 만든다. 우리가 서로를 비난하는 데는 여러 가지 이유가 있다.

첫 번째는 자신이 존중을 받지 못하고 자신의 재능과 능력을 인정받지 못하고 있다는 자기 생각이 원인이다.

두 번째는 주도성의 원칙을 모르기 때문이다. 주도성이란 자신이 환경에 지배당하는 것이 아닌 스스로 환경을 주도해 나가는 것이며 그에 따른 책임도 같이 지는 것을 말한다. 여기에서 중요한 것은 자신의 가치관을 선하고 정의로운 방향으로 명확하게 하는 것이다. 자신의 가치관을 명확하게 했다면 자신의 가치관대로 환경을 주도해갈 수 있다는 믿음을 가져야 하며, 과정 속에서 발생하는 모든 문제는 대화로 풀어갈 수 있다는 믿음을 가져야 한다. 사실 대화로 풀지 못하는 것은 별로 없다. 속으로 꿍하지 말고 용기를 내서 당사자와 대화로 풀어나가야 한다.

세 번째는 자신의 부족한 부분을 덮으려고 하는 데서 온다. 즉 자신이 옳다는 것을 합리화하는 데서 자신의 잘못을 보지 않으려 하고 타인의 잘못과 실수만을 지적하려는 데서 오는 것이다. 이것은 참으로 자신의 성장과 발전을 가로막는 생각이며 함정이 될 수도 있으므로 경계해야 한다.

이러한 것을 경계하는 최고의 방법은 자신의 내면에서부터 개선과 변화를 추구해야 한다는 것이다. 먼저 자신을 깊이 성찰하는 습관을 가져야 한다. 오늘 나의 말 한마디가 상대에게 상처를 주지는 않았는지, 또 상대에게 신뢰를 떨어뜨릴 만한 이야기나 행동을 한 것은 없는지 늘 성찰한다. 그리고 자신의 가치관에 부합하는 삶을 살기 위해 노력한다면 내가 비난하고자 했던 상대에 대해서도 조금씩 이해와 너그러움이 생기게 되고, 나의 변화된 모습과 선한 노력에 의해 상대도 변화될 것이다.

좋은 환경을 만들어갈 수 있는 선한 아이디어를 생각해 보자. 생각만 하지 말고 플래너에 기록하고 실천도 해보자. 놀라운 일이 생기게 될 것이다.

협력을 방해하는 또 하나의 강한 독 버섯은 바로 이기주의이다 여기서 말하고자 하는 이기주의는 자신만이 잘났고 옳다고 굳게 믿으며, 다른 사람의 다양성을 인정하지 않는 독선에서 오는 이기주의이다. 이러한 이기주의는 조직의 협력을 깨는 독버섯과도 같다. 신뢰를 무너뜨리고 서로를 비난하게 만든다. 이러한 이기주의를 갖고 있는 사람들이 조직에 있으면, 그 조직은 절대로 성장하지 못할 뿐 아니라 성과도 점차 줄어들게 된다.

존중을 받지 못하는 환경에서 자존감은 무너지게 되고 자신의 강점과 재능을 제대로 발휘할 수 없게 된다.

결국 좋은 인재들은 조직에서 버티지 못하고 떠나게 된다.

독버섯을 제거하는 일은 매우 어려운 일이나 방법이 없는 것은 아니다. 그것은 기본 원칙을 지키고자 하는 강한 의지를 가지고 자신과 뜻을 같이 할 동지들을 만들어 나가는 것이다. 기본 원칙을 지키려는 사람이 나 혼자일 때는 힘이 약하지만 여러 사람이 뜻을 모을 때는 점점 강력해져 영향력을 발휘할 수 있게 된다. 그러한 동지들과 함께 해야 할 일은 반드시 악을 악으로 갚으려 해서는 안 되며, 선으로 악을 이기기 위한 노력을 해야 한다. 그러한 상사나 동료를 내치겠다는 생각보다는 변화시키겠다는 생각을 먼저 가져야 한다.

사람은 누구에게나 강점과 약점이 있다. 그들에게 있는 강점을 찾으려 노력하고, 약점은 보완하기 위한 노력을 해야 할 것이다. 그런 노력을 하다 보면 조금씩 신뢰가 쌓여가고 어느 순간 대화의 길이 열리게 될 것이다. 적을 향한 적대적인 감정이 아닌 사랑하는 마음으로 함께 성장해 나아가고자 한다면 그들도 마음을 열고 자신을 돌아보게 될 것이다.

어떠한 악한 환경에서도 그냥 물러설 일만은 아니다. 먼저 선한 영향력을 키우기 위해 노력해 보자. 우리가 선으로 악을 이기게 된다면 악순환은 끊어지고 선순환 구조가 되어 결국 건강한 조직문화가 형성 되는 것이다.

하지만 여기에서 판단해야 할 것이 있다. 자신의 노력에도 불구하고 변화에 대한 희망은 보이지 않고 내 가치관과 자존감이 심한 타격을 입게 된다면 과감히 그 조직을 떠나는 것도 좋은 선택이 될 것이다. 하지만 떠나기로 마음먹었다면 무서울 게 무엇인가. 함께하는 동지들과 용기를 내어 경영자에게 조직의 승리를 위한 회의 자리를 갖자는 제안을 해보라. 협력하는 조직문화를 만들기 위해서는 최고경영자와 임원, 경영전략팀, 인사팀, 교육팀이 조직문화의 개선을 위해 함께 노력을 해야 한다. 그래도 나와 함께 했던 조직인데 헌신짝 버리듯 버리기보다는 마지막까지 노력을 해보는 것이 자신을 위해서도, 조직과 사회를 위해서도 유익한 일이다. 결국 모든 선택과 책임은 당신이 감당할 몫이다.

하지만 협력하는 조직문화를 만들기 위해 했던 모든 노력은 당신의 커다란 자산이 된다는 사실을 명심하라.

협력의 무대는 바로 대화의 장이다

우리는 지금까지 살아오면서 수많은 경험들을 뇌 속에 저장해 두었다. 좋은 경험 뿐 아니라 좋지 않은 경험들도 많이 있을 것이다. 협력의 가장 실제적인 과정은 대화이다. 대화를 하다 의도와는 달리 심한 논쟁으로 흐르게 된 경험이 있는가? 대화를 하는 중에 서로의 의견이 대립되어 공격을 받거나 나도 질세라 공격을 해본 경험이 있는가? 대화 도중 상대의 말을 끊거나 또 반대로 상대에 의해 말이 끊긴 경험이 있는가? 대화 도중 상대에게 충고를 해주고 싶은 마음에 충고를 하고 상대의 굳어진 표정을 본 적이 있는가? 나의 의견을 잘 이야기했는데 상대가 나의 의견을 잘못 해석(자기 중심적으로 해석)하여 받아들이고 계속 다른 이야기를 했던 경험이 있는가? 대화 도중 난처한 입장이 되어 본 적 있는가? 여럿이 함께 대화하던 중 무시당한 경험이 있는가? 또 내가 상대를 무시했던 경험이 있는가?

왜 우리는 대화를 하면서 논쟁을 해야 하고 상대의 이야기가 끝나기도 전에 나의 관점에서 판단하고 상대가 말하는 것을 다 이해했다고 하는 것인가. 무엇이 우리의 대화를 방해하고 비생산적이며 비효과적인 결과를 가져오게 하는가. 이 모든 것은 잘못된 대화의 패러다임에서 오는 것이다. 우리의 대화는 서로가 이해하고 공감하는 대화여야 하며 더 나아가 시너지 창출로 이어지는 대화여야 한다.

『성공하는 사람들의 7가지 습관습관(이하, 7habits)』의 저자 스티븐 코비가 주장하는 이론은 아주 훌륭하다. 국내에서 그의 책은 수백만 부가 판매되었다. 하지만 스티븐 코비의 이론을 정확하게 아는 사람이 몇이나 될까 의문이다.

7 Habits을 읽어보았다고 하는 사람은 많다. 그런데 대부분의 사람들은 보통 앞의 세번째 습관 '소중한 것을 먼저 하라'까지 읽고 그 또한 깊이를 제대로 모르고 있는 경우를 많이 보았다. 나는 그의 책을 여러 번 반복해서 읽었는데 3회 정독했을 때 생각의 커다란 변화가 찾아왔고 세상을 보는 통찰이 생겼다. 지금도 읽어보면 새로움을 느끼고 읽을 때마다 다가오는 것이 다르다. 여러분도 꼭 3회 이상 정독할 것을 권한다. 영원히 불변하는 원칙을 기반으로 사람의 성장과 변화를 위해 쓰인 위대한 유산이다.

여러분 안에 잠자는 능력을 깨워 줄 훌륭한 책이다. 부디 멘토처럼 생각하고 가까이 하기 바란다.

스티븐 코비는 7Habits의 절정은 바로 여섯 번째 습관인 '시너지를 창출하라'에 있다고 한다. 앞의 다섯 가지 습관은 바로 이 시너지라는 기적을 창조하기 위해 준비해온 것이다. 시너지 창출이 가져오는 결과는 놀라울 정도로 크게 우리 모두의 삶을 풍요롭게 만들어 준다.

시너지를 창출하는 대화

시너지를 창출하는 대화에 대해 대략의 핵심내용을 살펴보고자 한다. 좀 더 자세히 배우고 적용하고 싶은 독자는 반드시 스티븐 코비의 7Habits을 자세히 읽어보라.

먼저 신뢰가 매우 중요하다. 일상적인 대화와 행동을 통해 우리는 상대에게 신뢰를 쌓기도 하고 잃기도 한다. 우리들의 인간관계 속에는 신뢰의 양이 존재하는 것이다. 스티븐 코비는 이것을 '감정은행계좌 (Emotional Bank Account, EBA)'라고 은유적으로 표현하였다. 가령 내가 상대를 무시하는 발언을 했다고 하자.

"이 회사에 들어온 지 얼마나 됐다고 그렇게 다 아는 척인가요?"

그러면 상대의 감정은행계좌에 있던 나의 신뢰는 순식간에 인출된다. 부하직원의 무례한 태도는 상사의 감정은행계좌에서 인출되고 상사의 면박은 부하직원의 감정은행계좌에서 순식간에 인출된다. 우리는 신뢰를 예입하고 인출하는 시스템을 갖고 살아감을 인식해야 한다. 이것을 인식하고 안 하고는 각자의 선택이겠지만 이것을 인식하고 사는 사람은 좋은 대인관계를 만들어갈 수 있다.

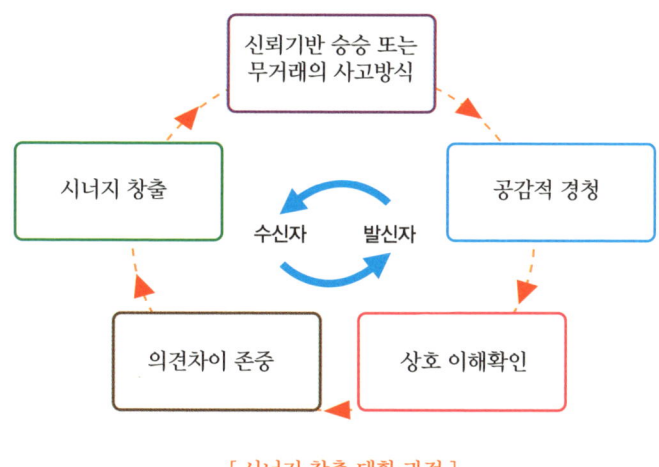

[시너지 창출 대화 과정]

신뢰하지 않는 사람과의 대화는 대화 자체가 무의미하다. 하지만 신뢰하는 사람과의 대화는 나에게 또 다른 관점이 있다는 것을 알게 해주고 새로운 정보를 주고 교훈을 주는 유익한 대화가 될 수 있다. 시간이 빨리

가길 바라거나 견디기 어려운 것 중 하나는 내가 싫어하고 신뢰할 수 없는 사람의 이야기를 듣고 있거나 또 대화를 해야만 하는 상황일 때이다.

좋은 대화를 위해서 먼저 해야 할 것은 나의 언행을 통해 상대의 감정 은행계좌에 인출되기도 하고 예입되기도 한다는 것을 알아 평소 신뢰를 예입할 수 있는 언행을 하는 것이다. 진정으로 신뢰를 예입할 수 있으려면 개인의 확고한 가치관과 사명 그리고 비전이 있어야 한다. 그리고 그것이 내 삶 속에 안정적으로 이루어져 가고 있어야 가능하다.

시너지를 창출하는 대화에는 단계가 있다.
첫 번째 단계는 신뢰를 기반으로 한다. 승승의 패러다임, 또는 무거래의 패러다임(스티븐 코비의 성공하는 사람들의 7가지 습관 중 네 번째 습관)을 가져야 한다.
두 번째 단계는 먼저 이해를 한 다음 이해시켜야 하는데 먼저 이해를 한다는 것은 상대가 내가 이해를 했는지 인정을 하는 단계에 이르러야 한다. 대부분 "내가 당신의 말을 안다니까! 다 알아! 이해한다고!" 이렇게 말하지만 사실 상대의 입장에서 보면 그렇지 못한 경우가 대부분이다. 상대의 말을 이해하기 위해 하지 말아야 할 것은 나의 관점에서 해석하고 판단하는 것, 상대의 말을 중간에 자르는 것 등을 하지 말아야 한다.

'인디언 스틱'이란 도구가 있다. 회의 중 발언권은 오직 인디언 스틱을 가진 자만이 할 수 있고 나머지 사람은 발언을 잘 경청하고 그것을 잘 이해했다는 발언자의 동의가 있을 때 인디언 스틱을 건네받고 발언을 할 수 있게 된다. 중요한 것은 상대가 인정하는 이해이다. 나의 관점에서 섣부른 이해는 좋은 대화를 가로막는 장애요소이다.

세 번째 단계는 상대의 언어를 통해서 뿐만 아니라 상대의 비언어적 감정이나 태도 등을 통해서도 이해할 수 있어야 한다는 것이다. 그리고 이야기할 때 상대의 감정 상태를 공감하고 이해했다는 반응과 내가 상대의 말을 잘 이해했는지 확인해 보는 것도 매우 중요하다.

시너지를 창출하는 대화란, 상대의 의견을 존중할 때 가능하다. 나와 다른 의견이지만 상대가 그렇게 생각하고 이야기할 때는 분명 그럴 만한 이유와 깊은 뜻이 있을 것이라고 생각하라. 그것을 알고 나누는 대화는 시너지 창출로 이어질 수 있다.

서로가 서로를 충분히 이해하고 상대방을 존중한다면 상대가 원하는 것도 충족시키고 내가 원하는 것도 충족시키는 시너지 즉 제3의 대안이 나올 수 있는 것이다.

중요한 사항을 결정하는 회의이든, 부서 간의 단합대회이든, 친구들과 여행 계획이든 서로가 서로를 존중하고, 먼저 이해하는 것이 시너지 창출로 이어지는 과정임을 명심하자. 사람의 진정성은 어떠한 상황에서든 통할 수 있다. 어떤 대화를 나누든 진정성을 가지고 긍정적이고 더 나은 시너지를 창출할 수 있도록 노력해야 한다.

무궁화 리더십 '협력의 힘'은 우리를 더 큰 기회로, 더 큰 세계로 안내해 줄 것이다.

우리의 소중한 시간과 우리의 탁월한 능력이 이제는 더 이상 반목과 대립, 논쟁, 갈라 치기에 낭비되어서는 안 된다. 부정적인 일에 나와 당신의 에너지를 낭비하지 말자. 지속 가능한 대한민국을 위해, 지속 가능한 세상을 위해 우리의 소중한 시간과 우리의 탁월함을 사용하자. 이것이 무궁화 정신이요. 무궁화 리더십이다.

에필로그

인류를 위한(홍익인간) 무궁화 리더십의 실천과 결의 (이화세계)

"인간이 인간에게 저지르는 가장 큰 잘못은 증오가 아니라 무관심이다." -조지 버나드 쇼

홍수와, 태풍이 할퀸 삶… 세계기상기구(WMO)가 선정한 '그 장면'

홍수 피난처(Flood Refuge)', 무함마드 암마드 호사인(방글라데시)

"방글라데시의 홍수 피해는 매년 반복되고, 점점 심해지고 있습니다. 더 이상 사람이 살 수 없는 곳으로 변해가고 있는 겁니다."

기후변화와 빈손(Climate Change and our Empty Hand)

"기후 위기는 세계 곳곳에 사회적 약자들에게 더욱 가혹합니다. 아프가니스탄 바다흐샨에서 부족한 식수를 구하기 위한 행렬입니다. 굽이치는 강물 옆을 위태롭게 이동합니다."
KBS뉴스 2023.10.05 이세흠기자

세계적인 산업 심리학자 에이브러햄 매슬로는 인간의 욕구 5단계 중 마지막 단계는 '자아실현의 욕구'라고 하였다.

참된 자아실현이란 참된 나의 본성을 찾고, 참된 나로서 내 인생의 주인공으로 살아가며 고결한 가치를 실현하는 것이라고 생각한다.

금수저든 흙수저든 창조주께서는 사람들에게 공평한 능력을 선물로 주셨다.

그것은 '사명의 힘'에서 이야기 한 4가지 천부적인 능력으로 자아의식, 상상력, 양심, 독립의지이다.

진정한 행복은 나라는 사람이 누군가를 행복하게 해 줄 때, 내가 누군가에게 도움이 된다는 사실을 깨달았을 때, 세상을 위한 가치와 고결한 덕을 지닌 일에 공헌할 수 있는 부분을 찾고 실현할 때 찾아온다고 생각한다.

이제 글을 마치면서 무궁화 리더십의 실천을 당부하고 함께 결의를 하고자 한다.

"방향을 바꾸지 않는 한, 우리는 결국 지금 향하는 곳으로 가게 될 것이다." -노자-

무궁화 리더십의 첫 번째 힘은 '사명'이다.

사명선언문을 작성하고 그것을 정기적으로 검토하며 삶의 의미와 보람을 느끼며 살아가는 사람은 진정한 리더의 삶을 살아간다 할 수 있을 것이다.

또, 그 사명선언문에 자신과 가족뿐 아니라 인류를 위한 공헌, 미래세대를 위한 공헌이 담겨 있다면 세상은 그로 인해 영원무궁 지속 가능한 세상이 될 것이다.

사명선언문은 나는 어떠한 사람으로 기억되기를 바라는가? '내가 속한 영역에서 어떠한 사람으로 기억되기를 바라는가?'에 대한 답이다. 이 질문에 답하는 것은 결코 쉽지 않다. 그동안 잘 사용하지 않았던 4가지 천부적인 능력이 동원되어야 한다.

자아의식, 양심, 상상력, 독립의지 말이다. 당신에게 있는 이 능력을 잘 사용한다면 당신의 인생은 매우 효과적이며 진정으로 성공하는 기쁨과 보람의 삶이 될 것이라 확신하다. 당신은 지속 가능한 세상을 위해 무엇을 할 수 있는가? 미래세대를 위해 '지속가능발전목표'를 달성하고자 노력해야 한다. 이것은 인류의 공동의 목표이자 나의 사명이 되어야 한다. 세상은 지극히 상호의존적으로 되어있다. 혼자만 잘 산다고 결코 행복해질 수 없다. "내가 지속가능발전을 외면한다면 미래세대의 미래는 없다."라고 생각해야 한다.

"우리는 가난을 끝낼 수 있는 첫 번째 세대이며, 기후 변화에 대처할 수 있는 마지막 세대이다." -반기문(전 유엔 사무총장)-

다음은 우리가 직시해야 할 세계의 모습이다. 숫자로 보는 세계의 모습을 참고한다면 나의 사명 선언문을 완성하는데 큰 도움이 될 것이다. 세상은 지금 당신을 필요로 하고 있다. 당신이 남기는 음식물들이 한가족의 끼니가 될 수 있다. 당신의 무분별한 소비가 지속 가능한 세상을 가로막을 수도 있다. 당신 고유의 권한인 선택의 자유가 미래세대에게 영향을 준다는 사실을 명심해야 한다. "나 하나쯤이야"가 오늘날 지구를 위기로 만든 것이다.

숫자로 보는 세계의 모습

1. 하루 2,000원 미만으로 살아야 하는 어린이는 전 세계에 약 3억 5천 550만 명(우리나라 인구의 7배)이 있다.
2. 집에 화장실이 없어서 밖에서 볼일 보는 사람은 전 세계에 약 6억 7,300만 명(우리나라 인구의 13배)이 있다.
3. 학교에 가지 못하고 일하는 어린이는 전 세계에 약 1억 5천200만 명(우리나라 인국의 약 3배)이 있다.
4. 읽고 쓸 수 없는 16~25세 청년은 전 세계에 약 2억 5,000만 명(우리나라 인구의 약 4.8배)이 있다.
5. 멸종 위기에 처한 생물은 약 3만 5,765종(전체 생물의 약 1.7%)이다.
6. 우리나라 국회의원 중 여성의 비율은 19%이다.

7. 1990~2020년 사이 세계의 숲은 1억 7,800만 ha(우리나라 면적의 약 17배)가 사라졌다.

숫자로 보는 세계인들의 '생활' 모습

1. 세계 인구의 약 40%에 해당하는 30억 명이 집에서 손을 씻을 수 없다.
2. 깨끗한 물을 쓸 수 없는 사람이 21억 8,500만 명이나 있다.
3. 전기 없이 생활하는 사람이 7억 8,900만 명이나 있다.
4. 음식이 모자라 굶주린 사람이 8억 2,100만 명이나 있다.
5. 매일 민간인 100명이 분쟁으로 목숨을 잃고, 8명 중 1명은 어린이다.
6. 분쟁이나 박해 때문에 고향에서 쫓겨난 사람이 7,950만 명이나 있다.
7. 개발도상국 의료 시설 중 4분의 1은 전기가 들어오지 않는다.
8. 개발도상국 의료 시설 중 4분의 1은 안전한 물을 쓸 수 없다.
9. 살인으로 희생되는 사람은 연간 44만 명이다.
10. 현대판 노예제의 희생자는 적어도 4,030만 명이다. 그중 어린이 희생자는 996.5만 명(강제노동 428.6만 명, 강제 결혼 567.9만 명)이다.
11. 후발개발도상국에서 인터넷을 사용할 수 있는 사람은 19.5%(세계 기준은 51.4%) 뿐이다.

숫자로 보는 '차별'과 '격차'의 현실

1. 우리나라의 성 격차지수는 156개 나라 중 102위이다.
2. 약 3명 중 1명의 여성이 배우자나 연인에게 폭행당한 경험이 있다.
3. 전 세계 10억 명의 어린이가 폭력 피해 경험이 있다.
4. 연간 1,200만 명의 여자 어린이가 16세 전에 결혼한다.
5. 우리나라 어린이 7명 중 1명은 상대적 빈곤을 겪고 있다.
6. 빈부 격차는 벌어지고 있다. 우리나라의 경제 격차도 크다. (우리나라 상위 10%에 속하는 사람들의 소득 합계는 하위 40% 소득 합계의 1.44배이다.)
7. 세계 어린이 12명 중 1명(5,910만 명)은 초등학교에 다니지 못한다.
8. 장애인 10명 중 3명은 차별을 경험한다.

숫자로 보는 '환경'의 현실

1. 이대로 가면 지구의 기온은 2100년까지 최대 3.2% 상승한다.
2. 2050년에는 해양 플라스틱의 양이 바다에 있는 물고기보다 많아진다.

    한국인 1명이 1년 동안 배출하는 플라스틱 쓰레기는 88kg으로 미국(130kg)과 영국(99kg)의 뒤를 잇는 세계 3위이다.

    육지에서 바다로 배출되는 플라스틱 쓰레기 발생량(2010년 기준)
    1위 중국 353만 t/년, 2위 인도네시아 129만 t/년, 3위 필리핀 75만 t/년

3. 한국의 재생에너지 비율은 6.5%로 세계 최저 수준

4. 세계에서 발생하는 전자 폐기물은 1인당 연간 7.3kg이다. (한국은 15.%)

5. 대기 오염으로 인한 조기 사망자가 2016년 420만 명이다.

6. 13.8%의 음식이 소비자에게 도착하기도 전에 버려진다.

7. 2030년까지 물 부족으로 살 곳을 잃는 사람이 7억 명으로 추정된다.

8. 환경 문제에 관심이 있는 우리나라 사람은 78.6%이다.

당신은 어떠한 세상에서 살고 싶은가?

    사명선언문에 지속가능발전목표가 추가되었다면 이제는 실행에 옮기는 성실함이 필요하다. 한 주가 시작되기 전에 주간 계획을 세워야 한다. 주간 계획에는 우선적으로 당신이 생각하는 소중한 것들이 배치되어야 한다. 그러한 실천이 쌓였을 때 세상은 당신이 바라는 그러한 사람으로 당신을 기억할 것이다.

    다음으로 우리는 무궁화 리더십 '혁신의 힘'을 학습하고 습관화해야 한다. 무엇을 혁신할 것인가? 무엇부터 혁신할 것인가? 혁신의 리더십을 몸에 익혀야 한다.

    사명의 힘, 성실의 힘, 혁신의 힘 이 세 가지 만으로는 위대함을 추구할 수 없다. 우리의 진정한 목표는 우리 모두의 승리가 되어야 한다.

"혼자일 때보다는 함께 할 때 우리는 더 많은 것을 할 수 있다."

-헬렌 켈러

30, 60, 100, 1000 이상의 시너지를 내려면 우리는 반드시 무궁화 리더십 '협력의 힘'을 키워야 한다.

나는 대한민국이 무궁화 리더십의 '협력의 힘'을 발휘한다면 진정으로 세계를 위해 위대한 결과를 만들어 낼 것이라 확신한다. 우리의 탁월함을 부정적인 일에 소모해서는 안 된다. 우리의 탁월함이 국가를 위한, 세계를 위한, 평화와 번영을 위한 일에 쓰이길 간절히 바란다.

혁신과 협력은 서로 보완적인 관계이다. 혁신과 협력을 통해 함께하는 우리는 우리 모두가 리더임을 인식하고 무궁화 리더십을 발휘할 때이다.

세계 평화와 온 인류의 행복을 위해 나와 우리 대한민국은 이제 반목과 대립이 아닌 '홍익인간 이화세계', '무궁화의 위대한 가치'로 하나가 돼야 할 때이다. 하나가 되어 전 세계를 평화와 번영으로 이끌어 주어야 한다. 이것이 하늘이 대한민국에게 주신 사명이라고 생각한다.

결의

첫 번째 우리가 무궁화의 위대한 가치를 알았다면 이제는 대한민국의 국화를 법률로 제정을 하고 '무궁화 삼천리 화려강산'을 회복해 나아가야 한다. 이것은 세계적으로 국격을 높이고 온 국민의 화합과 시너지를 내는 길이 될 것이다.

두 번째 지속 가능 대한민국의 상징 무궁화를 통해 온 국민과 지속가능발전목표를 공유하고 함께 힘을 모아 시너지를 내야 한다. 이러한 노력은 대한민국의 선진화를 이룰 뿐 아니라 모든 면에서 '국민행복지수'가 높아질 것이다.

세 번째 무궁화 리더십으로 대한민국을 넘어, 온 인류의 평화와 번영을 위해 정진하는 것이다. 인류의 지속가능발전목표는 대한민국이 선도해야 한다. 우리는 '홍익인간 이화세계'라는 이념으로 건국된 역사와 저력이 있는 민족이다. 우리는 평화와 번영의 꽃 무궁화와 역사를 함께 해왔다. 이제 우리 대한민국의 때가 왔다. 깨어나라 위대한 평화의 민족이여! 영원무궁하여 피고 지고 또 피어나는 무궁화 삼천리 화려강산 대한민국이 있기에, 지구는 결코 멸망하지 않을 것이다. 마지막은 온 인류가 평화롭고 행복한 '태평성대'를 만드는 것, 인류를 이롭게 하고 이치로써 세상을 다스릴 때가 온 것이다. '글로벌 리더는 대한국인이다.'

"당신의 말이 아닌 당신의 행동이 진정한 당신이다."

―칼 융

참고문헌

『겨레의 얼 무궁화』 김석겸, 한국무궁화애호운동중앙회 1981
『무궁화이야기』 이영철, 홍해근, 청어 2009
『무궁화선비』 남궁억, KIATS 2010
『나라꽃 무궁화는 내 친구』 국립산림과학원 2009
『나라꽃 무궁화』 홍천군
『꽃으로 보는 한국문화』 이상희, 넥서스 2004
『문화콘텐츠닷컴』 한국콘텐츠진흥원
『한국민족문화 대백과』 한국학중앙연구원
『지속가능한 발전의 시대』 제프리 삭스, 21세기북스 2015
『알기 쉬운 지속가능발전목표 SDGs』 KoFID, KOICA, 2016
『숫자로 배우는 어린이 SDGs』 역자 송지현, 스쿨존에듀 2023
『국가지속가능발전목표 K-SDGs』 환경부, 지속가능발전포털 2023
KMI Review 제2022-05호 한국기상산업기술원 정책연구실 2022.11
환경부, '제4차 지속가능발전 기본계획(2021~2040)' (21. 2. 16.)
환경부, '유엔 지속가능 발전목표(UN Sustainable Development Goals)' (19. 4. 24.)
『이미 일어난 미래』 이재규, 21세기북스 2010
『피터 드러커의 위대한 혁신』 피터 드러커, 한국경제신문사 2006
『무엇이 당신을 만드는가』 이재규, 위즈덤하우스 2010
『피터 드러커 그가 남긴 말들』 피터 드러커, 한국경제신문사 1995
『클래식 드러커』 피터 드러커, 한국경제 신문사 2007
『피터 드러커의 자기경영노트』 피터 드러커, 한국경제신문 2003
『프로페셔널의 조건 』 피터 드러커, 청림출판 2001
『자본주의 이후의 사회』 피터 드러커, 한국경제신문사 2002

『피터 드러커 나의 이력서』피터 드러커, 청림출판 2006
『싸우고 지는 사람 싸우지 않고 이기는 사람』송병락, 청림출판 2012
『21세기 지식경영』피터 드러커, 한국경제신문 2002
『피터 드러커 강의』피터 드러커, 랜덤하우스코리아 2011
『미래사회를 이끌어가는 기업가정신』피터 드러커, 한국경제신문사 2004
『성공하는 사람들의 7가지 습관』스티븐 코비, 김영사 2023
『원칙중심의 리더십』스티븐 코비, 김영사 2001
『오리진이 돼라』강신장, 쌤앤파커스 2010
『매슬로의 욕구를 경영하라』에이브러햄 매슬로, 리더스북 2011
『원씽』게리 켈러, 제이 파파산 비즈니스북스 2013

〈산림과학원 무궁화〉